KB164778

한국사상선 1

정도전

백성을 위한 나라 만들기

한국사상선 1

정도전

이익주 편저

백성을 위한
나라 만들기

창비
Changbi Publishers

창비 한국사상선 간행의 말

나날이 발전하는 세상을 약속하던 자본주의가 반문명적 본색을 여지없이 드러내며 다수의 삶을 고통으로 몰아간 지 오래다. 이제는 인간 문명의 기본 터전인 지구 생태를 거세게 위협하는 시대에 이르렀다. 결국 세상의 종말이 닥친다 해도 놀랄 수 없는 시대의 위태로움이 전에 없던 문명적 대전환을 요구한다는 각성에서 창비 한국사상선의 기획은 시작되었다. '전환'이라는 강력하게 실천적인 과제는 우리 모두에게 다른 삶의 전망과 지침이 필요하며 전망과 지침으로 살아 작동할 사상이 절실함을 뜻한다. 그런 사상을 향한 다급하고 간절한 요청에 공명하려는 기획으로서, 창비 한국사상선은 한국사상이라는 분야를 요령 있게 소개하거나 새롭게 정비하는 평시적 작업을 넘어 어떤 비상한 대책이기를 열망하며 구상되었다.

사상을 향한 요청이 반드시 '한국사상'으로 향할 이유가 되는지 반문하는 이들도 있을지 모른다. 사상이라고 하면 플라톤 같은 유구한 이름으로 시작하여 무수히 재해석된 쟁쟁한 인물과 계보로 가득한 서구사상을 으레 떠올리기 때문이다. 우리가 겪는 위기가 행성 전체에 걸친 것이라면 늘 그래왔듯 서구의 누군가가 자기네 사상전통에 기대 무언가 이야기하지 않았을까, 그런 것들을 찾아보는 편이 더 효율적이지 않을까 하는 생각은 사실 오래된 습관이다. 더욱이 '한국사상'이라는 표현 자체가 많은 독자들에게 꽤 낯설게 느껴질 법하다. 한국의 유교사상이라거나 한국의 불교사상 같은 분류는 이따금 듣게 되지만 그 경우는 유교사상이나 불교사상의 지역적 분화라는 인상이 강하다. 한국사상이 변모하고 확장하면서 갖게 된 유교적인 또는 불교적인 양상으로 이해하는 방식은 익숙지 않을 것이기에 '한국사상'에 대한 우리의 공통감각은 여전히 흐릿하다고 말할 수 있다.

하지만 이런 사정이야말로 창비 한국사상선 발간의 또 다른 동력이다. 서구사상은 오랜 시간 구축한 단단한 상호참조체계를 바탕으로 세계 지성계에서 압도적 발언권을 유지하는 한편 오늘날의 위기에 관해서도 이런저런 인식의 '전회turn'라는 형식으로 대응하고 있다. 그럼에도 그 위상의 이면에 강고한 배타성과 편견이 작동하고 있음을 지적하는 목소리가 높다. 무엇보다 지금 이곳 — 그리고 지구의 또 다른 여러 곳 — 의 경험이 그들의 셈법에 들어 있지 않고 따라서 그 경험이 빚어낸 사상적 성과 역시 반영되지 않는다는 느낌은 갈수록 커져왔다. 서구사상에서 점점 빈번해지는 여러 전회들이 결국 그들 나름의 뚜렷한 한계 안에서 이루어지는 뒤집기 또는 공중제비에 불과하다는 인상도 지우기 어렵다. 정치, 경제, 문화 등 여러 부문에서 그렇듯이 이제 사상에서도 서구가 가진 위상은 돌이킬 수 없이 상대화되고 보편의 자리는 진실로 대안에 값하는 사상을 향한 열린 분투에 맡겨졌다.

그런가 하면 '한국적인 것' 일반은 K라는 수식어구를 동반하며 부쩍 세계적 이목을 끌고 있다. K의 부상은 유행에 민감한 대중문화에서 시작되어서인지 하나의 파도처럼 몰려와 해변을 적셨다가 곧이어 다른 파도에 밀려가리라 생각되기도 한다. '한류'라는 지칭에 집약된 이 비유는 숱한 파도가 오고 가도 해변은 변치 않는다는 암묵적 전제에 갇혀 있지만, 음악이든 드라마든 이만큼의 세계적 반향을 일으킨다면 해당 분야의 역사를 다시 쓰면서 더 항구적인 영향을 남길 수 있다고 평가받아야 한다. 중요한 것은 이제 한국적인 것이 무시 못 할 세계적 발언권을 획득하면서 단순히 어떻게 들리게 할까가 아니라 무엇을 말할까에 집중할 수 있게 된 점이다. 대중문화에 이어 한국문학이 느리지만 묵직하게 존재감을 발하는 이 시점이 한국사상이 전지구적 과제를 향해 독자적 목소리를 보태기에 더없이 적절한지 모른다.

그러기 위해 한국사상은 스스로를 호명하고 가다듬는 작업을 함께 진행해야 한다. 이름 자체의 낯섦에서 알 수 있듯 한국사상은 그저 우리 역사에 존재했던 여러 사상가들의 사유들을 총합하는 무엇이 아니라 상당 정도로 새로이 구성해야 하는 무엇에 가깝다. 창비 한국사상선은 문명전환을 이룰 대안사상의 모색이라는 과제를 중심으로 이 작업에 임하고자 했는데, 이는 거꾸로 바로 그런 모색이 실제로 한국사상의 면면한 바탕임을 발견하는 과정이기도 했다. 여기 실린 사상가들의 사유에는 역사와 현실을 탐문하며 새로운 삶의 보편적 비전을 구현하려 한 강도 높은 실천성, 그리고 주어진 사회의 시스템을 변혁하는 일과 개개인의 마음을 닦는 일이 진리에 속하는 과업으로서 단일한 도정이라는 깨달음이 깊이 새겨져 있다. 이점은 오늘날 한국사상의 구성과 전승이 어떤 방식으로 지속되어야 할지 일러준다. 아직은 우리 자신에게조차 '가난한 노래의 씨'로 놓인 이 사유들을 참조하고 재해석하면서 위태로운 세계의 '광야'를 건널 지구적 자원이자 자기 삶의 실질적 영감으로 부단히 활용하는 실천을 통해 비로소 한국사상의 역량은 온전히 발휘될 것이다.

창비 한국사상선이 사상가들의 핵심저작을 직접 제공하는 데 주력한 이유도 여기에 있다. 학구적 관심이 아니라도 누구든 삶과 세계에 대해 사유하고 발언할 때 펼쳐 인용하고 되새기는 장면을 그려본 구성이다. 이제껏 칸트와 헤겔을 따오고 맑스와 니체, 푸꼬와 데리다를 언급했던 만큼이나 가까이 두고 자주 들춰보는 공통 교양서가 되기를 기대한다. 그러기 위해 원문의 의도를 훼손하지 않는 범위에서 되도록 오늘날의 언어에 가깝게 풀어 싣고자 노력했다. 핵심저작 앞에 실린 편자의 서문은 해당 사상가의 사유를 개관하며 입문의 장벽을 낮추는 역할에 더하여, 덜 주목받은 면을 조명하고 새로운 관점을 보탬으로써 독자들의 시야를 넓혀 각자 또 다른 해석자가 되도록 고무한다. 부록과 연보는 사상가를 둘러싼 당대적·세계적 문맥을 더 면밀히 읽는 데 도움이 되고자 한다.

사상선 각권이 개별 사상가의 전체 저작에서 중요한 일부를 추릴 수밖에 없었듯 전체적으로도 총 30권으로 기획되었기에 어쩔 수 없이 선별적이다. 시기도 조선시대부터로 제한했다. 그러다 보니 신라의 원효나 최치원같이 여전히 사상가로서 생명을 지녔을뿐더러 어떤 의미로 한국적 사상의 원류에 해당하는 분들과 고려시대의 중요 사상가들이 제외되었다. 또 조선시대의 특성상 유교사상이 지나치게 큰 비중을 차지한 느낌도 없지 않을 것이다. 하지만 조선의 유학 자체가 송학 내지 신유학의 단순한 이식이 아니라 중국에서 실현된 바 없는 독특한 유교국가를 만들려는 세계사적 실험이었거니와, 이 시대의 사상가들이 각기 자기 나름으로 유·불·선 회통이라는 한반도 특유의 사상적 기획에 기여하고자 했음이 이 선집을 통해 드러나리라 믿는다.

조선시대 이전이 제외된 대신 사상선집에서 곧잘 소홀히 되는 20세기 후반까지 포함하며 이제껏 사상가로 이야기되지 않던 문인, 정치인, 종교인을 다수 망라한 점도 본서의 자랑이다. 한번에 열권씩 발행하되 전부를 시대순으로 간행하기보다 1~5권과 16~20권을 1차로 배본하는 등 발간 방식에서도 20세기가 너무 뒤로 밀리지 않게 배려했다. 1권 정도전에서 시작하여 30권 김대중으로 마무리되는 구성에 1인 단독집만이 아니라 2, 3, 4인 합집을 배치하여 선별의 아쉬움도 최대한 보충하고자 했으나, 사상가들의 목록은 당연히 완결된 것이 아니고 추후 보완작업을 기대해야 한다. 그럼에도 이 사상선을 하나의 '정전'으로 세우고자 했음을 굳이 숨기고 싶지 않다. 다만 모든 정전의 운명이 그렇듯 깨어지고 수정되고 다시 세워지는 굴곡이야말로 한국사상의 생애주기에 꼭 필요한 일이다. 아니, 창비 한국사상선 자체가 정전 파괴와 쇄신의 정신까지 담고 있음에 주목해주시기를 바란다. 특히 수운 최제우와 소태산 박중빈 같은 한반도가 낳은 개벽사상가를 중요하게 배치한 점은 사상선의 고유한 취지를 한층 부각해주리라 기대한다.

창비 한국사상선은 1966년 창간 이래 60년 가까이 한국학에 남다른 관심을 기울여온 계간 『창작과비평』, 그리고 '독자와 함께 더 나은 세상을' 꿈꾸어온 도서출판 창비의 의지와 노력이 맺은 결실이다. 문명적 대전환에 기여할 사상, 그런 의미에서 단순히 개혁적이기보다 개벽적이라 불러야 할 사상에 의미 있는 보탬이 되고 대항담론에 그치지 않는 대안담론으로서 한국사상이 갖는 잠재성을 세계의 다른 구성원들과 공유하는 계기가 된다면 더없는 보람일 것이다. 오직 함께하는 일로서만 가능한 이 사상적 실천에 독자 여러분의 많은 관심과 참여를 부탁드린다.

2024년 7월
창비 한국사상선 간행위원회 일동

차례

책임정치의 씨앗을 뿌린 혁명적 정치사상가

고려 말의 정치 활동

조선은 한국 역사에서 매우 드물게 전쟁을 거치지 않고 건국된 나라이다. 조선 건국은 고려 말 정치투쟁에서 개혁파가 승리를 거둠으로써 가능했으며, 이성계를 국왕으로 추대하는 역성혁명을 통해 완성되었다. 정도전은 고려 말 개혁파의 일원으로 활동했고 이성계를 추대하는 데 앞장섰다. 조선이 건국된 후에는 『조선경국전』『경제문감』『경제문감별집』을 연달아 저술해서 새 왕조의 국정 운영 방향을 제시했다. 조선 건국에 참여한 사람 가운데 이런 역할을 한 사람은 달리 없었다. 그래서 정도전에게는 '왕조의 설계자'라는 칭호가 누구보다도 잘 어울린다.

정도전은 실패한 고려의 전철을 밟지 않겠다는 강한 의지를 가지고 있었고, 동시에 혁명의 명분으로 삼았던 민본民本, 위민爲民의 이념을 실천하고자 노력했다. 그 결과 그만의 독특한 총재冢宰 중심의 정치체제를 구상했으며, 『조선경국전』 등 저서를 통해 이를 구체화했다. 정도전의 정치사상은 현실 정치에서 겪은 경험을 토대로 자기 생각을 정리한 것으로, 어디까지나 실천을 염두에 둔 것이었다. 그랬기 때문에 그의 정치사상을 이해하기 위해서는 고려 말의 경험을 살피는 것이 중요하다.

정도전은 고려 후기, 원의 정치적 간섭이 한창이던 1342년(충혜왕 후3)에 태어났다. 본관은 봉화이며, 선조는 고조부까지 봉화현의 향리였고, 증조와 조부는 동정同正·검교직檢校職 같은 산직散職을 지녔을 뿐 실제 관직에 오르지 못했다. 아버지 정운경鄭云敬이 집안에서 처음으로 과거에 급제해 관리가 되었으며, 최종 관직은 형부상서에 이르렀다. 정운경은 평소 재산을 돌보지 않았고 세상의 이익에 담백했다는 평을 들었다.[1] 정도전은 태어났을 때 아버지가 중앙 관리였으므로 개경에서 성장기를 보냈는데, 15세가 되던 1356년 공민왕의 반원反元 운동이 성공을 거두어 원 세력이 물러났으므로 원의 간섭에 대한 기억은 많지 않았을 것이다.

1360년(공민왕 9) 19세의 나이로 성균시에 합격하고 2년 뒤에는 예부시에 급제했으며, 급제한 뒤에는 하급 관료로서 평범한 이력을 쌓으며 이십대를 보냈다. 24세이던 1365년(공민왕 14) 신돈을 앞세운 공민왕의 개혁 정치가 진행되었지만 아직 정치적 견해를 드러낼 만한 위치에 있지 않았다. 게다가 이듬해 1월 아버지 정운경이 세상을 떠났고, 같은 해 12월 어머니마저 세상을 떠나 연달아 시묘侍墓하는 바람에 5년 동안 관직에서 물러나 있게 되었다. 1370년 성균박사로 복직했는데, 이때는 이미 개혁이 퇴조기에 접어들었고, 이듬해 7월 신돈辛旽이 실각하고 처형되었으므로 신돈의 개혁 정치에 동참할 기회는 거의 없었다.

정도전이 시묘를 마치고 성균관으로 복귀한 것은 그의 일생에서 중요한 의미가 있었다. 당시 성균관은 교육기관으로서만이 아니라 정치적으로도 각별한 위상을 지니고 있었기 때문이다. 홍건적의 난리 때 불탄 성균관 건물을 신돈 집권기인 1367년에 다시 짓고 이색李穡을 겸대사성, 김구용金

---

1 『삼봉집(三峯集)』 권4, 고려국 봉익대부 검교밀직제학 보문각제학 상호군 영록대부 형부상서 정선생 행장. 이 행장은 아들 정도전이 지은 것이다.

九容·정몽주鄭夢周·박상충朴尙衷·박의중朴宜中·이숭인李崇仁 등을 교관으로 임명해서 성리학을 교육하도록 한 일이 있었다. 이를 계기로 고려에서 성리학 교육이 본격적으로 시작되었다는 평가가 있지만, 그 밖에도 이것은 성리학을 학문적 기반으로 하는 새로운 정치 세력, 즉 신흥유신新興儒臣이 등장하는 첫걸음이 되었다.[2] 정도전은 성균박사가 됨으로써 이색을 중심으로 하는 당시 고려 성리학의 주류와 연결되었고, 조선 건국 이전까지는 여기서 만난 사람들과 정치 활동을 함께했다. 이색과는 1371년 이색이 모친상을 당해 관직에서 물러날 때까지 1년 남짓 성균관에서 같이 일했을 뿐이지만, 정도전은 자신이 이색 문하에 있었음을 평생 자랑했다.[3]

젊은 시절에는 정몽주와의 관계도 각별했다. 정몽주는 정도전보다 다섯살 연상인데, 처음에는 선후배로, 뒤에는 망년우로 거의 평생을 같이 했다. 두 사람이 대립하기 시작한 것은 정도전이 48세, 정몽주가 52세이던 1389년 공양왕을 함께 옹립한 뒤의 일이었다. 정도전의 회고에 따르면 16~17세 되던 무렵에 정몽주에 대한 소문을 들었고, 1360년(정도전 19세, 정몽주 24세) 정몽주가 장원 급제한 직후에 찾아가 처음 만났다고 한다.[4] 정도전이 부모상을 당해 영주에서 시묘하는 동안 정몽주가 『맹자』를 보내줘 정독했다고 하는데, 『맹자』는 훗날 정도전의 정치적 사고에 커다란 영향을 주었다.

이십대 말쯤에는 정몽주가 불교에 관심을 기울인다는 소문을 듣고 글을 써 보냈다. 「정달가에게 올리는 글〔上鄭達可書〕」(『삼봉집』 권3)이 그것이다. 여기서 정도전은 불교를 이단으로 못 박고, 고려에서 유학자들이 불교를 신봉함으로써 유교가 쇠퇴하게 된 현실을 개탄하며 정몽주에게 불교를 가

---

2   이익주 「공민왕대 개혁의 추이와 신흥유신의 성장」, 『역사와 현실』 15, 1995.

3   정도전이 지은 「도은집서(陶隱集序)」(『삼봉집』 권3)에는 정몽주, 이숭인, 하륜, 박상충, 박의중, 권근, 윤소종과 자신이 이색에게서 성리학을 공부했음이 밝혀져 있다.

4   『삼봉집』 권3, 포은봉사고서(圃隱奉使藁序).

까이하지 말 것을 힘써 권유했다. 뒷날 정도전에게는 "후생을 가르치고 이단을 배척하는 것을 자기 소임으로 삼았다"는 평가가 따라붙었고,[5] 실제로 그는 고려 멸망 직전인 1391년에 척불斥佛 운동을 주도하면서 신흥유신 세력의 핵심으로 떠올랐다. 이 글은 정도전이 젊은 시절부터 척불론자의 면모를 갖추고 있었음을 보여준다.

정도전이 정치적으로 부각되기 시작한 것은 33세 때인 1374년 공민왕이 시해되고 우왕이 즉위한 뒤부터였다. 그때 이인임李仁任이 우왕을 옹립하고 권력을 잡은 다음 공민왕의 정책을 변경했는데, 그 가운데 외교정책이 쟁점이 되었다. 공민왕은 반원 운동을 일으켜 원의 간섭에서 벗어났을 뿐 아니라 원과 명의 대립이 시작되자 적극적으로 친명·반원 정책을 폈다. 하지만 공민왕의 죽음으로 명과 관계가 악화되자 이인임은 원과 관계를 개선하려 했고, 그에 대해서 신흥유신들이 반대하고 나섰을 때 정도전이 그 선두에 섰던 것이다. 고려의 정책 변경에 고무된 원에서 사신을 보내왔는데, 마침 정도전에게 원 사신을 영접하라는 명령이 떨어졌다. 그러자 정도전은 "내가 원 사신의 머리를 베어 오거나 묶어서 명나라로 보내겠다"라며 거칠게 항명했고, 이 때문에 나주 회진현으로 유배되었다. 1375년 5월의 일로, 정도전으로서는 34세에 맞이한 인생의 첫번째 위기였다.

정도전이 유배된 뒤 박상충과 정몽주가 원과의 외교를 재개하는 데 반대하고 나섰고, 원 사신은 결국 도중에 되돌아갔다. 하지만 이를 계기로 이인임과 신흥유신들의 대립이 격화되어 1375년 7월 박상충·정몽주·김구용·이숭인 등 신흥유신 약 스무명이 대거 파직·유배되는 사태가 빚어졌다. 이인임은 반대 세력을 몰아냈으며, 어리고 무능한 우왕을 앞세워 권력을 독점하는 데 성공했다. 이러한 상황의 전개는 정도전에게 복귀의 희망이 사라졌음을 의미했다.

---

5   『고려사』 권119, 열전 정도전.

정도전은 전라도 회진현의 거평부곡에서 유배 생활을 했다. 그때 지은 글에는 유배지에서의 심정이 담담하게 표현되어 있는데, 유배지에서 쓰인 작품들에 일반적으로 보이는 연군戀君, 즉 임금을 그리워하는 내용이 거의 없다는 점이 눈길을 끈다. 그 대신 유배지에서 자신을 따뜻하게 대해주는 마을 사람들에게 고마워하는 심정과, 평소 유학자를 자처하며 자만했던 자신의 모습에 대한 반성이 주조를 이룬다. 이러한 모습은 훗날 위민爲民에 충실한 혁명가의 모습과 겹치면서 정도전의 일생에서 '민民의 발견'이라고 평가된다.[6]

정도전이 자유의 몸이 된 것은 2년 4개월 만인 1377년 9월이었다. 유배에서는 풀려났지만, 복직은 되지 않았다. 정도전은 고향인 영주로 돌아간 다음 영주 부근의 원주·제천·단양 등을 전전하면서 생활했다. 아마도 학생을 가르치는 일로 호구책을 삼았을 것이다. 그러다 1380년 남경(지금 서울)의 삼각산 아래에 삼봉재三峯齋라는 서재를 열었는데, 학자들이 많이 따랐다고 한다. 그러나 그 고을 출신 재상이 정도전을 미워해서 삼봉재를 철거하게 했으므로 생도를 이끌고 부평으로 이사했고, 거기서도 어떤 재상이 삼봉재를 철거하는 바람에 김포로 쫓기듯 옮기게 되었다. 이때 지은 시에서 "옛 친구는 소식조차 끊어버리네"라고 노래하며 고립감을 호소하기도 했다. 이렇게 인생의 황금기라 할 수 있는 삼십대 후반, 사십대 초를 유배와 유랑으로 허송했던 것이다.

정도전은 자신의 위기를 색다른 방법으로 돌파했다. 1383년(우왕 9) 함주(함경도 함흥)로 이성계李成桂를 찾아가 만난 것이다. 이성계는 쌍성총관부에서 성장하다 1356년 공민왕의 반원 운동 때 고려로 귀순한 이후 홍건적과 왜구 격퇴에 공을 세우며 명망을 얻은 신흥무장이었다. 이전에는 두 사람이 만날 기회가 없었으므로 이것이 첫 만남이었다. 이때 마침 정몽주

6   한영우 『정도전사상의 연구』(개정판), 서울대학교출판부 1987, 21~25면

도 이성계의 원수부에 갔다는 기록이 있으므로[7] 셋이 함께 만났을 가능성이 크다. 이듬해에도 정도전은 함주로 가서 이성계를 만났고 그 직후에 복직되었다. 아마 이성계가 힘쓴 결과일 것이다. 그때 정도전의 나이 43세로, 유배 후 9년 만의 복직이었다. 복직과 동시에 정도전은 정몽주의 추천으로 정몽주를 수행하여 명에 사신으로 다녀왔고, 다음 해 귀국하자마자 성균좨주가 되어 성균관과의 연고를 이어갔다.

정도전이 함주에서 이성계를 처음 만났을 때 그의 군대를 보고 "훌륭합니다. 이 군대로 무슨 일인들 하지 못하겠습니까"라고 했다는 기록이 『용비어천가』에 있다. 이성계를 정치에 끌어들이려는 의사를 내비친 것이고, 이성계 역시 이를 거부하지 않았다. 이 만남으로부터 5년 뒤인 1388년 철령위 설치 문제로 명과 마찰이 일어났을 때 최영崔瑩이 요동 공격을 주장하자 이성계가 '4불가론四不可論'을 들어 반대했는데, 그 첫번째가 "작은 나라로써 큰 나라를 거역하는 것[以小逆大]"이 불가하다는 내용이었다. 이는 『맹자』의 "작은 나라로써 큰 나라를 섬겨서 그 나라를 보전한다[以小事大 保其國]"라는 구절을 알아야 할 수 있는 말이었다. 이성계가 이 말을 하는 데 도움을 준 사람이 정도전이었을 가능성이 크다. 조선 건국 후 정도전이 취중에 "한漢 고조가 장자방張子房을 쓴 것이 아니라, 장자방이 한 고조를 쓴 것이다"라고 했다는데,[8] 이때 이성계를 처음 정치에 끌어들이는 역할을 했기 때문에 그런 말을 했을 것이다.

정도전의 일생은 1388년 이성계가 위화도 회군으로 권력을 잡으면서 중대한 전기를 맞았다. 회군 당시 정도전이 어떤 역할을 했는지는 밝혀져 있지 않지만, 그 직후부터 이성계의 후원을 받으며 승승장구하게 된다. 우선

---

7   『목은시고』권34, 정첨서(鄭簽書)가 병이 들고 나 또한 병이 들어 두 집의 왕래가 끊어진 지 오래되었다. 이호연(李浩然)이 와서 말하기를, 내일 첨서가 동북면원수부(東北面元帥府)로 가기 위해 길을 떠난다고 하기에 교외에 나가 전송하려 했으나 말을 타기가 어려워 앉아서 시 한 수를 짓는다. 돌아오면 마땅히 노래를 불러 위로할 것이다.

8   『태조실록』권14, 태조 7년 8월 26일 정도전 졸기(卒記).

정도전은 회군 직후 이성계의 천거로 성균관 대사성이 되었다. 조준趙浚이 사헌부 대사헌이 된 것과 거의 동시인데, 향후 전개되는 이성계 일파의 반대 세력에 대한 공격이 사헌부와 성균관을 중심으로 이루어진 점을 감안하면 이때부터 정도전이 이성계의 핵심 참모 역할을 했다고 할 수 있다.

정도전이 성균관 대사성이 된 시점에서 그의 관직 이력을 되돌아보면 한가지 특징을 발견할 수 있다. 급제 후 이때까지 26년 동안 중서문하성 낭사와 어사대(감찰사)의 관직, 즉 대간臺諫의 경력이 전무하고 지방 수령 경험도 거의 없다. 또 행정 실무를 담당하는 상서 6부의 관직도 1371년(공민왕 20)에 예부낭중(그때는 예의정랑)을 지낸 것이 전부이다. 대신 유교 경전을 관리하는 전교시典校寺와 제사를 주관하는 전의시典儀寺의 여러 관직을 역임했고, 그 밖의 대부분은 성균관의 박사·사예·좨주·대사성을 두루 거쳤다. 당시 관리 인사를 담당하는 이부·병부의 낭관과 언관인 대간이 청요직淸要職이라 불리며 선호되던 상황에서 비교적 한직으로 돌았다고 할 수 있다. 하지만 이러한 경력이 행정 실무보다 교육과 연구, 그리고 각종 제도의 연혁 등 고사故事에 밝게 했고, 그동안 쌓은 지식이 조선 건국 후 새로운 제도를 만드는 데 도움이 되었을 것이다.

위화도 회군으로 이성계가 권력을 장악했다고는 하지만 뿌리 깊은 구세력을 일소하지는 못했다. 오히려 우왕을 폐위한 후 후계 국왕을 정하는 과정에서 힘의 한계가 드러났다. 이성계는 우왕이 공민왕의 아들이 아니라는 이유로 다른 종친을 세워야 한다고 주장했으나, 조민수曹敏修와 이색 등의 반대로 관철시키지 못하고 우왕의 아들 창昌이 왕위에 오르는 것을 지켜볼 수밖에 없었다. 이성계를 경계하는 구세력이 결집한 결과였다. 이로부터 신·구세력 간의 싸움이 치열하게 전개되었는데, 이성계 일파는 구세력의 토지 탈점 행위를 집중 공격했다. 그 결과 조민수가 토지 탈점 혐의로 탄핵을 받아 파직되었다. 이성계와 함께 회군을 주도했고 우왕을 옹립하는 데 앞장서서 권력자로 부상했던 조민수의 축출은 당시 관료 사회에서 개혁에 대한 지지가 얼마나 뜨거웠는지 보여준다.

이후 이성계 일파는 토지제도 개혁을 추진했다. 권력을 이용해서 남의 토지를 빼앗는 행위를 처벌하는 정도의 개혁은 공민왕 때 신돈의 개혁에서도 시행되어 한때 성공을 거둔 바 있었다. 하지만 이번에는 탈점 행위를 처벌하는 데 그치지 않고 좀 더 근본적인 문제, 바로 사전私田의 문제를 해결하는 데로 나아갔다.

사전이란 고려 전시과 체제에서 수조권收租權이 개인에게 위임된 토지를 말한다. 수조권은 관직복무의 대가로 지급되는 것이므로 관직에서 물러나면 당연히 반납하게 되어 있었다. 그런데 언젠가부터 퇴직 후에도 수조권을 반납하지 않는 사람이 늘기 시작했다. 그 결과 한 토지에 여러 명의 수조권이 중복되었고, 고려 말에는 8~9명에 이른다고 할 정도였다. 이렇게 되면 농민들은 여러 사람에게 수확의 일부를 빼앗기게 되어 생활이 어려워질 수밖에 없었다. 그뿐 아니라 수조권을 지급할 토지가 부족해져 신진 관리들이 직접적인 피해를 입었다. 위화도 회군 후 이성계파는 토지 탈점 행위를 근절시킨 데 이어 불법적인 수조가 이루어지고 있는 사전을 혁파하고자 했다.

하지만 사전 혁파는 커다란 반발에 부딪혔다. 탈점은 변명의 여지 없이 명백한 불법 행위였지만, 사전의 경우는 그렇지 않았다. 자격 없이 수조하면서도 조상 대대로 내려온 오랜 관행이라고 변명할 수 있었던 것이다. 당시 '유종儒宗', 즉 유학의 종장宗匠으로 불리며 존경받던 이색이 반대 주장에 앞장섰다. 사전이 오랜 관행이란 점과, 급격한 개혁이 가져올 후과에 대한 우려가 반대의 주된 논리였다. 2년여에 걸친 치열한 싸움 끝에 1391년 새로운 토지제도로서 과전법科田法이 공포되었는데, 관리들에게 지급하는 사전을 경기 지역에 한정하고 관리 본인에 한해 지급하는 원칙을 세움으로써 사전의 폐해를 제거했다.

토지제도 개혁을 주도한 사람은 대사헌 조준이었다. 정도전의 역할에 대해서는 도당에서 사전 혁파 문제를 논의할 때 조준의 의견에 동조했다는 기록이 전부이다. 사실 정도전은 토지 개혁에 대해서 조준과 생각을 달리했다. 전국의 모든 토지를 국가에 귀속시킨 다음 농민들에게 고루 나누어주는 개혁을 구상했던 것이다. 이 사실은 그가 1391년 사직하며 올린 글에서 일차 확인되고, 조선 건국 후 『조선경국전』에서 "전하께서는 즉위하기 전에 (…) 사전을 없앨 것을 소임으로 삼으셨으니, 경내의 토지를 모두 거두어들여 국가에 귀속시킨 다음 인구를 헤아려 토지를 나누어줌으로써 옛날의 올바른 토지제도를 회복하고자 한 것이었다"(부전賦典 경리經理)라고 회고한 대목에서 재차 확인된다. 조준의 개혁안이 수조권을 정리하는 데 초점이 맞추어졌다면, 정도전의 구상은 소유권까지를 대상으로 했다는 점에서 훨씬 근본적이었다고 할 수 있다.

하지만 현실에서는 조준의 주장조차 구세력의 강력한 반대에 부딪혔고, 사전 혁파가 주요 쟁점이 된 상황에서 정도전의 주장은 받아들여지기 어려웠다. 이때 정도전은 자기주장을 고집하지 않고 조준의 주장에 동조함으로써 현실적으로 가능한 개혁이 성공하는 데 일조했다. 그리고 그 성과에 대해서 뒷날 "백성에게 토지를 나누어주는 것이 비록 옛사람에는 미치지 못하지만 토지제도를 바로잡아 한 시대의 전범으로 삼았으니, 폐해가 많았던 전조前朝(고려)의 법을 내려다본다면 어찌 만배나 나은 게 아니겠는가"라며 긍정적으로 평가했다.

사전을 혁파하고 과전법을 제정하는 과정에서 구세력은 필사적으로 저항했다. 그러자 이성계 일파는 구세력의 구심점 역할을 하던 국왕을 폐위함으로써 반대 세력을 억압했다. 이들의 논리는 우왕과 창왕 부자가 신돈의 후손이라는 것이었고, 이를 근거로 창왕을 폐위하고 공양왕을 옹립한 다음 이를 '폐가입진廢假立眞'(가짜를 폐하고 진짜를 세움)이라며 정당화했다. 이 모의에는 이성계 일파의 핵심 아홉명이 참여했는데, 이성계를 비롯해 심덕부沈德符, 지용기池湧奇, 정몽주, 설장수偰長壽, 성석린成石璘, 조준, 박위

朴葳, 정도전이었다. 이들은 공양왕을 세운 뒤 공신에 책봉되어 이른바 9공신으로 불렸다. 9공신 가운데 제9위, 이것이 당시 정도전의 정치적 위상이라고 할 수 있다.

이성계 일파가 국왕을 교체하면서까지 권력을 강화했지만, 오랫동안 기득권을 구축해온 구세력은 여전히 남아 있었다. 게다가 공양왕이 이성계에게 협조적이지 않았고, 특히 이때부터 정몽주가 공양왕 편에 섬으로써 이성계 세력이 분열되었다. 공양왕 옹립 후 1년 뒤인 1390년 11월 이성계가 9공신 가운데 심덕부, 지용기, 박위 등 무장 세 사람을 유배하고 이듬해 1월 삼군도총제부를 설치하여 병권을 완전히 장악했는데, 이때 정도전은 이성계, 배극렴裵克廉, 조준에 이어 우군도총제사가 됨으로써 권력의 핵심에 한걸음 더 다가섰다.

그보다 조금 앞서 1390년 윤4월에는 정도전이 정몽주의 뒤를 이어 성균관 겸대사성이 되었다. 겸대사성은 성균관의 최고 관직으로 신돈 집권기에 성균관을 중영할 때 신설되어 이색이 처음 임명되었으며, 이후 유학자로서 학문적 권위를 상징하는 자리였다. 이색 이후 겸대사성이 된 사람은 이인임 집권기의 실세 중 한 사람이던 염흥방廉興邦과 공양왕 즉위 후의 정몽주, 그리고 정도전이 전부였다. 정도전은 겸대사성이 됨으로써 이성계 진영에서 이색, 정몽주에 필적하는 인물이란 점을 인정받고, 조선 건국까지 짧은 기간 동안 성균관을 중심으로 활동하면서 정치적 위상을 높일 수 있었다.

정도전이 겸대사성으로 있는 동안 성균관에서는 불교 배척 운동이 일어났다. 이것은 일차적으로 공양왕의 호불 행위를 겨냥했지만, 이성계 반대세력의 중심인물로 부상한 이색을 공격하려는 의도도 있었다. 이색이 '유종'이라고 불리며 성리학자들의 존경을 받는 위치에 있으면서도 평소 불교계와 밀접한 관계를 유지하고 승려들과 빈번하게 교류하는 것을 문제 삼은 것이었다. 또 공양왕, 이색과 한편에 서 있는 정몽주가 척불론에 동조하지 않을 수 없으리란 점도 계산에 넣었을 것이다. 정몽주는 공양왕이 승려 찬영粲英을 왕사로 임명하려 하자 불교를 비판하며 반대했고, 성균박사 김초金貂가 과격하게 폐불을 주장하다가 처벌당하자 불교를 배척하는 것이 '유자儒者의 상사常事', 즉 유학자로서 흔히 할 수 있는 일이라며 두둔한 적이 있었다. 이처럼 정도전의 척불론은 반대 세력을 공격하고 분열시키려는 정치적 의도가 다분했다. 하지만 이것을 단순한 정치 공세로 치부하기는 어렵다. 정도전은 젊은 시절부터 일관되게 척불론을 주창했을 뿐 아니라 불교계와의 교류도 다른 사람들에 비해 훨씬 적었기 때문이다.

척불 운동이 진행되면서 정도전의 위상은 더욱 높아졌다. 1391년 6월 성균생원 박초朴礎가 올린 척불 상소를 보면 "겸대사성 정도전은 하늘과 사람의 성명性命의 근원을 발휘하고 공자·맹자·정자·주자의 도학道學을 부르짖었으며, 불교의 백년에 걸친 거짓말을 물리치고 삼한의 천년에 걸친 미혹함을 깨뜨렸으며, 이단을 배척하고 그릇된 주장을 잠재웠으며, 천리天理를 밝히고 인심을 바르게 하였으니, 우리 동방의 참된 유학자는 이 한 사람뿐이다"라는 말이 있을 정도였다. 척불 이론가로서 정도전의 면모는 조선 건국 후인 1398년(태조 7) 『불씨잡변佛氏雜辨』 저술로 다시 한번 입증되었다.

척불론이 한창이던 1391년 5월 정도전은 공양왕에게 상소문을 올렸다. 당시 공양왕이 천재지변을 이유로 신하들에게 구언求言을 하자 여러 사람이 글을 올렸는데, 그 가운데 정도전이 공양왕의 정치를 가장 통렬하게 비판했다. 상서문 서두에서 정도전은 "전하께서는 평소 책을 읽어 성현聖賢들이 이룬 법을 본 적이 없고, 일을 처리하시면서 당대에 통용되는 사무事務를 알지 못하니 어찌 감히 덕을 닦고 정사에 빠짐이 없다고 보장하겠습니까?"라며 국왕의 권위를 인정하지 않는 듯한 태도를 보였다. 그러고는 공양왕이 사사로움에 이끌려 왕권을 행사함에 있어 공공성을 잃었음을 집중적으로 성토하고, 그 연장에서 공양왕의 개인적인 불교 신앙 때문에 사원 건축과 불교 행사로 국가의 재정이 위협받고 있음을 지적했다. 정도전이 자신의 정치적 견해를 적극적으로 피력한 것은 이때가 처음이었다.

상소문과 거의 동시에 도당에도 글을 올려 이색과 우현보禹玄寶를 죽여야 한다고 주장했다. 이성계파에서 이색을 죽여야 한다는 목소리는 이미 그전부터 있었지만, 정도전이 직접 이 주장을 한 것은 충격적인 일이었다. 이색은 비록 정도전과 정치적으로는 대립하고 있었을망정 인간적으로는 스승과도 같은 존재였을 뿐 아니라, 정도전 스스로도 이색 문하의 일원임을 자처해오던 터였다. 그랬던 만큼 정도전이 당시 이런 주장을 한 것은 자신의 정치적 입장을 분명히 드러낸 것이라고 할 수 있다.

정도전의 적극적인 언론 활동은 그가 이성계파의 핵심임을 보여주기에 충분했다. 그런 만큼 이때부터 반대파의 공격이 정도전에게 집중되었다. 같은 해 9월 정도전은 대간의 탄핵을 받았다. 정도전을 탄핵한 대간의 배후에는 정몽주가 있었고, 이때부터 두 사람은 정치적 입장에 따라 갈라서게 되었다. 정도전은 평양부윤으로 좌천되었다가 곧 봉화로 유배되었고, 10월에는 나주로 옮겨졌다. 이때 대간이 정도전을 탄핵하는 가운데 "가풍이 바르지 않고 파계가 분명치 않다〔家風不正 派系未明〕"는 대목이 있어, 뒷날 널리 유포되는 정도전 천민설의 발단이 되기도 했다. 정도전의 외할머니가 천민이며, 따라서 부모 중 한 사람이 천민이면 천민이 되는 '일천즉천一賤則賤'의 원칙에 따라 정도전의 어머니와 정도전의 신분이 모두 천민이라는 주장이었다. 이 내용은 정도전을 공격할 목적에서 갑자기 만들어진데다 다른 근거는 찾아볼 수 없으므로 그대로 믿기 어렵다. 하지만 이 주장을 근거로 다음 해에는 '출신을 감추고 관직에 오른 뒤 자신의 과거를 알고 있는 우현보 일족을 죽이려 했다'는 혐의가 추가되었다. 진위 여부를 떠나 정도전이 우현보를 죽여야 한다고 주장했던 데 대한 보복임이 분명했다.

정도전이 공격을 받던 시기에 정몽주를 주축으로 한 세력이 이성계파에 대한 공세를 강화하고 있었다. 그것이 효과를 거두어 이성계 세력이 한때

위축되기도 했다. 그러나 결국 1392년 4월 이방원李芳遠이 중심이 되어 정몽주를 죽임으로써 전세가 역전되었다. 정도전은 6월에 소환되었고, 7월에는 이성계를 추대하는 대열에 참여했으며, 7월 17일 이성계의 즉위와 동시에 복직되었다. 그리고 7월 28일에 반포된 태조의 즉위교서를 작성했으며, 태조의 신임을 받는 최고 실력자로서 새 왕조 조선을 설계하는 일을 맡았다.

조선 건국 후의 국가 설계

정도전의 사상적 뿌리는 성리학에 있었다. 그는 젊은 시절부터 성리학을 공부해서 과거에 급제했고, 평생 자신이 성리학자임을 자처하며 살았다. 고려 후기에 원에서 들어온 성리학은 경세제민經世濟民의 학문이라는 의미에서 '경제지학經濟之學'으로 불렸으며, 성리철학의 핵심이라 할 수 있는 이기론理氣論에 대한 관심보다는 현실적인 경세론으로서 받아들여졌다. 성리학을 받아들인 사람들은 지배층의 일원으로서 백성에 대한 책임 의식을 가졌고, 정치에 적극 참여하려는 의지도 있었다.[9] 고려 후기에 성리학을 공부하고 과거에 급제한 사람들, 즉 신흥유신이 정치 세력으로 등장하는 데는 1367년(공민왕 16) 성균관 중영이 결정적인 계기가 되었다. 이후 신흥유신들은 토지제도 개혁과 척불 운동, 조선 건국을 거치면서 각자의 사회적 기반이나 정치적 견해에 따라 분기分岐했는데, 그런 가운데 정도전은 가장 근본적인 개혁을 주장하고 가장 적극적으로 척불을 주장하는 편에 속했다. 여기에는 젊은 시절부터 성리학자로서 척불에 충실했으며, 유배 기간 중 경험한 '민의 발견'이 큰 영향을 미쳤을 것이다.

---

9   도현철『고려말 사대부의 정치사상연구』, 일조각 1999, 36~46면.

정도전은 새 왕조를 개창하는 데도 핵심적인 역할을 했다. 그 결과 조선 건국 후 개국공신 서열에서 배극렴, 조준, 김사형金士衡에 이어 제4위에 올랐고, 관직도 문하시랑찬성사로서 4재宰가 되었다. 태조 즉위의 논리를 가장 잘 정리한 사람도 정도전이었다. 당시 조선을 건국한 사람들은 맹자의 혁명론을 인용해서 자신들의 행위를 혁명으로 정의하고 정당화했다. 국왕으로서 자격을 잃은 공양왕을 쫓아내고 덕 있는 사람을 추대한다는 논리였다. 공양왕이 자격을 잃었는지는 민심의 향배를 근거로 설명했다. 신하들이 민심의 소재를 들어 추대하자 이성계는 "예로부터 제왕이 일어나는 데는 천명天命이 있지 않으면 안 된다"며 천명을 거론했다. 이후 정도전이 지은 태조의 즉위교서는 '천명은 결과적으로 민심의 향배를 통해 확인된다'고 하여 민심과 천명을 연결하는 논리를 제공했다.

왕조 교체의 정당성이 천명과 민심에 근거를 두고 있으며, 천명은 민심을 통해 확인되므로, 결국 정치에서 가장 중요한 것은 민심을 얻는 것이었다. 민이 국가의 근본이며, 민을 위해서 정치를 해야 한다는 민본民本과 위민爲民은 유교의 전통적인 가치지만, 특히 혁명을 통해 조선을 건국한 사람들은 이 점에 더욱 철저해야 했다. 정도전 역시 민본과 위민을 강조했는데, 『조선경국전』에서 "무릇 임금은 국가에 의존하고 국가는 백성에 의존하니, 백성은 국가의 근본이며 임금의 하늘이다"(부전 호적대장〔版籍〕)라고 한 것이 그런 생각을 가장 압축적으로 보여준다.

민심의 이탈로부터 혁명의 정당성을 찾았던 만큼, 앞으로도 국왕이 민심을 잃으면 혁명이 일어날 수 있다는 것이 논리적 귀결일 수밖에 없었다. 정도전은 향후 혁명의 가능성에 대해 『조선경국전』 첫머리에서 다음과 같이 밝혀놓았다.

임금의 지위는 높기로 말하면 높고, 귀하기로 말하면 귀한 것이다. 그러나 천하는 지극히 넓고 만민은 지극히 많으니 한번 그들의 마음을 잃으면 크게 염려할 일이 생긴다. 백성은 지극히 약하지만 힘으로 협박할 수 없고, 지극히 어리석지만 꾀로 속일 수 없다. 그 마음을 얻으면 복종하고 그 마음을 얻지 못하면 임금을 버리는데, 버리는 것과 따르는 것 사이에는 털끝만큼의 차이밖에 없다. (왕위를 바르게 함〔正寶位〕)

여기서 임금이 백성의 마음을 얻지 못했을 때 백성이 임금을 버린다는 것은 곧 혁명을 의미한다. 정도전은 혁명의 가능성을 언급하며 임금에게 민심을 얻기 위해 노력해야 한다고 경고했다.

조선 건국은 혁명의 결과이지만, 동시에 혁명의 명분으로 삼았던 민본·위민 정치의 출발이기도 했다. 따라서 어떻게 하면 고려의 전철을 밟지 않고 민본·위민 정치를 실천할 것인가 하는 문제가 뒤따랐다. 특히 조선 건국을 주도했던 정도전에게는 그 실천의 문제가 더욱 엄중하게 인식되었을 것이다.

정도전이 새로운 정치를 구상하면서 가장 먼저 생각한 것은 역시 국왕의 역할이었다. 국왕에 대한 정도전의 인식은 대체로 부정적이었다. 왕위가 세습되는 한 훌륭한 국왕이 계속 나오리라는 보장이 없다는 것이다. 실제로 정도전이 고려 말에 경험한 국왕들은 하나같이 왕 노릇을 제대로 하지 못했다. 가령 우왕과 창왕은 처음부터 왕위에 오를 자격이 없는 사람들이었다. 공민왕은 노국공주가 죽은 뒤로 슬픔이 지나쳐 정사를 돌보지 않았고, 공양왕은 사적인 관계에 있는 인척들을 가까이하여 정치가 어지러워지고 결국 민심을 잃고 말았다. 고려 말에는 국왕들이 공사를 구분하지 못하고 왕권을 사사로이 행사하는 데 문제가 있었다. 우왕·창왕이 왕이 될 수 있었던 것도 공민왕의 사사로움 때문이었다.

정도전은 국왕의 공적인 성격을 강조했고, 이를 통해 왕권을 제한하고자 했다. 이러한 생각의 단초는 고려 말인 1391년 5월 도당에 올린 글에서 찾을 수 있다. 여기서 정도전은 공민왕이 우왕을 후계자로 정한 것이 부당함을 지적하면서, 고려의 왕위는 태조로부터 내려온 것이므로 공민왕이 사사로이 할 수 없다는 논리를 제시했다. 아울러 토지와 인민은 선왕으로부터 받은 것이니 현재 임금이 사사로이 남에게 줄 수 없고, 왕위도 국왕 마음대로 결정할 수 없다고 했다. 국왕이 공적인 존재이며 왕권의 행사에 제약이 있어야 한다는 생각은 이때 처음 나온 것이었고, 조선 건국 후에 더욱 구체화되었다.

정도전은 국왕의 역할을 재상을 임명하는 것으로 한정하고자 했다.『조선경국전』에서는 "임금의 직책은 재상 한 사람을 택하는 데 있다〔人主之職在擇一相〕"(재상연표)고 하면서 그 밖에 아래의 여러 일에는 관여하지 않는다고까지 했다. 또『경제문감』에서는 주자의 말을 인용해 "임금은 재상을 논하는 것을 직분으로 삼는다〔人主以論相爲職〕"(재상의 업무〔相業〕)고 했다. 근정전勤政殿이라는 이름을 짓고 근정의 의미를 풀이하는 가운데도 "임금이 어진 이를 구하는 데 부지런해야 한다"고 밝혔다.

정도전은 국왕의 권한을 제한하는 대신 총재冢宰의 존재를 부각시켰다. 정도전이 말하는 총재는 "위로 임금을 받들고, 아래로는 백관을 통솔하여 만민을 다스리는 사람"(『조선경국전』치전 총서)으로, 관료 기구의 정점에 있는 1인 재상을 말한다. 정도전은 총재가 국왕을 바르게 이끌면서 국정을 총괄해야 한다고 생각했다. 그러기 위해서는 총재 자신이 도덕적으로 무장되어 있고, 행정 실무의 능력도 갖춰야 했다. 그러한 덕목을 북송의 유학자 진덕수眞德秀의 말을 인용해서 "자신을 바르게 하고〔正己〕, 임금을 바로 잡고〔格君〕, 인재를 알아보고〔知人〕, 일을 잘 처리한다〔處事〕"는 네가지로 압축했다.

국왕은 총재를 선택하기만 하고, 국정은 총재가 총괄하도록 한다는 것은 정도전의 독창적인 구상이었다. 앞서 고려에도 재상 정치의 요소가 있었지만, 중서문하성과 추밀원의 다수 재추가 합좌해서 정책을 논의하는 방식이었다. 국가의 최상 계층을 대변하는 고위 관리들의 의견이 반영되기는 쉬웠으나 수상이 총괄하는 것도 아니고, 결과에 대해서 누구도 책임을 지지 않는 구조였다. 그러다가 고려 말인 1391년에 정도전이 이색과 우현보를 죽일 것을 주장한 것이 재상에게 책임을 물은 첫 사례라고 할 수 있다.

당시 정도전은 이색과 우현보가 재상의 자리에 있으면서도 공민왕의 후손이 아닌 창왕이 왕위를 찬탈하는 것을 막지 않음으로써 재상의 책무를 다하지 못했고, 그런 이유로 죽여야 마땅하다는 논리를 제시했다. 해야 할 일을 하지 않은 '부작위不作爲'를 이유로 재상을 처벌해야 한다는 주장은 전에 없던 것이었다. 게다가 재상으로서 해야 할 일이 당시까지는 정해진 바가 없었다. 따라서 재상에게 책임을 묻기 위해서는 재상의 책무를 규정해야 했고, 그러한 고민의 결실이 조선 건국 후『경제문감』에서 총재의 권한과 책무를 구체적으로 밝히는 것으로 나타났던 셈이다.

총재의 위상에 대한 정도전의 생각은『주례周禮』에 근거를 두고 있었다.『주례』에 따르면 천관·지관·춘관·하관·추관·동관 등 육관을 총재와 대사도·대종백·대사마·대사구·대사공이 각각 주관하되 총재는 천관뿐 아니라 나머지 다섯 관을 모두 관장하는 것으로 되어 있다.『조선경국전』에서도 이 설명을 받아들여 "치전治典은 총재가 관장하는 것이다. 사도 이하가 모두 총재에 속하니 교전敎典 이하 또한 총재의 직책이다"(치전 총서)라고 했다. 하지만 정도전이 단순히『주례』의 이상을 실현하려고 한 것은 아니었다. 그는 고려 말 이래 자신의 경험으로부터 총재가 권한을 행사하되 그에 따른 책임을 지는 정치체제를 구상했고, 그 이론적 근거를『주례』에서 찾았을 뿐이다.

정도전은 민본·위민 정치의 원칙을 강조하는 데 그치지 않고 어떻게 하면 고려 왕조의 전철을 밟지 않으면서 민본·위민 정치를 실현할 것인지를 구체적으로 고민했다. 그리고 그 결과는 권력자의 책임에 대한 관심으로 이어졌다. 왕조 국가에서 정치의 잘잘못에 대한 최종 책임은 당연히 최고 권력자인 국왕에게 있었고, 혁명이란 것도 사실은 잘못된 정치에 대해 국왕의 책임을 묻는 행위였다. 이러한 논리로 실제 혁명을 성사시켜 새 왕조를 개창했지만, 혁명은 빈번하게 할 수 있는 것이 아니라는 데 문제가 있었다. 이런 이유에서 정도전은 국왕에게 정치의 책임을 묻는 것이 비현실적이라고 생각했을 것이다. 따라서 국왕 대신 총재가 권한을 행사하고, 그에 대한 책임 또한 총재가 지도록 한다면 혁명까지 가지 않고도 책임 정치가 가능할 것이었다.

정도전이 총재의 권한을 강화하고 확대했다고 해서 국왕의 권위를 부정한 것은 아니었다. 총재가 국정을 총괄한다고 해도 총재의 임면권은 국왕에게 있었다. 『경제문감』에서 총재 다음으로 중시된 언관言官의 경우에도 국왕에 대한 간쟁이 주로 거론되었을 뿐 재상을 견제하는 역할은 거의 언급되지 않았다. 이는 총재 중심의 정치가 운영되더라도 정치 권력은 여전히 국왕에게 있다고 생각했음을 보여준다. 요컨대 정도전은 권력을 국왕에게 두되 책임은 총재가 지도록 함으로써 왕조의 영속성을 보장하려 했던 것이다.

정도전의 글에는 국왕과 총재의 갈등 상황에 대해서는 언급이 없다. 그 대신 국왕은 총재를 신뢰하고, 총재는 국왕을 바르게 하면서 국정을 책임지고 총괄해야 한다고 하여, 국왕과 총재의 상호 협력관계를 늘 전제했다. 정도전은 훌륭한 재상이 좋은 임금을 만나는 것이 예부터 어려운 일이라고 하면서도 글을 쓰고 있는 현재가 "밝은 임금과 좋은 신하가 만나서 성의로써 서로 믿으며 유신維新의 정치를 함께 도모하니 천년, 백년 만에 한 번 있는 융성한 시기"라고 했다(『조선경국전』재상연표). 정도전의 글에서 임금은 이성계를, 총재는 정도전 자신을 가리키는데, 그는 이성계와 자신이 갈등을 빚을 일이 없을 것이란 믿음을 가지고 있었다. 그리고 이러한 관계가 대대로 이어지기를 바랐을 것이다.

총재론을 중심으로 하는 정도전의 구상은 왕권을 제도적으로 제약한다는 점에서 혁명적인 의미를 가졌다. 하지만 이러한 구상이 실현되기 위해서는 일차적으로 태조의 동의가 필요했다. 정도전이 『조선경국전』을 올렸을 때 태조가 읽어보고 감탄하며 상을 내렸다는 『태조실록』의 기록은, 태조가 그 구상에 동의했거나 적어도 거부하지 않았음을 말해준다. 조선 건국 1개월 만인 1392년 8월에 태조가 막내 아들 방석芳碩을 세자로 책봉한 것도 정도전의 구상에 부합하는 면이 있었다. 조선 건국에 공이 많았던 방원芳遠보다 나이 어린 방석이 정도전의 구상을 실현할 수 있는 후계 국왕으로 적합하다고 판단했을 것이다.

하지만 정도전의 생각이 혁명적이었던 만큼 받아들이기를 거부하는 사람도 많았다. 특히 국왕권을 제한하는 데 대해서 왕실 내부의 반대가 심했고, 결국 이방원이 정변을 일으켜 정도전을 죽이기에 이르렀다. 뒤이어 태조마저 왕위에서 물러남으로써 정도전이 꿈꾸고 태조가 동의했던 새로운 정치는 실험도 해보지 못한 채 끝이 났다. 조선은 이제 성군聖君의 우연한 출현을 기다려야 하는 평범한 나라가 되고 말았다. 하지만 정도전의 구상은 이후 유산으로 남아 영향을 끼쳤다. 『경국대전』에는 재상의 지위와 역할이 강조되고 언관의 활동이 폭넓게 보장되었으며, 두 차례의 반정反正은 혁명까지는 아니라도 국왕에게 정치의 책임을 물은 것으로서 정도전이 이루고자 했던 책임정치가 실현된 것이라고 할 수 있다.

* * *

끝으로, 이 책에서 주로 다루는 정도전의 핵심저작에 대해 간략히 설명하고자 한다.

『조선경국전』은 조선 건국 2년 뒤인 1394년(태조 3) 5월에 국왕에게 올려졌다. 이 책은 본문이 서술되지 않은 상태에서 각 편의 서문을 모아놓은 것이지만, 서문만으로도 정도전의 구상은 대략 파악할 수 있다. 『조선경국전』의 체재는 원의 『경세대전서록經世大典序錄』을 모방해서 정보위正寶位(왕위 바르게 함), 국호國號, 정국본定國本(세자를 정함), 세계世系(왕실 계보), 교서敎書 등 왕실 및 국왕과 관계되는 '군사君事' 5편과 치전治典(이전史典), 부전賦典(호전戶典), 예전禮典, 정전政典(병전兵典), 헌전憲典(형전刑典), 공전工典 등 6전 조직에 따른 '신사臣事' 6편으로 이루어져 있다.[10] 원의 『경세대전서록』은 『경세대전』의 서문을 모아놓은 것으로, 역시 서문 모음집인 『조선경국전』과 성격이 같았으므로, 정도전이 이를 모방하기 쉬웠을 것이다. 하지만 형식을 모방했다고 해서 그 내용과 취지까지 받아들인 것은 아니었다. 유목 국가의 전통이 강했던 원의 제도나 정치 운영에서 조선이 참고할 만한 것은 거의 없었을 것이기 때문이다. 실제로 『조선경국전』을 비롯한 정도전의 저술에서 원의 사례를 모범으로 거론한 사례는 전혀 없으며, 그보다는 『주례정의周禮訂義』나 『군서고색群書考索』 같은 송대 학자들의 문헌이 많이 인용되었다.[11] 따라서 정도전의 정치사상은 신유학新儒學과의 관련 속에서 파악해야 할 것이다.

『경제문감』은 1395년(태조 4) 6월에 지어 올렸다. 이 책은 재상宰相, 대관臺官, 간관諫官, 위병衛兵, 감사監司, 주목州牧, 군태수郡太守, 현령縣令 등 8편을 두어 각각의 연혁을 정리하고 직무와 관련된 격언格言(교훈으로 삼을 만한 문장)을 모아놓은 것이다. 따라서 이 책에는 정도전의 글이 일부 있기는 하지만 거의 대부분 『주례정의』와 『군서고색』 『서산독서기西山讀書記』 『문헌통고文獻通考』 『고금원류지론古今源流至論』 등 다른 책에서 인용한 문장으로 채워져 있다.[12] 이 때문에 『경제문감』을 정도전의 독창적인 저술로 보기 어렵다는 견해도 있지만, 기존의 격언을 선별하는 데 일정한 기준이 있

---

10 末松保和 「朝鮮經國典再考」, 『和田博士還曆記念東洋史論叢』, 1951; 송재혁 「정도전의 국가론: 조선경국전과 원 제국의 유산」, 『한국사상사학』 65, 2020.

11 도현철 「정도전의 사공학 수용과 정치사상」, 『정치사상사학』 21, 2003.

12 도현철 『조선전기정치사상사』, 태학사 2013; 송재혁·이아영 「『경제문감』 재상편의 『고금원유지론』 인용」, 『한국사연구』 188.

었을 것이므로, 이 책을 통해 정도전의 정치사상을 엿보는 것이 어느 정도 가능할 것이다. 다만, 여러 책에서 인용했기 때문에 내용이 일관되지 않은 경우가 있음에 유의할 필요가 있고, 인용된 문장의 문구 하나하나를 분석하는 연구 방법에 한계가 있음을 지적해두고자 한다.

『경제문감별집』은 1397년(태조 6)에 완성되었다. 그해 7월에 권근이 쓴 서문에 따르면 『경제문감』이 재상 이하만을 다루었으므로 『경제문감별집』에서는 임금이 귀감으로 삼을 만한 내용을 따로 서술했다고 한다. 따라서 이름 그대로 『경제문감』의 별집, 즉 속편에 해당한다. 이 책은 크게 군도君道와 의론議論 두 편으로 이루어져 있다. 군도편은 요·순에서 시작해서 원까지 중국 역대 제왕과 고려 태조부터 공양왕까지 모든 국왕들의 치적을 평가 중심으로 약술하면서 바람직한 군주상을 제시했고, 의론편은 『주역』의 6효爻 가운데 제5효에 대한 정자程子의 해설을 옮겨놓은 것이다. 『주역』에서 각 괘의 다섯번째 효, 즉 제5효는 임금의 자리를 상징하는데, 정도전은 이 글을 통해 임금의 몸가짐이 어떠해야 하는지를 말하고자 한 것이다. 『주역』의 64괘 가운데 건괘乾卦의 단사彖辭와 16개 괘의 효사爻辭만 수록했고, 그나마 완결된 것인지도 분명하지 않다. 따라서 선별의 기준이 무엇이었는지부터 밝힐 필요가 있다. 다만 이는 앞으로의 과제로 남겨둔다.

정도전

文憲公三峯鄭道傳像

정도전(1342~1398) 표준영정(문헌사당 소장)

1장
조선경국전

(태조 3년 5월 무진[3일]) 판삼사사 정도전이
『조선경국전朝鮮經國典』을 지어서 바치니, 임금이 읽어보시고
감탄하여 칭찬하시며 말과 비단, 백은白銀을 하사하셨다.
—『태조실록』권5

조선경국전을 지어 올리는 글撰進朝鮮經國典箋[1]

분의좌명개국공신 보국승록대부 판삼사사 동판도평의사사사 겸판상서
사사 수문전대학사 지경연예문춘추관사 판의흥삼군부사 세자이사 봉화

---

[1] 이 글은 정도전이 『조선경국전』을 국왕에게 바치면서 올린 것이다. 『삼봉집』에는 『조선경국
전』과 함께 있지 않고 다른 전(箋)들과 함께 권3에 실려 있다. 『조선경국전』은 정도전이 국
왕에게 올린 글이며, 문장 중에 자신을 '신(臣)'이라고 표현했으므로 현대 우리말로 옮길 때
경어체를 쓰는 것이 옳다. 하지만 독자의 편의를 고려해서 '조선경국전을 지어 올리는 글'만
경어체로 번역하고 나머지는 모두 평어체를 썼다. 이 때문에 다소 어색한 대목이 있을 수 있
음을 미리 밝혀둔다.

백 신臣 정도전은 아룁니다.

삼가 도승지 한상경韓尙敬이 신을 위해 갖추어 아뢴 것을 받들었는데, 신이 지은『조선경국전』을 올리라는 것이어서, 교서를 받들어 (『조선경국전』을) 올립니다. 도록圖錄의 예언에 따라서 개국開國의 운수를 처음으로 열었으니, 법도를 세우고 펼쳐서 자손을 위한 계책을 남겨야 할 것이므로 주나라 육관六官의 이름을 모방하여 조선 일대의 법전을 세웠습니다.[2] 생각하건대, 주상 전하께서는 하늘의 덕을 체득하시어 인仁으로써 왕위를 얻으셨으며, 국호를 정하여 민심을 하나로 묶고, 세자를 세워 나라의 근본을 견고히 하셨으며, 세계世系는 쌓이고 쌓인 경사를 드러냈고, 교서敎書는 관대한 은혜를 널리 알렸습니다. 다스리는 도道는 재상에게 맡겨 이루게 하고, 각종 세금〔賦稅〕을 줄이되 모두 공公으로 들어가게 하라고 말씀하셨으며, 예禮를 제정하고 악樂을 지어서 신령과 사람을 화목하게 하시고, 무예를 닦고 무기를 수선하여 나라를 바로잡으셨으며, 형벌은 간사한 이를 꾸짖어 난폭한 짓을 못하게 막고, 공사는 법도를 지켜서 공정을 부과하셨습니다.[3] 창업하고 후손에게 전하는 것이 얼마나 어려운지를 보여서 왕업을 지키고 수성하는 것이 유구하도록 하셨으니, 마땅히 책에 실어 이름난 산에 간직해야 할 것입니다.

신이 용렬한 자질로써 외람되게 전하께서 알아주심을 얻어 장차 저술하는 하찮은 재주를 가지고 생성生成의 지극한 은혜에 보답하고자 했습니다만, 그 성대한 덕과 풍성한 공로를 다 기술하기가 어려워 큰 줄거리와 작은

---

2   주나라 육관(六官)의 이름을 모방하여 조선 일대의 법전을 세웠습니다: 주나라의 육관은 천관(天官), 지관(地官), 춘관(春官), 하관(夏官), 추관(秋官), 동관(冬官)이지만, 여기서는 육관이 각각 주관하는 치전(治典), 교전(敎典), 예전(禮典), 정전(政典), 형전(刑典), 사전(事典) 등 육전을 가리킨다.

3   주상 전하께서는 하늘의 덕을 체득하시어 (…) 법도를 지켜서 공정을 부과하셨습니다:『조선경국전』의 각 편에 해당하는 정보위(正寶位), 국호(國號), 세계(世系), 교서(敎書), 치전(治典), 부전(賦典), 예전(禮典), 정전(政典), 헌전(憲典), 공전(工典)에 대해 차례로 언급한 것이다.

실마리만 펼쳐놓았습니다. 『조선경국전』을 삼가 베껴 써서 전箋과 함께 올리오니, 바라옵건대 전하께서 한가한 시간이 있으면 때때로 읽어 주시면 다행이겠습니다. 비록 (임금의) 밝은 학문에 도움이 되지는 못하더라도 정치를 베풂에 조금은 취할 바가 있을 것입니다. 신은 지극히 두려운 마음을 어쩔 줄 몰라 머리를 조아리고 조아리며 삼가 아룁니다.

왕위를 바르게 함正寶位

『주역』에 이르기를, "성인의 큰 보배를 위位라 하고, 천지의 큰 덕을 생生이라 한다. 무엇으로써 위를 지키는가? 바로 인仁이다"[4]라고 했다. 천자天子는 천하가 받드는 것을 누리고 제후諸侯는 자기 영토 안에서 받드는 것을 누리니 모두 부귀가 지극하다. 어질고 능력 있는 사람은 재능을 바치고, 호걸은 힘을 바치고, 인민은 바쁘게 각각의 역役(국가에 대한 의무)에 복무하되 오로지 임금의 명에 따를 뿐이니, 그 지위를 얻는 것이 큰 보배가 아니면 무엇이겠는가. 천지는 만물에 대해서 한결같이 낳고 기를 뿐이다. 무릇 그 시초의 기운은 끊어지지 않고 두루 흐르니, 만물이 생겨나는 것은 모두 이 기운을 받아서 생겨나는 것이지만 크고 가늘고 높고 낮은 제각각의 형태를 띠고 제각각의 성질을 갖게 된다. 그러므로 "천지는 만물을 낳는 것을 본심으로 한다"[5]라고 한 것이니, 이른바 만물을 낳는 마음이 바로 천지의 큰 덕이다.

---

4   『주역』「계사하(繫辭下)」에 나오는 말로, 임금의 자리를 지키는 데서 인(仁)의 중요성을 강조한 것이다. 주자의 『주역본의(周易本義)』에서는 "바로 인(人)이다"라고 하고 "인민이 아니면 더불어 나라를 지킬 수 없다는 것이다"라고 해설해놓았다. 정도전은 주자의 견해를 따르지 않고 "바로 인(仁)이다"라고 했다. 또 『주역』 원문에는 "천지의 큰 덕을 생(生)이라 하고, 성인의 큰 보배를 위(位)라 한다"라고 되어 있는데, 인용하면서 순서를 바꾸었다.

5   『맹자집주』「공손추상(公孫丑上)」에 나오는 말이다.

임금의 지위는 높기로 말하면 높고, 귀하기로 말하면 귀한 것이다. 그러나 천하는 지극히 넓고 만민은 지극히 많으니 한번 그들의 마음을 잃으면 크게 염려할 일이 생긴다. 백성은 지극히 약하지만 힘으로 협박할 수 없고, 지극히 어리석지만 꾀로 속일 수 없다. 그 마음을 얻으면 복종하고 그 마음을 얻지 못하면 임금을 버리는데, 버리는 것과 따르는 것 사이에는 털끝만큼의 차이밖에 없다. 그러나 이른바 그 마음을 얻는다는 것은 사사로운 뜻으로 구차하게 하는 것이 아니요, 도를 어기고 칭찬을 구해서 도달하는 것이 아니니,[6] 또한 말하기를 "인仁할 뿐이다"[7]라고 한 것이다. 임금이 천지가 만물을 낳는 마음을 자기 마음으로 삼아서 남에게 차마 하지 못하는 정치[不忍人之政][8]를 행하여 천하 사방의 사람들이 모두 기뻐하며 마치 부모처럼 우러러볼 수 있게 한다면, 오래도록 안녕과 부귀, 존경과 영화의 즐거움을 누릴 것이며, 위태로워지거나 망하거나 뒤집히거나 추락하는 근심이 없을 것이다. 인仁으로써 지위를 지킴이 어찌 마땅하지 않겠는가.

삼가 생각건대, 주상 전하께서는 천명와 인심에 순응하여 신속하게 보위를 바르게 하셨으니, 인仁이 마음을 쓰는 데서 나타나는 덕의 전부가 되며 사랑은 바로 인仁이 발현된 것임을 아시고, 마음을 바르게 하여 인仁을 체득하고 사랑을 백성에게 미치셨다. 인仁의 본질이 서고 인仁의 발현이 행해진 것이다. 아! 그 지위를 보전하여 천만세에 길이 전해질 것을 어찌 믿지 않겠는가.

---

6 도를 어기고 칭찬을 구해서 도달하는 것이 아니니: 『서경』 우서(虞書) 「대우모(大禹謨)」에, 백익(伯益)이 순(舜)에게 아뢰는 가운데 "도를 어기면서 백성의 칭찬을 듣고자 하지 말 것이며, 백성의 뜻을 거스르면서 자신의 욕망을 따르지 마십시오"라고 한 데서 인용한 것이다.

7 『맹자』 「고자하(告子下)」에, 맹자가 백이(伯夷)와 이윤(伊尹), 유하혜(柳下惠) 세 사람을 비교하고 "이 세 분은 길이 같지 않았으나 그 나아감은 똑같았으니, 똑같다는 것은 무엇인가? 인(仁)이다. 군자는 또한 인(仁)할 뿐이니, 어찌 굳이 같을 것이 있겠는가?"라고 한 데 나오는 말이다.

8 남에게 차마 하지 못하는 정치: 『맹자』 「공손추상」에 나오는 말이다.

국호國號

해동海東의 나라들은 그 이름이 하나가 아니었다. 조선朝鮮이라고 한 것이 셋이니, 단군檀君, 기자箕子, 위만衛滿이다. 박씨, 석씨, 김씨가 서로 이으며 신라新羅라고 일컬었고, 온조는 앞에서 백제百濟라고 일컫고, 견훤은 뒤에 백제라고 일컬었다. 또 고주몽은 고구려高句麗라고 일컫고, 궁예는 후고려라고 일컬었으며, 왕씨는 궁예를 대신하면서 고려高麗라는 이름을 그대로 사용했다. 모두 한 지역을 몰래 차지하여 중국의 명을 받지 않고 스스로 국호를 세우고[9] 서로 침탈했으니 비록 부르는 이름이 있었다고 해도 어찌 받아들일 것이 있겠는가. 오직 기자만이 주周 무왕武王의 명을 받고 조선후朝鮮侯에 봉해졌다. 지금 천자天子(명 태조를 가리킴)께서 명하여 말씀하시기를 "오로지 조선이라는 이름이 아름답고 그 유래가 오래되었으니 그 이름을 그대로 쓰고 본받는 것이 좋겠다. 하늘을 대신해 인민을 돌보아 후손이 길이 창성하도록 하라"라고 하셨다. 무왕이 기자에게 명한 것처럼 (천자가) 전하께 명한 것이니, 이름이 바르게 되고 말이 순리에 맞게 되었다. 기자는 무왕에게 홍범洪範[10]을 진언하고 그 뜻을 풀어서 8조의 가르침을 만들었으며 우리나라에 베풀어 정치와 교화가 성대하게 행해지고 풍속이 지극히 아름다워졌으니 조선의 명성이 천하의 후세에 알려진 것이 이와 같다. 지금 조선이라는 아름다운 이름을 계승했으므로 마땅히 기자의 선정을 강구할 것이다.

9　중국의 명을 받지 않고 스스로 국호를 세우고: 조선이 명나라의 허락을 받는 형식을 갖춰 국호를 정한 사실을 강조하기 위해 한 말이다. 1392년 7월 17일 이성계가 즉위한 뒤에도 고려라는 국호를 그대로 사용하다가 11월 29일 명나라에 사신을 보내 조선과 화령(和寧) 가운데 하나를 국호로 정해줄 것을 요청했고, 1393년 2월 15일 명나라로부터 조선을 국호로 하라는 명을 받았다.

10　홍범(洪範): '위대한 규범'이라는 뜻으로, 주나라를 세운 무왕이 망한 은나라의 신하였던 기자를 찾아가 백성을 잘 다스릴 수 있는 방법을 물었을 때 기자가 대답한 것이다. 『서경』의 한 편으로 실려 있다.

오호라! 천자의 덕이 주 무왕에게 부끄러울 것이 없으니 전하의 덕 또한 기자에게 부끄러울 것이 있겠는가. 장차 홍범의 학문과 8조의 가르침이 오늘날 다시 행해지는 것을 보게 될 것이다. 공자가 말하기를, "내가 그 나라를 동쪽의 주나라로 만들 것이다"[11]라고 했으니, 어찌 공자가 우리를 속였겠는가.

세자를 정함定國本

저부(儲副, 태자 또는 세자)는 천하 국가의 근본이다. 옛날 선왕들이 반드시 맏아들로 세운 것은 분쟁을 막기 위해서이고 반드시 어진 사람으로 세운 것은 그 덕을 숭상하기 때문이었으니, 천하 국가를 공적인 것으로 여기는 마음이 아닌 적이 없었다. 오히려 (저부의) 교양이 부족하면 덕업이 나아지지 못하여 짊어진 무게를 감당하지 못할까 걱정했다. 이에 나이 많은 유학자와 덕이 높은 사람을 가려 뽑아 사부로 삼고, 단정한 사람과 바른 선비를 보필하는 신하로 삼아 아침저녁으로 교육하고 권면하기를 바른말, 바른 일이 아닌 것이 없게 했으니 그 가르치고 기르는 것이 지극했다.

선왕들이 저부에게 그 지위를 그저 정해주지만 않고 더 나아가 가르친 것이 이와 같았으나, 간혹 잔재주 있는 선비를 불러들여 사장詞章의 학문[12]에 헛되이 힘쓰게 하여 그 익힌 것이 오히려 마음을 깎아 먹는 도구가 되고, 심한 경우에는 참소하고 아첨하는 무리를 믿어 놀고 즐기기를 좋아하다가 끝내 그 지위를 지키지 못하는 경우도 많았으니, 아! 애석한 일이다.

---

11   『논어』「양화(陽貨)」에 나오는 말로, 공자가 동쪽에 있는 노나라를 주나라처럼 융성한 나라로 만들겠다고 한 것이다.

12   사장(詞章)의 학문: 사장이란 문장과 시가를 가리키는 말이다. 성리학이 등장한 뒤로 그 이전의 유학을 사장이라고 불러 성리학과 구분했다.

생각건대, 우리 전하께서는 즉위 초에 가장 먼저 왕명을 내리시어 동궁의 지위를 바르게 했으며[13] 서연관을 설치하고 문하좌시중 조준趙浚과 판중추원사 남재南在, 첨서중추원사 정총鄭摠이 모두 그 학업이 (세자를) 교육하고 권면하는 직임을 맡길 만하다고 하면서 사부와 빈객에 임명했다. 불민한 신 또한 이사貳師의 직을 더럽힐 수 있었는데,[14] 비록 학문이 꼼꼼하지 못하고 엉성하여 원량元良(세자)의 덕을 보필하기에 부족하나 마음속으로 그것을 잊은 적이 없다. 지금 우리 동궁은 자질이 뛰어나고 성품이 온화하며 일찍 일어나고 늦게 잠자면서 늘 서연書筵에 나와 강론하기를 게을리하지 않으니 일취월장하여 반드시 밝게 빛나는 학문의 경지에 이를 것으로 기대된다. 이런 까닭에 세자의 지위를 바르게 하여 나라의 근본을 튼튼하게 하는 것이 마땅한 일이다.

왕실 계보世系

신이 일찍이 『시경詩經』 대아편大雅篇을 읽어보니, 문왕과 무왕의 덕을 논하는 경우에는 반드시 후직后稷(주나라 왕실의 선조)과 공류公劉(주나라 왕실의 선조)가 공을 쌓고 인을 행한 일을 서술하여 그 유래한 바가 오래되었음을 나타냈고, 문왕과 무왕의 복을 논하는 경우에는 반드시 자손들이 인을 떨치고 앞다투어 번성한 일을 노래하여 그 미친 바가 넓음을 드러냈다.

생각건대, 본조 세계世系의 번성함은 모某[15] 이래 대대로 덕을 쌓아오다가 목왕穆王[16]에 이르러 비로소 드러났으며, 전하에 이르러 대명大命이 모

---

13 왕명을 내리시어 동궁의 지위를 바르게 했으며: 조선 건국 후 한 달 뒤인 1392년(태조 1) 8월에 태조의 막내아들 이방석을 세자로 삼은 일을 말한다. 『태조실록』 권1, 태조 1년 8월 20일.

14 이사貳師의 직을 더럽힐 수 있었는데: 이사란 세자부(世子府)의 두번째 관직인 우사(右師)를 가리킨다. 정도전 자신이 우사가 된 것을 표현한 말이다.

15 모(某): 조선 왕실 시조의 이름을 감춘 것으로, 이한(李翰)을 가리킨다.

이게 된 것이다. 하늘이 또 자손을 내려주어 이미 크게 번성했고, 어질고 덕이 있는 자에게 명을 내려 동궁에 바르게 자리 잡도록 하고 나머지에게도 모두 작위를 수여하고 봉토를 나누어주어 왕실의 울타리로 삼았으니, 이 또한 국가의 장구한 계책이다. 그 봉작받은 사람의 이름과 봉작호를 적어서 세계편을 짓는다.[17]

교서敎書

『서경書經』에 "위대하도다, 왕의 말씀이여!"라고 했고, 또 "순수하도다, 왕의 마음이여!"라고 했다.[18] 마음이 안에서 순수하면 밖으로 나오는 말이 저절로 위대해지기 마련이니, 나오는 말이 위대한 것을 보면 그 마음의 순수함을 따라서 알 수 있다. 전典·모謨·훈訓·고誥[19]가 『서경』에 실린 이래로 정일집중精一執中[20]이란 말이 만세토록 성학聖學의 연원이 되었으니 그 말의 위대함을 믿겠다.

한나라·당나라 이래로 천자의 말은 제制·조詔라고도 부르고 고誥·칙勅이라고도 불렀으며, 제후의 말은 교서敎書라고 불렀으니 높고 낮음이 비록 달랐으나 말을 세우는 뜻은 같았다. 이른바 제·고와 교서는 본인이 손수

---

16 목왕(穆王): 이성계의 고조인 이안사(李安社)를 가리킨다. 조선 건국 직후 태조의 4대조를 추증해서 고조 이안사를 목왕, 증조 이행리(李行里)를 익왕(翼王), 할아버지 이춘(李椿)을 도왕(度王), 아버지 이자춘(李子春)을 환왕(桓王)이라고 했다. 『태조실록』권1, 태조 1년 7월 28일.

17 세계편을 짓는다: 실제로 세계편은 지어지지 않았으며, 이글은 세계편의 서문이라고 할 수 있다. 이것 말고도 『조선경국전』각 편은 본문이 서술되지 않은 채 서문만 편집된 것이다.

18 위대하도다, 왕의 말씀이여!/순수하도다, 왕의 마음이여!: 『서경』상서(尙書) 「함유일덕(咸有一德)」에 나오는 말이다.

19 전(典)·모(謨)·훈(訓)·고(誥): 모두 『서경』의 편명이다.

20 정일집중(精一執中): 『서경』우서 「대우모」에 나오는 말로, '정일(精一)'은 마음을 한결같이 하는 것을 뜻하고 '집중(執中)'은 어느 한쪽으로 치우치지 않는 것을 뜻한다.

짓는 경우도 있고 문신이 대신 짓는 경우도 있으며, 정치의 우열에 따라 순수함과 뒤섞임이 동일하지 않지만, 이를 통해 그 시대의 세태를 살필 수 있다.

우리 전하께서는 즉위하기 전부터 선비들과 함께 경전과 역사, 여러 학자의 저서를 읽으며 의리를 밝히기를 좋아했고, 고금의 성공한 일과 실패한 일에 대해 토론하여 빠짐없이 능통하셨다. 문장은 비록 본업이 아니고 부수적인 일이었지만, 학문이 지극해지니 저절로 얻어지는 것이 많았다. 지금 새로운 시대를 맞이하여 기강을 확립하고 백성과 더불어 새롭게 시작하면서 여러 차례 교서를 내려 서울과 지방에 교시했는데, 그 교서는 비록 문신들이 지어 바친 것이지만 그 뜻은 하나같이 전하의 마음속 결단에 근본을 두고 있고, 토론하고 다듬어서 의리에 맞으며, 또 붓을 잡는 사람이 흉내 낼 수 있는 바가 아니었다. 이것을 마땅히 한편으로 기록해서 일대의 전범을 갖추고자 한다.

치전治典

총서總序

치전은 총재冢宰가 관장하는 것이다. 사도司徒 이하가 모두 총재에 속하니 교전敎典 이하 또한 총재의 직책이다.[21] 총재에 마땅한 사람을 얻으면 육전이 잘 거행되고 모든 직책이 잘 수행되니, "임금의 직책은 재상 한 사

---

21 사도(司徒) 이하가 모두 총재에 속하니 교전(敎典) 이하 또한 총재의 직책이다: 『주례』에 따르면 치전(治典), 교전(敎典), 예전(禮典), 정전(政典), 형전(刑典), 사전(事典) 등 육전은 각각 총재(冢宰), 사도(司徒), 종백(宗伯), 사마(司馬), 사구(司寇), 사공(司空) 등 육경(六卿)이 관장하도록 되어 있다. 총재는 치전을 관장하지만, 사도 이하를 모두 거느리므로 그들이 관장하는 나머지 다섯개의 전 또한 총재의 직책이라고 한 것이다.

람을 논정論定하는 데 있다"[22]라고 한 것은 총재를 말한 것이다. (총재는) 위로 임금을 받들고 아래로는 백관을 통솔하고 만민을 다스리는 사람이 니, 그 직책이 매우 중요하다. 또 임금의 자질은 어리석음과 현명함, 강함 과 약함의 차이가 있으니 좋은 점을 따르고 나쁜 점은 바로잡으며, 옳은 일 은 받들고 옳지 않은 일은 고쳐서 (임금이) 대중大中(지나치거나 모자람이 없는 중정中正의 도)의 경지에 들도록 해야 한다. 그러므로 (재상의) 상相은 '돕는 다[輔相]'는 뜻이다. 백관은 제각각 직책이 다르고 만민은 제각각 하는 일 이 다르니, (총재는) 그것을 공평하게 해서 각각 마땅함을 잃지 않도록 하 고, 그것을 고르게 해서 각각 자기 자리를 얻게 해야 한다. 그러므로 (재상 의) 재宰는 '다스린다[宰制]'는 뜻이다.

궁중의 비밀이나 궁인들이 임금을 모시는 일, 내시들이 일하는 상황, 임 금이 타고 다니는 수레·말과 의복의 장식, 그리고 임금이 먹는 음식을 올 리는 일에 이르기까지 오직 총재만은 알아야 한다. "총재는 중신重臣이다. 임금에게서 예우를 받는데 자질구레한 일까지 몸소 하게 되면 너무 번거 로운 것이 아닌가?"라고 하지만, 그렇지 않다. 궁인과 내시는 본래 임금의 심부름을 맡는 사람인데 삼가지 않으면 간사하고 아첨한다는 의혹이 일어 나고, 수레·말과 의복, 음식은 본래 임금의 몸을 받드는 것인데 절제하지 않으면 사치하고 낭비하는 폐단이 생긴다. 그러므로 선왕이 법을 만들어 이 일을 모두 총재에게 속하게 함으로써 절제와 제한을 두게 했으니 그 사 려가 원대한 것이었다.

무릇 임금은 존엄하여 신하가 아래서 우러르며 바로잡는 것은 어려운 일이다. 지식의 힘으로 버티는 것도 불가하고 말로 다투는 것도 불가하며 오직 정성을 다해서 (임금을) 감동시켜야 하고, 자기 자신을 바르게 해서 (임금을) 바로잡을 뿐이다. 그 많은 백관과 만민을 혼자 다스리는 것 또한

---

22 『춘추호씨전(春秋胡氏傳)』 환공(桓公) 8년조에 나오는 말로, 재상을 잘 뽑는 것이 임금의 중 요한 직책 가운데 하나라는 뜻이다.

어려운 일이다. 일일이 귀에 대고 가르치는 것도 불가하고 집집마다 찾아다니며 깨우치는 것도 불가하다. 오직 사람이 어진지 그렇지 못한지를 알아서 등용하거나 물리치면 모든 일이 이루어지고 백관이 다스려질 것이며, 일이 온당한지 그렇지 않은지를 살펴서 구분해 처리하면 만물이 제자리를 찾고 만민이 편안해질 것이다.

송나라의 대유학자 진서산眞西山(진덕수陳德秀)은 재상의 할 일을 논하여, "자신을 바르게 하고[正己], 임금을 바로잡고[格君], 인재를 알아보고[知人], 일을 잘 처리한다[處事]"23라고 했으니 뜻있는 말이다. 신의 어리석은 생각으로는 (재상이) 자신을 바르게 한 후 임금을 바르게 하는 것이 치전의 근본이고, (재상이) 인재를 알아보고 일을 잘 처리하는 것으로부터 치전이 행해진다. 그러므로 여기서 아울러 논한다.

정치제도官制

임금은 하늘의 일을 대신해서 하늘이 내린 인민을 다스리는데, 혼자 힘으로는 할 수 없는 일이다. 그래서 관청을 설치하고 관직을 나누어 중앙과 지방에 펼쳐놓고, 어질고 능력 있는 선비를 널리 구해서 함께하는 것이니, 정치제도를 만든 이유가 여기 있다.

생각건대, 우리 전하께서는 즉위 초에 가장 먼저 유신儒臣들에게 명하여 역대의 제도를 연구하고 전조前朝(고려)의 옛 사례를 참고하여 관청을 세우고 이름을 정하게 하셨으니,24 번잡하거나 쓸데없는 관청을 없애고 꼭 필

---

23 진덕수의 말이라고 되어 있지만, 출처를 찾을 수 없다. 하륜(河崙)의『호정집(浩亭集)』(권2)에도 동일한 문구가 있으므로 고려 말, 조선 초에 진덕수의 말로 알려졌던 것으로 추정된다. 정도전은『경제문감』에서도 재상의 업무를 나열하면서 이 네가지를 가장 중요한 항목으로 설정했다.

24 우리 전하께서는 즉위 초에 (…) 관청을 세우고 이름을 정하게 하셨으니: 조선을 건국한 지 11일째가 되는 1392년 7월 28일에 관제(官制)를 정한 것을 말한다.『태조실록』권1, 태조

요한 관청만 두고자 한 것이었다. 새로운 시대를 맞이하여 모든 것을 처음 만들고 다시 시작하느라 미처 손댈 겨를이 없었지만, 전조에 군기감軍器監이 있는데 또 방어도감防禦都監이 있고, 선공감繕工監이 있는데 또 조성도 감造成都監이 있으므로 지금 모두 없앴으니, 이른바 도감都監이라고 하는 것들을 그 업무에 따라 본 관청으로 귀속시켜 이름과 실제가 부합하도록 한 것이다. 내승內乘을 혁파해서 사복시司僕寺에 합치고, 내주內廚를 혁파해서 사선서司膳署에 합친 것은 (전하께서) 자신을 받드는 것을 줄이고자 하신 것이고,[25] 내시부內侍府와 액정서掖庭署를 설치하신 것은 문무 관료와 구별하기 위해서이다.[26] 이런 것을 미루어보면 전하께서 관제를 바르게 고치시려는 아름다운 뜻을 알 수 있다.

중앙에서는, 임금을 보필하는 곳을 문하부門下府라 하고, 회계를 주관하는 곳을 삼사三司라 하고, 군대를 장악하는 곳을 중추원中樞院이라 하고, 문한文翰을 담당하는 곳을 예문춘추관藝文春秋館이라 하고, 풍속과 기강을 주관하는 곳을 사헌부司憲府라 한다. 육조와 나머지 모든 관청이 각각 그 사무를 거행하는 것에 대해서는 그 맡은 일의 요점에 따라서 별도로 논한다. 지방에서는, 감사監司를 도관찰출척사都觀察黜陟使라 하고, 수령守令을 목사牧使·도호부사都護府使·지관知官·현령縣令·감무監務라 하는데, 감사는 (수령의) 기강을 바로잡는 일을 하고, 수령은 백성을 가까이하는 관직이다. 수령 가운데는 어질고 어질지 못한 차이가 있어 백성의 편안함과 근심이 그에게 달려 있다. 감사가 승진시키거나 좌천시키는 법을 시행해서 수

1년 7월 28일.

25 내승(內乘)을 혁파해서 (…) 자신을 받드는 것을 줄이고자 한 것이고: 내승과 내주는 임금이 쓰는 말과 음식만을 특별히 담당하는 관청이다. 이러한 관청을 없애고 그 업무를 사복시와 사선서에 돌린 것이 임금이 사용하는 경비를 줄이기 위한 것이었다는 뜻이다.

26 내시부(內侍府)와 액정서(掖庭署)를 설치한 것은 문무 관료와 구별하기 위해서이다: 내시부는 환관의 관청이고 액정서는 궁중에서 잔심부름하는 내수(內竪)의 관청이다. 환관과 내수를 문무 관료들과 구별하기 위해서 이 두 관청을 따로 두었다는 뜻이다.

령을 격려하고 징계하는 것이나, 시종낭관侍從郎官(중앙관청의 5~6품 관리)들을 교대로 수령에 임명하는 것은 그 선발을 중요하게 여기기 때문이다. 그러므로 수령을 관제官制편의 끝에 붙인다.

재상연표宰相年表

재상의 직책에 대해서는 치전治典 총서에서 논했다. 그러나 재상이 된 사람이 훌륭한 임금을 만나야 위로 도가 행해지고 아래로는 은혜가 미치게 되며, 살아서 일신이 명예롭고 죽어서는 후세에 이름이 떨치게 된다. 그런데 임금과 신하가 서로 잘 만나기는 옛날부터 어려웠다.

제자帝者(요임금과 순임금)의 시대에는 임금과 신하가 모두 성인聖人이었다. 그래서 서로 더불어 궁궐의 섬돌 위에서 '도都'라고도 하고 '유兪'라고도 하면서[27] 태평한 정치를 이루었다. 왕자王者(하나라 우왕禹王, 은나라 탕왕湯王, 주나라 문왕文王·무왕武王)의 시대에는 임금과 신하가 모두 현인賢人이었다. 그래서 서로 더불어 정사에 부지런히 힘써서 융숭한 정치를 이루었다. 패자覇者의 시대[28]에는 임금이 신하에 미치지 못했지만 신하에게 전권을 맡겼기 때문에 역시 한때의 공업을 이룰 수 있었다. 만약에 자질이 중간 정도인 임금이 재상을 훌륭한 사람으로 얻으면 정치가 잘되고, 훌륭한 사람으로 얻지 못하면 정치가 어지러워진다. 예컨대, 당나라 현종玄宗이 송경宋璟과 장구령張九齡을 재상으로 삼았을 때는 개원開原의 태평함[29]에 이르렀

---

27 '도(都)'라고도 하고 '유(兪)'라고도 하면서: 도(都)는 찬미할 때, 유(兪)는 동의하고 호응할 때 쓰는 말로 모두 찬성을 표시하는 감탄사이다. 임금과 신하가 정사를 논의하면서 서로 화목한 것을 가리킨다.

28 패자(覇者)의 시대: 춘추시대를 말한다. 패자는 제후 중에 맹주가 된 사람으로, 제환공(齊桓公), 진문공(晉文公), 진목공(秦穆公), 송양공(宋襄公), 초장왕(楚莊王) 등 오패(五霸)를 가리킨다. 『맹자집주』「고자하(告子下)」조기(趙岐)의 주.

29 개원(開原)의 태평함: 당나라 현종의 개원 연간(713~741)에 이룩된 태평성대를 말한다.

으나 이림보李林甫와 양국충楊國忠을 재상으로 삼았을 때는 천보天寶의 화란禍亂[30]을 초래했다.

아! 신하가 밝은 임금을 만나기가 진실로 어렵지만, 임금이 좋은 신하를 만나기도 역시 어렵다. 바야흐로 지금은 밝은 임금과 좋은 신하가 만나서 성의로써 서로 믿으며 유신維新의 정치를 함께 도모하니 천년, 백년 만에 한번 있는 융성한 시기이다. 이에 재상연표를 만드는 데 오직 시중侍中만을 적는 것은 총재가 여러 관직을 겸하며, 임금의 직책은 재상 한 사람을 택하는 데 있고 그 밖에 아래의 여러 일에 관여하지 않는다는 것을 보여주기 위함이다.

관리 선발入官

천하 국가를 다스리는 핵심은 인재를 쓰는 데 있을 뿐이다. 옛날에는 인재를 쓰는 사람이 평소에 인재를 양성하고 정성을 다해 인재를 선발했으며, 관리가 되는 길은 좁지만 관리로 재임하는 기간이 길었다. 평소에 양성했기 때문에 인재가 제대로 길러졌고, 정성스럽게 선발해서 관리가 되는 길이 좁았기 때문에 요행을 바라고 함부로 나올 마음을 먹지 못했으며, 관직에 오래 있었기 때문에 어질고 유능한 사람이 재능을 발휘할 수 있어서 일이 이루어졌다.

후세에는 위에 있는 사람이 (인재를) 가르치고 기르는 도를 상실해서 인재의 성취가 타고난 자질의 높고 낮음에서 벗어나지 못하게 되었고, 인재의 진출과 등용도 임금의 사사로운 은혜에 힘입거나, 고위 관료가 이끌어주거나, 병졸 가운데서 발탁되거나, 도필리刀筆吏(문서 작성의 실무를 담당하는 하급 관리)에서 나오게 되었다. 하지만 이런 사례는 그래도 나은 것이다.

30　천보(天寶)의 화란(禍亂): 당 현종의 천보 14년(755)에 일어난 안녹산(安祿山)의 난을 가리킨다.

재산을 모은 자가 뇌물을 가지고 관직을 구하고, 자녀를 꾸민 자가 혼인에 기대서 관직을 얻으니 어떻게 인재를 뽑겠는가? 또 관리가 되는 길이 넓어져서 재능도 없는 자들이 뒤섞여 진출하고, 관직을 바라고 요구하는 데 끝이 없으며, 어릿어릿하게 왔다 갔다 하면서 언제나 승진하는 데만 뜻을 두고 있다. 임금과 재상도 수많은 사람이 다투어 진출하려는 마음을 이기지 못하고 저 사람의 (관직을) 빼앗아 이 사람에게 주고, 아침에 임명했다가 저녁에 파직해서 헛되이 구차한 고식책을 계책으로 삼기에 겨를이 없으니 관직에 있은 지가 오래되었는지 아닌지는 따질 여유가 없다. 비록 어질고 지혜로운 선비라 하더라도 어떻게 그 재능을 펼쳐서 일을 이룰 수가 있겠는가? 비유하자면, 만길이나 되는 큰 제방이 날마다 물이 흘러 들어오는 것을 다 받아들이지 못하는 것과 같으니, 그 형세는 반드시 제방을 무너뜨리고 범람해서 사방으로 넘쳐흐르고 말 것이다. 국가도 그처럼 망할 것이니 이런 말을 하는 것이 한심스럽다.

　오직 과거만이 『주례周禮』의 빈흥賓興[31]과 뜻이 거의 같다. 그러나 문장으로 시험을 보면 겉만 화려하고 실속이 없는 무리가 그 사이에 끼어들게 되고, 경사經史(경전과 역사서)로써 시험하면 실정에 어둡고 편벽되며 고루한 선비들이 간혹 나오게 되니 이것이 수나라·당나라 이래의 오랜 근심거리였다. 우리 주상 전하께서는 즉위하자마자 기강을 확립하고 옛 제도를 본받으셨는데, 인재를 쓰는 도리에 가장 유의해서 인재를 양성하지 않으면 안 된다고 말씀하셨다. 이에 서울에는 성균관과 부학部學(한성부의 5부 학당)에, 지방에는 주·군의 향교에 각각 교수와 생원을 두고 녹봉을 넉넉히 주었으며, 3년마다 한번씩 시험을 치르는데 경학經學으로 시험해서 경전에 밝고 덕행을 수양한 정도를 보고, 부賦·논論과 대책對策으로 시험해서 그 문장 실력과 국가를 경영할 재능을 보니, 이것이 문과이다.

31　빈흥(賓興): 주나라의 관리 채용법. 학교의 생도 중에서 어질고 유능한 사람을 뽑아 빈객(賓客)으로 나라에 천거하는 제도이다. 『주례』 「지관(地官) 대사도(大司徒)」.

장상과 대신은 모두 백성에게 공덕이 있으며, 그들의 자손은 조상의 가르침을 이어받아 예의의 도리를 잘 알고 있어 모두 관직에 나올 만하므로 문음門蔭을 실시한다. 군대는 나라가 있으면 항상 갖추고 훈련하지 않으면 안 된다고 하여 훈련관訓鍊觀을 설치하고 도략韜略[32]과 진법陣法을 가르친다. 문서를 다루는 일, 회계를 맞추는 일, 돈이나 곡식을 다루는 일, 토목과 건축의 일은 물자를 공급하고 응대하는 절도를 익히지 않으면 안 된다고 하여 이학吏學을 설치했다. 역譯은 사신의 임무를 맡아 중국과 통하기 위한 것이고, 의醫는 질병을 다스려 젊은 나이에 죽는 것을 막기 위한 것이고, 음양복서陰陽卜筮는 미심쩍은 일을 해결하고 주저되는 일을 결정하기 위한 것이므로 역학·의학·음양복서학을 설치하고 각각 인재를 시험하는 과科를 두었으니, 인재를 양성함이 지극하다 하겠고 인재를 선발함이 정밀하다 하겠다. 이상의 7과(문과, 문음, 무과, 이과, 역과, 의과, 음양복서과)에 들지 않는 사람은 본인이 벼슬길에 함부로 나갈 수 없을 뿐 아니라 담당 관청에서도 법으로 억제하므로 관직에 들어오는 길이 좁다.

　또 제도를 정해서 1품부터 9품까지를 정正·종從으로 나누어 18품계로 하고 한 품계를 두 자급資級[33]으로 나누어 15개월이 지나면 한 자급을 올려주고, 30개월이 지나면 한 품계를 올려주고 있으니 관직에 있는 기간이 또한 길어지지 않겠는가. 그 학식과 도덕이 족히 국정을 도울 만하거나, 용맹함과 병법에 대한 지식이 족히 삼군을 통솔할 만하여 임금이 특명을 내려 등용한 사람은 자격의 구애를 받지 않는다. 그러나 즉위 초에 모든 일이 처음 만들어지는 시기인지라 공훈이 있고 오랫동안 임금 가까이 있던 친구 가운데 자격이 안 되면서 관직에 제수된 사람이 있고, 군대가 바야흐로 흥하는 시기인지라 무신이 앞자리에 있게 되어 만들어진 법이 제대로 시행

32　도략(韜略): 중국의 병법서인『육도(六韜)』와『삼략(三略)』을 합친 말로 병법을 뜻한다.

33　자급(資級): 18품계 가운데 정1품부터 종6품까지는 한 품계를 상·하로 나누었는데, 이것을 자급이라고 했다.

되지 못하고 있다. 그러므로 신이 여기에 밝혀서 뒷사람들로 하여금 법이 있음을 알고 지킬 바를 알게 하고자 한다.

서리 임용 補吏

서리胥吏는 관청에서 실무를 집행하는 사람이다. 한나라의 법에는 하나 이상의 경서에 통한 사람을 서리에 임용했고, 육경六卿·재상과 수령이 여기서 많이 배출되었다. 당나라의 서리 임용 제도는 비록 한나라에 미치지 못했지만 시험을 쳐서 임용했으므로 문서와 회계의 숫자를 능히 처리했고 물자를 공급하거나 나오고 물러나는 절도를 익혀서 관청이 잘 다스려졌다.

전조前朝(고려)의 서리 임용법에는 두가지가 있었으니, 이른바 삼도감三都監·삼군三軍의 녹사錄事와 도평의사사都評議使司의 지인知印·선차宣差는 모두 사인士人으로 임용했고,[34] 연리掾吏·전리典吏·서리書吏·영리令吏·사리司吏 등은 각기 그 아문의 위상에 따라서 양인 신분의 자제子弟로 충원했다. 그러나 시험을 쳐서 임용하는 제도가 없어 스스로 자천하는 것을 들어주었는데, 전쟁이 일어난 뒤로는 관리가 되는 문이 넓어져 서리가 되고자 자천하는 사람이 적었으므로 관청에서 서리가 될 사람을 구해도 구해지지 않자 그사이에 무능하고 용렬하며 붓도 잡을 줄 모르는 사람이 간혹 있게 되었다.

우리나라에서 처음으로 이조吏曹에 명하여 서리를 시험 보고 임용하는 법을 의논하게 하여 그 가계를 살피고 법조문과 서예·산술에 능통한 사람을 서리에 임용할 수 있도록 했는데, 법 자체는 좋으나 적합한 사람을 뽑고

---

34 사인(士人)으로 임용했고: 고려시대 삼도감과 삼군의 녹사와 도평의사사의 지인·선차는 서리직이 아니라 과거에 급제한 사람의 임시직인 권무직(權務職)으로 운영되었음을 말한 것이다.

못 뽑고는 담당 관청에 달려 있을 뿐이다.

군관軍官

옛날 큰 나라에는 삼경三卿이 있었으니, 사도司徒는 인민을 주관하고, 사마司馬는 군사를 주관하고, 사공司空은 토지를 주관했다. 평상시에는 각각 자기 직분을 지켰으나 유사시에는 삼경이 모두 출전하여 장수가 되었으므로 '대국삼군大國三軍'이라고 했을 때 군의 장수는 모두가 경卿이었다. (삼군을) 나누었다가 합치고 분리했다가 소속시켰으니,[35] 선왕의 사려가 이렇듯 깊었다. 재상은 통솔하지 않는 것이 없지만 군사기밀처럼 중요한 일은 반드시 조정으로 하여금 알게 했으니 체통을 지키게 하려는 것이었다. 긴 창과 큰 칼을 선비가 비록 잘 다룰 수 없더라도 계책을 정하고 승리를 가져오는 것은 병법에 능통한 사람을 기다린 뒤에야 생각할 수 있는 일이다.

우리나라에서는 당나라의 부병제府兵制를 현실에 맞게 가감해서 10위衛[36]를 설치하고 위마다 5령領을 속하게 했다. 상장군으로부터 장군에 이르기까지와 중랑장으로부터 위정尉正에 이르기까지를 의흥삼군부義興三軍府에서 통솔하게 했으며, 재상에게 명하여 의흥삼군부의 일을 맡고 여러 위의 일을 맡게 하여 무거운 것으로 가벼운 것을 제어하고 작은 것을 큰 것에 소속시켰으니 체통이 엄중해졌다. 각 도에 절제사節制使를 두고 주·군의 군사를 교대로 상경시켜 숙위宿衛하게 했으니 중앙과 지방이 서로 유

---

35 나누었다가 합치고 분리했다가 소속시켰으니: 『오자병법』 「치병(治兵)」에 나오는 말로, 군대를 훈련하는 것을 뜻한다.

36 10위(衛): 조선 건국 직후에 설치한 의흥친군좌위(義興親軍左衛), 의흥친군우위(義興親軍右衛), 응양위(鷹揚衛), 금오위(金吾衛), 좌우위(左右衛), 신호위(神虎衛), 흥위위(興威衛), 비순위(備巡衛), 천우위(千牛衛), 감문위(監門衛)를 말한다. 『태조실록』 권1, 태조 1년 7월 28일.

기적인 관계를 맺게 하려는 뜻이며, (주·군의 군사를) 의흥삼군부의 진무소鎭撫所에 소속시킨 것은 중앙이 지방을 제어하게 하려는 뜻이다. 의흥삼군부에서 통제하는 10위·50령의 관직의 품계 및 서열과 절제사 이하 진무鎭撫·병마의 호칭을 군관편에 자세히 기록한다.

전곡錢穀

전곡(돈과 곡식)은 국가가 상비해야 하는 것이고, 백성의 목숨을 좌우하는 것이다. 그러나 그것을 수취하는 데 도가 없고 그것을 쓰는 데 법이 없으면 함부로 거두는 일이 벌어져서 민생이 괴로워지고 낭비하는 일이 많아져서 국가 재정이 부족해지니 나라를 가진 사람이 걱정하지 않으면 안된다. 주공이 『주례』를 지으면서 사도司徒가 전곡의 수입을 관장하여 그수량을 빠짐없이 알게 했고, 총재가 지출하는 권한을 장악하여 함부로 쓰지 못하게 했다. 이렇게 해서 수입을 먼저 헤아린 다음에 지출하도록 하고, 3년마다 1년치 전곡을 비축해서 30년을 통틀어 계산하면 9년치의 비축이 있었으니[37] 아무리 흉년이나 전쟁 같은 변고가 있어도 걱정이 없었다.

한나라는 대사농大司農으로 하여금 전곡의 수입과 지출을 맡게 했고 당나라는 탁지사度支使로 하여금 그 일을 맡게 했는데, 세금으로 거두어서 운반하는 곡식의 양과 공상供上·제사·연회에 드는 비용, 그리고 군대의 수요 등은 재상이 전혀 알 수가 없었다. 이처럼 중요한 이권을 하나의 관청, 한명의 관리에게 맡기니 그때그때 전곡을 마련하고 여러 가지 방법으로 변통해서 당장의 비용은 겨우 충당했으나 만일 뜻밖의 재난이 있으면 국고가 텅 비는 궁색함을 면치 못했으니 역시 우스운 일이다.

---

37 9년치의 비축이 있었으니: 3년마다 1년치를 비축하면 30년 뒤에는 10년치의 비축이 있게 된다. 하지만 『예기』 「왕제(王制)」에, "나라에 9년치의 비축이 없는 것을 부족하다고 한다"라고 했으므로 9년치의 비축이 있다고 한 것이다.

우리나라에서는 삼사三司에서 전곡의 수입을 관장하고 지출은 도평의
사사의 명령을 받아 집행하고 있으니 『주례』가 남긴 뜻에서 배운 것이다.
전곡의 소재는 맡은 일에 따라 기록함으로써 경비의 수량을 제시한다.

봉작·추증과 관작의 세습封贈承襲

신하로서 왕실에 공로가 있고 백성에게 혜택을 입힌 자가 있으면 살아
있을 때는 작위와 녹봉을 높여주고, 죽은 뒤에는 위호位號를 더해주며, 또
그 은전을 확대하여 위로는 조상에게 미치게 하고 아래로는 자손에까지
미치게 하니 대개 보상을 무겁게 하고 후대함을 지극하게 하려는 것이다.
　전하께서는 공신을 포상하여 문하시중 배극렴裵克廉 이하 52인에게 차
등 있게 상을 내리고 작위를 올려주며, 조상 3대를 추증하고 적장자로 하
여금 그 작위를 세습하게 하셨다.[38] 마침 판삼사사 윤호尹虎가 죽자 특별히
문하우시중門下右侍中을 추증했는데,[39] 기록이 맹부盟府(충훈부)에 있으므로
참고하여 적는다.

부전賦典

총서總序

구실(賦)[40]이라고 하는 것은 국가의 수요를 총칭하는 말이다. 구분해 말

38　문하시중 배극렴(裵克廉) 이하 52인에게 (…) 그 작위를 세습하게 하셨다: 1392년(태조 1)
　　　9월에 배극렴 등 개국공신 52명에게 포상한 것을 말한다. 『태조실록』 권2, 태조 1년 9월 16일.
39　판삼사사 윤호(尹虎)가 죽자 (…) 추증했는데: 1393년(태조 2) 7월에 판삼사사 윤호에게 문
　　　하우시중을 추증하고 시호를 정후(靖厚)라고 했다. 『태조실록』 권4, 태조 2년 7월 3일.
40　구실(賦): 옛날에 사람들이 국가에 바치던 모든 의무를 총칭하는 말이다. 여기에는 쌀 같은

하자면, 국가에서 쓰는 것을 전곡錢穀이라고 하는데 치전治典에서 수입과 지출의 절차를 매우 상세하게 설명했고,[41] 백성에게서 거두는 것을 구실이라고 하는데 여기서는 그것이 나오는 항목을 설명했다.

주군州郡편과 판적版籍편은 구실이 나오는 것을, 경리經理편은 구실을 관리하는 것을, 농상農桑편은 구실의 근본이 되는 것을, 부세賦稅편은 구실을 바치는 것을, 조운漕運편은 구실을 운반하는 것을, 염철鹽鐵편·산장수량山場水梁편과 공상工商편·선세船稅편은 구실을 보조하는 것을, 상공上供편·국용國用편·녹봉祿俸편·군자軍資편·의창義倉편·혜민전약국惠民典藥局편은 구실을 쓰는 것을, 견면蠲免편은 구실을 줄여주는 것을 기록했다.[42] 구실이 나오는 것을 알면 민생이 후하게 되지 않을 수 없고, 주·군이 다스려지지 않을 수 없으며, 판적이 상세하게 되지 않을 수 없다. 구실을 관리하는 것을 알면 경리가 바르게 되지 않을 수 없고, 구실을 운반하는 것을 알면 백성을 피곤하게 할 수 없어 조운이 강구되지 않을 수 없으며, 구실의 근본을 알면 농상이 중요시되지 않을 수 없다. 구실을 보조하는 것을 알면 부과하는 기준이 세워지지 않을 수 없고, 구실을 쓰는 것을 알면 수입과 지출이 절약되지 않을 수 없으며, 구실을 줄여주는 것을 알면 백성의 재물을 모두 거둘 수 없게 된다.

그러나 토지가 있고 사람이 있은 연후에 구실을 얻게 되고, 덕이 있은 연후에 구실을 지킬 수 있으니, 『대학大學』의 전傳에서 말하기를, "덕이 있으면 이에 사람이 있게 되고, 사람이 있으면 이에 토지가 있게 되고, 토

농산물이나 각종 특산물을 내는 것 이외에도 부역에 동원되어 노동력을 제공하는 것까지 모두 포함된다. '구실'은 원문의 '부(賦)'에 적확하게 대응하는 말이므로, 다소 생소하지만 번역어로 선택했다.

41 치전(治典)에서 수입과 지출의 절차를 매우 상세하게 설명했고: 치전의 전곡(錢穀)편을 말한다.

42 주군(州郡)편과 판적(版籍)편은 (…) 구실을 줄여주는 것을 기록했다: 부전의 각 편을 나열하고 각각에 대해 간단하게 설명한 것이다.

지가 있으면 이에 재물이 있게 되고, 재물이 있으면 이에 쓰임이 있게 된다"[43]라고 한 것이다. 신은 그래서 덕을 부전의 근본으로 삼았다.

지방의 군현 州郡

경읍京邑(수도)은 국토의 근본이며, 딸린 주州·군郡들은 부역을 제공하고 왕실을 호위하며 경읍을 보좌한다. 멀리서는 주·군이 별처럼 펼쳐지고 바둑돌처럼 뿌려져 있어 모두 노동력을 냄으로써 공역公役을 제공하고, 세금을 냄으로써 국가의 비용을 제공하니 왕실의 울타리가 아닌 것이 없다.

우리나라는 전조前朝(고려) 왕씨의 옛것을 이어받고 그것을 현실에 맞게 조정했다. 경기를 좌도와 우도로 나누고[44] 나라의 남쪽을 양광도라 하고 그 바깥을 경상도, 전라도라 하고 서쪽을 서해도라 하고 동쪽을 교주강릉도라 했으며[45]【교주도와 강릉도는 영동嶺東과 영서嶺西 지방이다】[46], 감사를 두어 도관찰출척사都觀察黜陟使라고 했다. 동북 지방은 동북면이라 하고 서북 지방은 서북면이라 했으며,[47] 감사를 두어 도순문사都巡問使라고 했다. (도관찰출척사와 도순문사는) 교화를 널리 펴고 재정·사법·군사에

---

43 『대학장구』 제10장 「치국평천하(治國平天下)」에 나오는 말로, 백성에게서 구실을 거두는 데 통치자의 덕이 가장 중요하다는 말이다.

44 경기를 좌도와 우도로 나누고: 고려시대에 경기는 5도, 양계와 구별되는 특수한 행정구역이었으나, 고려 말인 1390년(공양왕 2) 경기도로 고치고 동시에 좌도와 우도로 분리했다. 『고려사』 권56, 지10 지리1 왕경개성부(王京開城府).

45 나라의 남쪽을 양광도라 하고 (…) 동쪽을 교주강릉도라 했으며: 『조선경국전』이 완성된 직후인 1394년(태조 3) 6월에 양광도를 충청도로, 강릉교주도를 강원도로 개칭했다. 『태조실록』 권6, 태조 3년 6월 23일.

46 【 】는 원문의 안설(按說)을 표시한 것이다. 안설은 조선 정조 때 『삼봉집』을 간행할 당시 설명한 내용이다.

47 동북 지방은 동북면이라 하고 서북 지방은 서북면이라 했으며: 태종 때인 1413년에 동북면을 영길도(永吉道), 서북면을 평안도(平安道)로 고쳤다. 『태종실록』 권26, 태종 13년 10월 15일.

관한 일을 총괄한다. 주·부·군·현에는 각각 수령을 두었으니, 강토가 가지 런히 정돈되고 왕의 교화가 행해진 것을 볼 수 있다.

호적대장版籍

국가의 부유하고 가난함은 인구가 많고 적은 데 달려 있고, 부역의 균등 함은 인구를 빠짐없이 파악하는 데 달려 있다. 그러므로 백성을 다스리는 지위에 있는 사람이 백성의 생활을 안정시켜 그 무리가 번성하게 하고, 인 민의 수고로움을 위로하고 편히 모여들게 해서 그 거처를 보호하면 인구 가 많아질 것이다. 또 호구戶口를 등록해서 그 증감을 살피면 백성의 수가 정확하게 파악될 것이며, 인구를 조사하고 장정의 수를 계산해서 등급에 따라 부역을 부과하면 부역이 균등해질 것이다. 대체로 이와 같이 하면 위 에서는 일이 이루어지고 아래서는 시끄러운 일이 일어나지 않을 것이니, 나라는 부유해지고 백성은 편안하게 될 것이다.

전조前朝(고려) 말에는 백성의 재산을 다스릴 줄 몰라서 생활을 안정시키 는 도를 잃으니 인구가 늘지 않았고, 백성을 편안하게 할 방법이 없으니 더 러는 굶주림과 추위에 죽기도 했다. 호구는 나날이 줄고 남은 사람들은 부 역의 번거로움을 견디지 못해 몸을 낮춰 부잣집에 들어가거나 권세가에 게 몸을 맡겼으며, 그 밖에도 수공업이나 상업으로 빠져나가고 절로 도망 해서 이미 인구의 10분의 5, 6을 잃게 되었는데, 공·사노비와 사원의 노비 가 된 사람은 그 수에 포함되지도 않은 것이다. 요행히 호적에 이름이 오른 자 또한 가장家長이 숨기거나 간사한 관리가 점유해서 한 집의 인구가 전 부 호적에 오른 것도 아니었으니, 백성의 수를 어떻게 빠짐없이 알았을 것 이며, 부역이 어떻게 균등해질 수 있었겠는가. 한번 징발할 일이 있으면 기 한을 급박하게 해서 치고 때리면서 따르게 했으니 일은 이루어지지 않으 면서 백성은 번거로움을 견디지 못했으며, 나라는 점점 가난해지고 백성은 점점 고통스러워졌다.

우리 전하께서는 처음 즉위하자 담당 관청에 명하여 백성을 편안하게 할 방도를 강구하도록 하고, 중외에 교서를 내려 그 수를 등록해서 호가 얼마이고 인구가 얼마인지를 파악하게 하셨으니 정치하는 근본을 알았다고 할 만하다. 그러나 관청의 능력이 있고 없고가 같지 않아서 왕명을 받들어 수행하는 데 더러 불충분한 점이 있으니 그 사이에 어찌 빠뜨린 것이 없었겠는가. 다만, 시행하는 시간이 길어지면 빠짐없이 파악할 수 있을 것이다.

무릇 임금은 국가에 의존하고 국가는 백성에 의존하니, 백성은 국가의 근본이며 임금의 하늘이다.[48] 그러므로 주나라의 의례에서 왕에게 호적대장을 바치면 왕은 절을 하고 받았으니,[49] 이것은 그 하늘을 존중하기 때문이었다. 임금이 된 사람이 이러한 뜻을 안다면 백성을 사랑함이 지극하지 않을 수 없다. 그러므로 신은 판적版籍편을 지으면서 이것을 아울러 논했다.

토지제도經理

옛날에는 토지를 국가에서 소유하고 백성에게 나누어주었으니, 백성들이 경작하는 토지는 모두 국가에서 준 것이었다. 천하의 백성 가운데 토지를 받지 않은 사람이 없었고 토지를 경작하지 않는 사람이 없었으므로 빈부나 강약의 차이가 그다지 심하지 않았으며, 토지에서 나는 소출이 모두 국가에 들어갔으므로 국가도 또한 부유했다.

토지제도가 무너진 뒤로 힘있는 자들이 남의 토지를 빼앗아서 부유한

---

48 무릇 임금은 국가에 의존하고 국가는 백성에 의존하니, 백성은 국가의 근본이며 임금의 하늘이다: 임금은 국가에 의존하고 국가는 백성에 의존한다고 한 것은 당 태종이 한 말이다(『자치통감』 권192, 당기唐紀8 고조高祖 무덕武德 9년). 정도전은 이 말 뒤에 '백성은 국가의 근본이며 임금의 하늘이다'라는 말을 덧붙여 백성의 중요함을 한번 더 강조했다.

49 주나라의 의례에서 (…) 절을 하고 받았으니: 『주례』 「추관(秋官) 소사구(小司寇)」에 나오는 말이다.

사람은 밭두둑이 한없이 이어지고 가난한 사람은 송곳 꽂을 땅도 없어 부유한 사람의 토지를 빌려서 경작하는데 1년 내내 힘들게 일해도 식량은 오히려 부족했다. 부자들은 편안히 앉아 농사를 짓지 않으면서도 소작인을 부려서 그 소출의 태반을 먹는데, 국가는 팔짱 끼고 구경만 해서 그 이익을 차지하지 못하니 백성은 점점 괴롭게 되고 국가는 점점 가난해졌다. 이에 한전제限田制(토지 소유의 상한을 정하는 제도)나 균전제均田制(토지를 균등하게 나누어주는 제도)를 시행하자는 논의가 일어났는데, 이 역시 고식책에 불과하지만 그래도 백성의 토지를 바로잡아 나누어주고 경작하게 한 것이었다. 당나라의 영업전永業田·구분전口分田【당나라에서 토지를 나누어주는 제도는 농민 한 사람이 1경頃의 토지를 받아서 그중 80무畝는 구분전으로 하고, 20무는 영업전으로 하는 것이다】또한 인구를 헤아려 토지를 나누어주고 자력으로 경작하게 한 뒤 그 조세를 국가의 비용으로 쓰는 것이었지만 식자들은 그 토지제도가 바르지 못하다고 비웃었다.

전조前朝(고려)의 제도에는 묘예전苗裔田·역분전役分田·공음전功蔭田·등과전登科田【고려의 토지 제도는 당나라 제도를 모방하여 묘예전을 전대 국왕의 후손들에게 나누어주고, 역분전은 관직의 높고 낮음을 논하지 않고 인품에 따라 정했으며, 공음전은 공신과 귀화한 사람에게 주었고, 등과전은 과거에 급제한 사람에게 특별히 주었다】과 군전軍田·한인전閑人田이 있어서 그 토지에서 나오는 조세를 받아먹게 했다. 하지만 백성이 경작한 경우에는, 자기가 개간했으면 자기가 차지하는 것을 허락하고 국가에서 간섭하지 않았으니 노동력이 많은 사람은 넓은 땅을 개간하고 힘있는 사람은 많은 땅을 차지했다. 힘없고 약한 사람은 강하고 힘있는 사람을 좇아 토지를 빌려서 경작하고 소출의 반을 나누었으니, 경작하는 사람은 하나인데 먹는 사람은 둘인 셈이었다. 부유한 사람은 더욱 부유해지고 가난한 사람은 더욱 가난해져서 마침내는 스스로 살아갈 길이 없어 농토를 떠나 놀고먹는 사람이 되거나 생업을 바꿔 말업末業(수공업이나 상업)을 하기도 하고 심하면 도적이 되었으니, 아! 그 폐단은 말로 다 할 수가 없다. 그 법이 붕괴되는 것이 더욱 심해지면서 세력 있는 집안이 서로 빼앗아 한 사람이 경작하는 토지에 주인이 일고여덟명에 이르기도 했고, 조세를 바칠 때는 받으러 온 사람과 말을 접대하는 것이며, 강제로 물건을 사라고 강요받는 것이며, 노자로 쓰이는 돈이며 조운에 드는 비용이 또한 조세보다 단지 몇 배에 그치는 것이 아니었다. 위아래가 서로 빼앗고, 들고일어나 힘을 겨루어 싸우는데, 재앙과 난리가 따라 일어나 마침내 나라가 망하기에 이르렀다.

전하께서는 즉위하기 전에 친히 그 폐단을 보고 사전私田[50]을 없앨 것을 소임으로 삼으셨으니, 경내의 토지를 모두 거두어들여 국가에 귀속시킨 다음 인구를 헤아려 토지를 나누어줌으로써 옛날의 올바른 토지제도를 회복하고자 한 것이었다. 하지만 당시 전통 있는 집안들이 자신들에게 불리했으므로 입을 모아 헐뜯고 여러 가지 방법으로 훼방해서 백성이 더없이 좋은 정치의 혜택을 입지 못하도록 했으니 어찌 한탄하지 않을 수 있겠는가. 그러나 뜻을 같이하는 두세명의 대신과 함께 앞 시대의 제도를 연구하고 지금의 현실을 참작하여 경내의 토지를 측량하고 파악된 토지를 결수로 계산한 것에서 얼마큼을 상공전上供田과 국용國用·군자전軍資田, 문무역과전文武役科田으로 떼어놓고, 한량閑良[51]으로서 서울에 거주하면서 왕실을 호위하는 사람, 과부로서 수절하는 사람, 향鄕·역驛·진津·도渡의 서리

---

50 사전(私田): 일반적으로는 국가의 토지인 공전(公田)에 대비되는 개인의 토지를 뜻하지만, 여기서는 고려 말에 문제가 되었던, 수조권이 불법적으로 행사되는 토지를 말한다. 고려의 전시과 체제에서는 현직에 있을 때만 수조권을 행사하도록 되어 있었으나 제도 운영이 해이해지면서 관직에서 물러난 뒤에도 수조권을 반납하지 않고 자손들에게 세습하는 일이 벌어졌는데, 이러한 토지를 사전이라고 불렀다. 바로 앞에서 '한 사람이 경작하는 토지에 주인이 일고여덟명'이라고 한 것은 하나의 토지에서 일고여덟 사람이 수조권을 행사하는 상태를 말한 것이다.

51 한량(閑良): 고려 말, 조선 초에 관리가 될 자격을 갖추고도 실제 관직을 받지 못한 사람을 가리키는 말이다. '관직이 없이 한가롭게 사는 사람'이란 의미에서 한량이라고 불렀다. 조선 건국 후 이들에게 군역을 부과하기 위해서 서울에 올라와 삼군도총제부에 속하게 하고 토지를 지급했다.

와 서민·공장工匠으로서 국가의 역을 맡은 사람에 이르기까지 모두가 토지를 갖도록 했다. 백성들에게 토지를 나누어주는 것이 비록 옛사람에는 미치지 못하지만 토지제도를 바로잡아 한 시대의 전범으로 삼았으니, 폐해가 많았던 전조의 법을 내려다본다면 어찌 만배나 나은 게 아니겠는가.

농상農桑

농사와 양잠은 입는 것과 먹는 것의 근본이니, 왕도정치에서 가장 먼저 해야 할 일이다. 우리나라에서는 중앙에 사농시司農寺, 지방에 권농관勸農官을 두고 백성의 부지런함과 게으름을 조사해서 부지런한 사람은 장려하고 게으른 사람은 징계하도록 했으며, 풍속의 기강을 맡은 관청에서는 (사농시와 권농관이) 그 직책을 잘하고 잘못하는지를 살펴 승진시키거나 좌천시키도록 했다. 전하께서는 여러 차례 왕명을 내려 반드시 농사와 양잠의 장려를 으뜸으로 삼아서 그 근본에 힘쓰고 그 실질을 취하게 하셨다. 장차 입고 먹는 것이 풍족해져서 염치를 알게 되고, 창고가 가득 채워져 예의가 흥하는 것을 보게 될 것이니, 태평의 업적이 여기서 비롯될 것이다.

각종 세금賦稅

맹자가 말하기를, "야인野人이 없으면 군자를 먹여 살리지 못하고, 군자가 없으면 야인을 다스리지 못한다"[52]라고 했다. 옛날 성인이 부세賦稅의 법을 만든 것은 단지 백성으로부터 수취해서 자신이 먹고살려는 것이 아니었다. 사람이 모여 살게 되면 밖으로는 음식과 의복에 대한 욕심이 생기고 안에서는 남녀의 정욕이 일어나 사이가 나쁘면 서로 다투게 되고 힘이

---

52   『맹자』「등문공상(滕文公上)」에 나오는 말이다.

대등하면 싸워서 서로 죽이기에 이르니, 윗사람이 법을 집행하고 다스려서 다투는 사람들을 화친하게 하고 싸우는 사람들을 평화롭게 한 뒤에야 민생이 편안해지는 것이다. 그러나 농사를 지으면서 동시에 그런 일을 할 수는 없으므로 백성이 (생산물의) 10분의 1씩을 내서 윗사람을 봉양하는 것이니, 그 거두는 것의 가치가 크고 윗사람이 그 봉양에 보답하는 것 역시 소중한 일이다. 후세 사람들이 법을 만든 뜻을 알지 못하고 "백성이 내게 바치는 것은 직분상 당연한 일이다"라고 하면서 함부로 거두어들이면서도 오히려 부족하지는 않을까 걱정하며, 백성도 그것을 본떠서 들고일어나 다투고 빼앗았으므로 재앙과 난리가 일어나게 되었다. 선왕이 법을 만든 것은 하늘의 이치이지만 후세에 폐해를 일으킨 것은 사람의 욕심이니, 재주 있는 신하나 회계를 맡은 관리로서 부세를 다스리는 사람은 마땅히 사람의 욕심을 막고 하늘의 이치를 보존할 것을 생각해야 한다.

우리나라의 부세를 거두는 법은, 조세租稅[53]는 모두 토지에서 나오고, 이른바 상요常搖[54]와 잡공雜貢[55]은 그 지방의 소출에 따라 관청에 바치게 되어 있는데, 대체로 당나라 조租·용庸·조調의 뜻을 이어받은 것이다. 전하께서는 부세가 너무 무거워 우리 백성을 괴롭히고 있는지 염려하여 담당 관청에 명해 조세를 개정하고 상요와 잡공을 상세히 정하도록 해서 거의 중정中正(치우치거나 모자람이 없음)의 도를 얻었다. 그러나 조세는 토지가 개간되었는지 황무지인지를 조사하면 소출량을 헤아릴 수 있지만, 상요와 잡공은 관청에 바치는 액수만을 정해놓았을 뿐, 호별로 어떤 물건을 조調로 내야 하는지, 사람마다 무엇을 해야 용庸이 되는지를 분명히 말해놓지 않았으므로 관리들이 이를 기회로 간계를 꾸며 함부로 더 많이 징수해서 백

---

53   조세(租稅): 고려·조선시대에 농경지를 소유한 사람이 생산량의 일정 비율을 현물로 내는 세금을 말한다.
54   상요(常搖): 고려·조선시대에 16~60세의 장정이 부역에 동원되어 노동력을 제공하거나 군역을 지는 것을 말한다.
55   잡공(雜貢): 고려·조선시대에 각 지방의 토산물을 현물로 납부하는 것을 말한다.

성이 더욱 곤궁해졌고, 힘있는 부자들은 갖은 방법으로 회피해서 국가의
재용은 오히려 부족해졌다. 전하께서 백성을 사랑하시어 부세를 정한 뜻
이 아래까지 미치지 못하는 것은 담당 관청의 책임이니, (지금처럼) 무사
하고 한가한 시기를 맞아 방법을 강구하고 시행해야 할 것이다.

배로 세금을 실어 나르는 것漕運

옛날에는 천자와 제후가 모두 기내畿內(서울 주변 500리 이내의 땅)의 부세로
생활했으므로 조운漕運으로 운반하는 거리가 멀어도 500리를 넘지 않고
가까우면 50리에 불과했으니 백성이 괴로워할 지경에 이르지 않았다. 그
러나 진나라·한나라 이래로 전국을 군현으로 편제하면서 그 소출의 부세
를 천자의 도읍으로 운반하는 데 거리가 매우 멀어지고 운송하는 곡식도
매우 많아져서 백성이 괴로워하게 되었다. 이렇게 되자 조운이 시급한 문
제가 되어 제도를 매우 자세하게 만들었지만 백성의 괴로움은 여전했다.

우리나라는 삼면이 바다로 둘러싸여 있고 내륙에는 큰 강이 있으므로
조운이 바다와 강을 경유해서 백성의 수고를 절감시킬 수 있었는데, 왜구
가 소란을 피우면서부터 연해 지방의 주군에서 수로를 버리고 육로로 운
반하게 되어 험한 산골짜기와 가을 장마, 겨울 폭설로 인부가 피곤해 쓰러
지고 소와 말이 넘어지는 등 백성이 매우 고통스러워했다.

전하께서는 즉위하자 담당 관청에 명하여 전함을 수리하고 군사를 늘려
서 바다에서 공격하고 육지에서 방어하게 하니, 왜구가 앞으로 나아가도
약탈할 수가 없고 뒤로 물러나도 얻을 것이 없게 되었다. 이에 (왜구가) 멀
리 달아나고 해운이 통하게 되었으니, 육로로 수송하는 주·군은 아무리 멀
어도 400~500리면 강에 닿을 수 있게 되어 노동력이 절감되고 국가의 쓰
임이 풍요롭게 되었다. 그러나 관리를 제대로 얻지 못해서 일을 처리하는
과정에 조금이라도 마땅함을 잃으면 곧바로 폐해가 생길 것이니, 살피지

않으면 안 될 것이다.

소금에 관한 법鹽法

소금은 바다에서 나는 것으로 백성이 쓰는 데 없어서는 안 되는 물건이다. 전조前朝(고려)에서는 충선왕 때 염법鹽法을 세워[56] 백성으로 하여금 베〔布〕를 바치고 소금을 받아 가게 해서 (베를) 국용國用으로 썼는데, 그 법의 폐해가 나타나면서 베는 관에 들어오는데 소금은 보급되지 않아 백성이 매우 고통스러워했다.

전하께서 즉위하자 맨 먼저 교서를 내리시어 전조의 나쁜 법을 크게 개혁하면서 바닷가의 주·군마다 염장鹽場을 설치해 관에서 소금을 굽고, 백성이 가지고 있는 물건이 베든 쌀이든, 좋은 것이든 나쁜 것이든, 많든 적든 따지지 않고 직접 소금이 나는 곳에 가서 시가대로 값을 계산하고 소금을 받은 다음 쌀이나 베를 소금값으로 내게 했으니,[57] 이는 인민과 더불어 그 이익을 누리려는 것이지 소금 생산을 금지해서 이익을 독점하려는 것이 아니다. 염장의 소재와 소출량을 적어서 회계의 근거로 삼고자 한다.

산림과 어장山場水梁

옛날에는 연못에 촘촘한 그물을 넣지 못하게 하고, 초목의 잎이 다 떨어진 뒤에야 도끼를 들고 산에 들어가게 했다.[58] 이는 천지자연의 이익을 아

---

56 충선왕 때 염법(鹽法)을 세워: 1309년(충선왕 1)에 소금 전매제인 각염법(榷鹽法)을 실시한 것을 말한다. 『고려사』 권79, 지33 식화2.

57 전하께서 즉위하자 맨 먼저 교서를 내리시어 (…) 소금값으로 내게 했으니: 조선 건국 직후에 반포한 즉위교서에서 "각도에서 구운 소금은 안렴사로 하여금 염장관(鹽場官)에게 명령하게 해서 백성에게 팔아 국가의 비용에 충당하게 할 것이다"라고 한 것을 가리킨다. 『태조실록』 권1, 태조 1년 7월 28일.

끼고 사랑으로 기르기 위함으로, 산림과 어장을 이용하는 근본이다.

　전조前朝(고려)에서는 산림과 어장이 모두 힘있는 자들의 차지가 되어 국가에서 그 이익을 얻지 못했다. 전하께서 즉위하여 그 나쁜 법을 개혁해서 산림과 어장을 거두어들여 국가에서 쓰도록 했으니, 산림은 선공감繕工監에 소속시켜 거기서 나오는 재목을 가지고 건물을 짓는 데 사용하고, 어장은 사재감司宰監에 소속시켜 거기서 나오는 생선과 소금을 가지고 궁궐과 조정의 반찬과 제사 및 빈객 접대용으로 공급하도록 했다. 산림과 어장의 소재를 알 수 있는 것들을 모두 기록한다.

금金·은銀·주옥珠玉·동銅·철鐵

　곡식과 옷감은 백성이 생활하는 데 기본이 되는 것이지만, 금·은·주옥에 이르면 백성이 쓰는 데 보탬이 없으니 정치에서 급히 할 일은 아니다. 그러나 종묘는 지극히 경건한 곳이므로 거기서 쓰는 그릇은 반드시 금이나 옥으로 장식해야 하고, 갓과 면류관은 대중보다 높은 지위에 있는 사람이 쓰는 것이므로 역시 주옥으로 장식해야 한다. 하물며 우리나라는 천조天朝(명)에 사대하고 있으므로 명절과 경축일에 보내는 사신들이 반드시 금과 은을 가지고 가게 되니, 금·은과 주옥이 조상을 받들고 사대하는 예를 행하는 데 없어서는 안 된다. 구리와 철에 이르면, 그릇을 만들기도 하고 농기구를 만들기도 하므로 백성의 생활에서 매우 요긴하며, 또 이를 녹여서 무기를 만들므로 군대의 필수품으로 이보다 중요한 것이 없다.

　전조前朝(고려)에서는 금소金所·은소銀所가 있어서 관에서 금과 은을 채취했다.[59] 우리나라에서는 무릇 철이 생산되는 곳에는 철장鐵場을 두고 관

---

58 옛날에는 연못에 촘촘한 그물을 넣지 못하게 하고 (…) 들어가게 했다:『맹자』「양혜왕상(梁惠王上)」에 나오는 말로, 촘촘한 그물로 어린 물고기까지 잡는 것을 금지하고 수목이 번성할 때 마구 베지 못하게 해서 산림과 어장을 보호했다는 뜻이다.

에서 부역할 사람을 모집해서 철을 제련하거나 주조하고 있으며, 백성이 제련하고 주조하는 경우에는 세금을 부과하지 않는다. 금과 은을 채굴하는 법은 지금 모두 폐지되었지만 금·은은 매장량이 일정하고 사대하는 시일은 한정이 없으니, 그것을 채취하는 법 역시 강구하지 않으면 안 될 것이다. 신은 여기에 금소·은소 및 철장을 조사해서 모두 편으로 기록함으로써 살피는 데 대비하고자 한다.

수공업자와 상인의 세금工商稅

선왕이 수공업자와 상인의 세금을 정한 것은 말작末作(수공업과 상업)을 억제해서 본실本實(농업)로 돌아가게 하려는 것이었다. 우리나라는 지금까지 (공상세工商稅에) 정해진 제도가 없어서 백성 가운데 게으르고 놀기 좋아하는 자들이 모두 상공업으로 달아나 농사짓는 사람이 날로 줄게 되었으니 말작이 승勝하고 본실이 훼손되는 것을 염려하지 않을 수 없다. 그래서 신은 수공업자와 상인에게 과세하는 법을 자세히 열거해서 이 편을 짓지만, 이것을 거행하는 일은 조정에 달렸다.

배의 세금船稅

우리나라는 바다에 잇닿아 있어 해산물의 이익이 많고 공·사의 조운漕運이 동서로 흐르는 강에 바큇살처럼 펴져 있다. 그러므로 사수감司水監을 설치해서 관장하게 하고 그 세금을 거두어 국용에 보태게 했으니 그 이익 역시 많을 것이다.

---

59 전조(前朝)에서는 금소(金所) (…) 채취했다: 고려의 소(所) 제도를 말하는 것이다. 고려에서는 금·은·동·철 등의 산지를 지방 행정 구역인 소로 지정하고 주민들의 부역 노동으로 생산했다.

왕실의 경비上供

임금은 넓은 토지와 많은 백성을 독차지하니, 거기서 나오는 부세는 무엇이든 자기 것이 아닌 게 없고 무릇 나라의 경비도 무엇이든 자기가 쓰지 않는 것이 없다. 그러므로 임금은 사장私藏(개인 재산)이 없다고 하는 것이다. 하지만 이 책에서 상공편과 국용편을 나누어 말하는 데는 그만한 이유가 있다. 음식과 의복은 왕을 봉양하기 위한 것이고, 분반匪頒60은 왕이 (신하들에게) 하사하는 물건을 공급하기 위한 것이고, 진보珍寶는 왕이 가지고 노는 물건을 공급하기 위한 것인데, 이 여러 가지를 지금은 모두 상공上供이라고 부른다.

『주례』를 상고하면, 각기 관리를 두어서 상공에 필요한 물품의 출입과 회계를 맡게 했으나 임금이 사치하고 싶은 마음이 생겨 소비가 무절제해지는 것과 담당 관리가 방자하게 속여 재물이 축날 것을 염려해서 총재로 하여금 총괄하며 절제하도록 했으니, 비록 임금이 사사로이 쓰는 것이라 할지라도 실은 해당 관청의 경리와 관계되어 있었다. 한나라·당나라에 이르러 처음으로 천자의 사장私藏이란 이름이 있어서 국가 재정과 관계를 갖지 않게 되었다. 그러나 그 재산의 출처는 산과 바다, 못과 늪의 생산물에서 세금으로 받아들인 것이거나, 주군에서 (천자에게) 사적으로 바친 것이거나, 일상의 부세에서 액수가 초과되고 남은 것 등으로 국가의 경리經理에서 가져오는 것이 아니었으며, (국가 재정과) 묶어서 관리하지만 서로 섞이지 않았고, 흉년이나 전쟁을 만나면 그 재산을 내어서 (국가 재정에) 보탰다. 그런데도 식자들은 그것을 비난하면서, "임금이 집안 사람을 바르게 하지 못하면 가까이 두고 친숙해지니 사사로운 사람이 생기고, 사사로운 사람이 있으면 사사로운 경비가 없을 수 없어 개인 재산을 갖게 되는

---

60 분반(匪頒):『주례』「천관(天官) 태재(大宰)」에 나오는 말로, 왕이 신하들에게 물건을 나눠 주는 것을 뜻한다.

데, 만사의 폐단은 여기서 나오지 않는 게 없다"라고 했으니, 경계함이 이
렇듯 지극했다.

전조前朝(고려)의 제도는 요물고料物庫를 두어 왕실의 식량을 관장하고
사선서司膳署는 음식과 반찬의 조리를 관장하고, 사온서司醞署는 술과 단술
을 관장하고, 내부시內府寺는 베와 비단, 실과 솜 등 옷감을 관장해서 의복
을 지어 바치고, 사설서司設署는 장막과 자리를 관장해서 설치하는 일을 했
는데, 모두 문무 관료로써 임명하고 헌사憲司(고려의 어사대)에서 수시로 감
독해서 남는지 모자라는지를 조사하게 했으니 주나라 관제의 뜻을 이어받
았다고 할 만하다. 충렬왕 이래로 원나라에 사대하면서 대대로 공주가 시
집오자 궁궐에서 쓰는 비용이 많아졌고, 연경燕京(원나라의 수도인 대도大都)에
친조親朝(국왕이 직접 조회하는 것)하거나 그곳에서 머물렀는데, 오가는 비용
과 머무는 비용을 스스로 마련해야 했으므로 이때부터 덕천고德泉庫나 의
성고義成庫 따위를 설치했다. 그러나 그곳에 소속된 토지와 노비·재물 등
은 왕실 재산의 일부를 떼어 팔거나, 왕씨 외가의 재산에서 지출하거나, 죄
인에게서 적몰籍沒한 데서 지출해서 국가의 경리에 들지 않았으며, 결국은
임금의 개인 재산이 되었다.

전하께서는 즉위하기 전에 의견을 올려 이런 (왕실의) 개인 재산을 모
두 혁파해서 국용으로 돌리고자 했다. 당시 집권자가 완강하게 고집해 뜻
대로 이루지 못했지만 그로 인해 혁파된 것이 열에 네댓은 되었다. 즉위한
뒤에는 5고庫와 7궁宮[61]을 모두 공용으로 귀속시키셨으니, 옛날 (후한) 광
무제光武帝가 소부少府의 금전禁錢[62]을 혁파하고 대사농大司農에 귀속시켜

---

61 5고(庫)와 7궁(宮): 5고는 왕실 재산을 관리하는 의성고(義成庫), 덕천고(德泉庫), 내장고
(內藏庫), 보화고(保和庫), 의순고(義順庫) 등 다섯개의 창고를 가리킨다. 7궁 역시 왕실 재
산을 관리하는 일곱개의 궁을 말하는 것으로 보이는데, 구체적인 이름은 알 수 없다. 1398년
(태조 7)에 5고와 7궁의 전곡을 도평의사사에서 관리하도록 했다는 기록이 있다. 『태조실
록』 권15, 태조 7년 9월 12일.

62 소부(少府)의 금전(禁錢): 천자가 사용하는 소부전(少府錢)을 말한다. 소부전이 천자에게만

공용으로 충당하게 한 것을 사신史臣이 칭송하면서 "능히 한 사람 개인의 사사로움을 끊었다"라고 했는데, 지금이 옛날과 견주어 조금도 부끄럽지 않다. 다만, 즉위 초에 모든 일을 새로 시작했기 때문에 해야 할 일이 많았고 쓸 곳도 매우 많았으나 출납할 때 담당 관청이 법 규정에 구애되어 (경비를) 충분히 지급하지 않아서 일을 제때 하지 못한 경우가 많으므로 적당히 헤아려 더하거나 줄였으니 즉위교서와 같지 않은 점이 있었다.[63] 그러나 이것은 어디까지나 한때의 편의에 따른 것이고 만들어진 법이 아직 고쳐진 적은 없다. 신은 여기서 왕실의 경비에 관한 모든 것을 기록하고 그 내용에 따라 설명해서 뒷사람들로 하여금 전하의 절약·검소하며 사사로움을 극복한 아름다운 뜻을 알게 하고자 한다.

국가의 비용國用

우리나라에서는 풍저창豊儲倉을 설치해서 제사, 사신 접대, 사냥, 상·장례 및 흉년에 필요한 비용을 모두 여기서 지출하는데 이를 국용國用이라고 하며, 그 출납과 회계에 관한 일은 도평의사사·삼사·사헌부에서 각각의 직책에 따라 관장한다. 지금 국용에 들어오는 액수를 모두 적어서 국용편을 저술하는 것은, 그것을 쓰는 데 있어 수입을 헤아려 지출함으로써 헛되이 소비되는 것이 없기를 바라기 때문이다.

공급되었으므로 금전이라고 한 것이다.

63 즉위교서와 같지 않은 점이 있었다: 태조의 즉위교서에서 왕실 재산을 관리하는 의성고·덕천고 등의 출납을 삼사의 회계에 맞추어 관리하고 헌사의 감찰을 받도록 하겠다고 했는데, 이것이 제대로 지켜지지 않았다는 뜻이다.

군대의 비용軍費

자공子貢이 정치를 하는 것에 대해 묻자 공자께서 식량을 풍족하게 하고, 군비를 넉넉하게 해야 한다고 답했으니,[64] 국가는 군대에 의존해서 보존되고 군대는 식량에 의존해서 생존하는 것이다. 제갈공명의 치병술治兵術이 관중管仲[65]이나 악의樂毅[66]보다 뛰어난 것은 위나라를 정벌할 때 위수渭水 연안에 둔전屯田[67]을 설치해서 지구전의 계책을 썼기 때문이다. 항우項羽는 백전백승의 자질을 타고났지만 하루아침에 군량이 떨어져 전쟁에서 지고 자신도 죽어 천하의 웃음거리가 되었다. 이는 식량이란 것이 삼군三軍의 목숨을 좌우하며 하루라도 없어서는 안 되는 것임을 알려준다. 그러므로 옛날 나라를 다스리는 사람들은 군대를 다스렸을 뿐만 아니라 반드시 식량도 다스렸으며, 식량이 들어오는 것을 다스렸을 뿐만 아니라 반드시 식량을 생산하는 것도 다스렸다.

식량의 생산은 토지와 사람에 달려 있다. 우리나라는 산과 바다 사이에 끼어 있어 구릉과 호수·늪 등 경작하지 못하는 땅이 10분의 8, 9를 차지한다. 그리고 놀고 있는 사람의 수를 정확히 파악하기는 어렵지만, 서울에 사는 사람을 세어보면 수십만이 넘고, 도망가서 승려가 된 사람이 10만이 넘고, 관직에 나오지 않고 노는 젊은이와, 서민으로서 공역을 담당하고 있는 사람, 수졸로서 변방에 나가 있는 사람, 수공업자·상인·무당의 무리와 재인才人·화척禾尺의 부류에 이르기까지 모두 합치면 또한 10만이 넘는데, 이들은 농사를 짓지 않을 뿐 아니라 남들이 생산한 것을 먹고 사니 생산하

---

64 자공(子貢)이 정치를 하는 것에 대해 묻자 공자께서 (…) 답했으니:『논어』「안연(顔淵)」에 나오는 말로, 공자는 "식량을 풍족하게 하고, 군비를 넉넉하게 하며, 백성이 그것을 믿게 하는 것이다"라고 했다.

65 관중(管仲): 춘추시대 제나라의 재상으로, 제환공(齊桓公)을 도와 부국강병을 이룩했다.

66 악의(樂毅): 전국시대 연나라의 장수로, 제나라를 쳐서 70여 성을 빼앗는 성과를 거두었다.

67 둔전(屯田): 군인들이 경작해서 스스로 군량을 생산하는 토지이다.

는 사람은 적고 먹는 사람은 많다고 할 수 있다. 더욱이 상·장례와 흉년·질병으로 인해 농사에 힘을 다 쏟지 못하는데도 해마다 때가 되면 사신을 접대하고 제사를 지내는 비용 또한 백성이 마련하지 않을 수 없으니, 일하는 것은 더딘데 쓰는 것은 급하다고 할 수 있다. 그러니 군량이 어떻게 풍족해질 수 있겠는가.

오늘날의 계책은, 노는 토지와 황무지를 개간하고, 놀고 있는 사람을 없애서 모두 농사에 돌아가게 하며, 백성의 농사일을 줄여서 그들의 힘을 경감시키고, 사신 접대와 제사의 의식을 절제해서 그 비용을 절감하는 것보다 나은 것이 없으니, 이렇게 한 뒤에야 군량이 풍족해질 수 있을 것이다. 우리나라에서는 군자감軍資監을 설치해 군량을 저축하는데, 다만 그 들어오고 나가는 수만을 정리하고 있다. 그러므로 신은 군량을 스스로 생산하는 것까지 함께 논하여 군자軍資편에 기록함으로써 군량을 풍족하게 하는 근본으로 삼고자 한다.

녹봉祿俸

임금은 어진 이와 더불어 하늘이 내린 직분을 함께하고, 하늘이 내린 백성을 함께 다스리는 것이다. 그러므로 (어진 이를) 하늘이 내린 녹봉으로 후대하여 그로 하여금 위로는 부모를 섬기고 아래로는 자식을 기르는 데 근심을 갖지 않고 오로지 직책을 수행하는 데만 전력하도록 해야 한다. 전傳에 말하기를, "정성스럽게 대하고 봉록을 많이 줌은 선비를 권면하는 것이다"[68]라고 했다.

우리나라의 녹봉 제도는 1품에서 9품까지를 18과科로 나누고[69] 삼사三

68　『중용』 제20장에 나오는 말이다.

69　1품에서 9품까지를 18과(科)로 나누고: 관리의 품계를 정1품부터 종9품까지 18등급으로 나누고, 각 품계를 녹봉 지급의 기준으로 삼아 18과를 둔 것이다.

司에서 녹패祿牌(녹봉 수령을 위해 지급한 패)를 주면 광흥창廣興倉에서 과에 따라 녹봉을 지급하게 되어 있다. 어진 이로서 하늘의 녹봉을 받는 사람은 하늘의 직분을 잘 수행할 것을 생각함이 마땅하고 (녹봉을) 받으면서 일을 게을리해서는 안 될 것인데, 하물며 하는 일도 없이 하늘의 녹봉을 받는 것이 옳은 일이겠는가. 그러므로 선왕이 법을 세워 임금이 신하와 백성 가운데 공이 있는 사람에게는 녹봉을 주고 굶주린 사람은 구제하지만, 정해진 직책 없이 정해진 녹봉을 받는 것은 하늘을 공경하지 않는 것이라고 여겨 그 법이 엄격했다.

빈민 구제를 위한 창고義倉

홍수와 가뭄, 질병은 하늘의 도가 운행하는 운수에 달려 있어 대대로 간혹 있는 일이지만, (백성이) 굶주림에 이르게 된다. 그러면 백성을 기르는 사람이 그냥 앉아서 보기만 하고 구제하지 않아서야 되겠는가.

우리나라에서는 중앙에 의창義倉을 두어 곡식을 저축했고, 그 제도를 확대해서 주·부·군·현에까지 각각 의창을 설치하고 매년 농사철이 되면 빈민으로서 종자와 식량이 없는 사람에게 (곡식을) 지급하고 가을에 수확이 끝나면 원금만 회수해서 뜻하지 않은 일에 대비했다. 만약 흉년이 들면 (의창의 곡식을) 모두 풀어서 진휼하고 풍년이 든 다음에 역시 원금을 회수해서 장기간의 비용으로 삼았으니, 기근이 들어도 백성에게 피해가 가지 않고 풍년이 들어도 농민을 해치지 않으며, 곡식이 항상 비축되어 있으면서 백성이 굶어 죽는 일이 없게 되니 법 중에서 가장 좋은 것이다.

(의창의 곡식을) 출납할 때 급한 사람만 구제하고 부유한 사람에게는 미치지 않도록 하며, 실상을 정확하게 파악해서 원금이 축나지 않도록 함으로써 좋은 법이 없어지지 않게 하는 것 역시 (의창을) 맡아 관리하는 데 적절한 사람을 구해서 자세하게 밝히고 거행하는 일에 달렸을 뿐이다.

혜민전약국惠民典藥局

우리나라에서는 약재가 본토에서 생산되지 않는다. 만약에 질병을 얻으면 효성스러운 자손들이 (약재를 구하러) 이리저리 헤매다가 약은 얻지 못하고 병은 더욱 깊어져서 끝내 치료하지 못하게 되는 어려움이 있다. 이에 혜민전약국을 설치하고[70] 관에서 약값으로 5승포升布 6,000필을 지급해 약물을 갖추도록 했다. 무릇 질병이 있는 자들이 얼마 안 되는 쌀이나 베를 가져오면 필요한 약을 구할 수 있게 했으며, 또 이자의 이익을 운영해서 10분의 1을 받아 항구적으로 운영하고자 했다. 빈민이 질병의 고통을 면하고 요절하는 액운을 구제했으니 생명을 아끼는 덕이 매우 컸다. 그러나 불행하게도 관청에서 (약값을) 독촉해 받아내고 권세 있는 사람들이 강제로 사들이는 일이 있어 약값이 축나고 빈민이 자활할 것이 없게 되니 어찌 어질지 못함이 심하지 않은가. 혜민전약국을 관장하는 사람은 그 책임을 다할 것을 생각해서 국가에서 생명을 아끼는 덕이 영원히 빛나도록 해야 할 것이다.

구실의 감면蠲免

국가는 백성을 근본으로 삼고, 백성은 먹는 것을 하늘로 삼는다. 그러므로 요역徭役과 부세賦稅를 가볍게 해서 백성이 먹는 것을 풍족하게 해주고, 불행하게도 홍수와 가뭄·서리·병충해·태풍·우박 등으로 피해를 입으면 그 피해의 정도에 따라 요역을 차등 있게 감면해줬으니 그 근본을 후하게

---

70 혜민전약국을 설치하고: 고려 말인 1391년(공양왕 3)에 혜민국(惠民局)을 혜민전약국으로 개칭했다(『고려사』 권77, 지31 백관2 제사도감각색諸司都監各色 혜민국). 조선에서는 건국 초에 혜민국을 설치했으며(『태조실록』 권1, 태조 1년 7월 28일), 혜민전약국이라는 명칭은 사용한 적이 없다.

하기 위함이었다. 우리나라에서는 손분감면법損分減免法[71]이 이미 시행되어 법령에 뚜렷이 기록되어 있으니 담당 관청에서는 마땅히 살펴서 행해야 할 것이다.

예전禮典

총서總序

주상 전하께서 위로는 하늘에 순응하고 아래로는 사람의 뜻에 따라 즉위하신 뒤에 옛것을 깊이 헤아려 나라를 다스리니 모든 사물이 질서가 잡히고 조화를 이루었다. 이제야말로 예악禮樂이 흥할 시기이다.

신은 생각하기에, 예에 관한 설은 많지만 그 실상은 질서라고 하는 것에 지나지 않는다. 조정은 존엄을 위주로 하니 임금은 높고 신하는 낮으며 임금은 명령하고 신하는 시행한다. 그러므로 조근朝覲과 회동會同은 왕위를 바르게 하고 백관을 통솔하는 것이니, 조정의 질서이다. 제사는 정성을 위주로 하니, 사람이 정성을 다하면 신령이 위에 이르게 된다. 그러므로 증상烝嘗[72]과 관헌祼獻[73]은 조상을 섬기고 신명과 통하는 것이니, 제사의 질서이다. 연향宴享(연회)은 화친을 위주로 하니 손님이 올리면 주인은 응하고, 주인이 권하면 손님은 먹는다. 마시고 먹고 연회를 즐김으로써 (임금이) 종친·외척과 화목하고 신하들과 친밀해지는 것이니, 연향의 질서이다. 부보符寶(지위를 나타내는 신표)는 신임을 표시하기 위한 것이며, 여복輿

---

71   손분감면법(損分減免法): 재해에 따른 손실의 정도를 등급으로 매기고, 등급에 따라 요역과
      부세를 감면해주는 제도이다.
72   증상(烝嘗): 증(烝)은 겨울 제사, 상(嘗)은 가을 제사를 가리킨다.
73   관헌(祼獻): 제사 때 술을 땅에 뿌리고 음식을 올리는 의식이다.

服(공식적인 가마와 의복)은 등급을 구분하기 위한 것이며, 악樂은 공덕을 찬미하기 위한 것이며, 역력曆은 절기와 날씨를 밝히기 위한 것이며, 경연經筵은 임금의 덕이 증진되도록 인도하기 위한 것이며, 학교는 인재를 양성하기 위한 것이며, 과거科擧의 시행과 유일遺逸(초야에 은거한 선비)의 천거는 어진 이를 구하는 길을 넓히기 위한 것이며, 구언求言(임금이 직언을 구하는 것)과 진서進書(신하가 글을 올리는 것)는 군신의 마음이 통하기 위한 것이다. 사신을 파견함에 있어서는 천조天朝(명나라)에 표문을 받드는 것으로 사대事大의 정성과 공경을 다한다. 도형圖形·기공紀功이란 공신을 존중해서 후하게 보답하기 위한 것이고, 시호諡號란 모든 신하의 잘잘못을 구별하여 권장하거나 징계하기 위한 것이고, 정표旌表란 절개와 의리를 장려하기 위한 것이고, 향음주鄉飲酒란 예절과 겸손을 가르치기 위한 것이고, 관혼상제란 풍속을 순수하게 하기 위한 것이다.[74] 이것은 모두 나라를 다스리는 데에서 질서를 바로 세우는 것이니, 그러므로 신은 질서라는 한마디 말을 근본으로 받들어 예전의 총서를 짓는다.

조회朝會

우리나라의 조회에서 동지와 정조正朝(1월 1일), 성절聖節(명나라 황제의 생일)에 (임금이) 여러 신하를 거느리고 황제의 궁궐을 향해 예를 행하거나, 황제의 조서와 하사품을 받는 의식은 모두 조정朝廷(명나라)에서 내려준 의주儀注(의식의 절차)에 따르며, 의식이 끝나면 정전에 앉아서 신하들의 하례를 받는다. 임금의 생신에는 장수를 기원하는 의식을 행하는데, 동지冬至·정조正朝의 의식과 더불어 3대 조회라고 일컫는다. 입춘立春과 인일人日[75]

---

74 조근(朝覲)과 회동(會同)은 (…) 풍속을 순수하게 하기 위한 것이다: 예전에서 서술할 각 편에 대해 설명한 것이다.

75 인일(人日): 매년 1월 7일로, 사람날이라고도 한다. 1월 1일부터 6일까지 닭·개·양·돼지·

의 의식은 당직을 맡은 재상이 주관하는데, 이것은 소조회小朝會라고 한다. 국내에 교서敎書(왕명을 기록한 문서)나 유지有旨(왕명으로 죄를 사면하는 문서)를 내릴 때는 교서를 열어서 읽는 의식이 있고, 봉작封爵[76]이나 추숭追崇(죽은 사람을 높이는 것)을 할 때는 책문冊文[77]을 발급하고 사신을 보내는 의식이 있다. 임금이 행차하는 것을 배봉陪奉이라 하고, 닷새마다 한번씩 정사를 듣고 결정하는 것을 아일衙日이라 하고, 재상을 임명하는 것을 선마宣麻[78]라 하고, (재상이 임금 대신) 제사를 주관하는 것을 축판친전祝版親傳이라 하는데, 이러한 일에는 각각 그 의식이 있다.

삼가 생각건대, 주상께서 정전에 단정하게 있으시면 그 모습은 바라보기에 장중하며, 의장이 삼엄하게 늘어서고, 복장은 엄숙하고, 교서를 알리고 명령을 전달하는 모습의 훌륭함과 (신하들이) 말씀을 아뢰는 것의 정성스러움과, 오르고 내리고 도는 것과 고개를 숙이고 엎드리며 절하고 일어나는 동작이 엄숙하면서도 태연하고 온화하면서도 장중하며 아름답고 깔끔한 것이 칭찬하고 숭상할 만하니, 일대의 모범을 만들어 영원토록 후세에 보이는 것이 마땅하다. 사신을 파견하는 여러 절차와 주·군의 수령들이 왕명을 맞이하는 예절 및 상견례는 각각 종류에 따라서 덧붙인다.

소·말에 대해 점치고 7일에 사람, 8일에 곡식에 대해 점을 쳤다. 인일에는 일하지 않고 쉬는 풍속이 있었으며, 국가적으로도 임금에게 하례를 드리고 과거를 실시했다.

76 봉작(封爵): 종친이나 공신에게 공(公)·후(侯)·백(伯) 등 작위(爵位)를 수여하는 것. 조선에서 봉작은 실행되지 않았고, 대군(大君)이나 군(君)에 임명하는 봉군(封君)만 실행되었다.

77 책문(冊文): 가늘고 긴 쪽[簡]을 옆으로 이어 붙인 지면에 쓴 문서. 종친에게 작위를 수여할 때 사용되었으며, 작위를 받는 사람의 신분에 따라 옥으로 만든 옥책(玉冊), 대나무로 만든 죽책(竹冊)이 구분되었다.

78 선마(宣麻): 선(宣)은 임금의 명령이고, 마(麻)는 삼으로 만든 종이이다. 당나라와 송나라에서 재상과 장수를 임명할 때 백마지(白麻紙)에 임명장을 썼으므로 이런 말이 생겼다. 뒤에는 나이 든 신하를 우대하기 위해 지팡이[几杖]를 하사할 때 함께 내리는 문서를 가리키는 말로 사용되었다.

종묘宗廟

왕이 된 사람은 천명을 받아 개국하면 반드시 종묘를 세워서 조상을 받드니, 무릇 자기의 근본에 보답하고 먼 선조를 추모하는 것이 후한 도리[79]이다. 조상 가운데 공덕이 있는 사람은 조祖나 종宗으로 해서 불천지주不遷之主(종묘에서 옮기지 않는 신주)로 삼으니, 그러므로 『서경』에서 "7세의 종묘에서 덕을 볼 수 있다"[80]라고 했다.

전하께서는 즉위하자 돌아가신 아버지 환왕桓王 위로 4대의 조상을 추숭하여[81] 왕의 작위를 더하고 묘실을 세워서 신주를 봉안했으며, 제사에 쓰는 희생과 폐백의 수량, 보簠·궤簋·변籩·두豆[82] 등 제기의 품질, 그리고 술과 음식을 올리고 절하고 기도하는 예절 등을 자세히 조사해서 문서로 기록해두었다. 예조에서 필요할 때마다 청해서 거행하고, 모든 관부가 부지런히 자기 직무를 경건한 마음으로 수행하지 않는 일이 없다면 공경함이 지극할 것이다.

사직社稷

'사社'라는 것은 토지신이고, '직稷'이라는 것은 곡식신이다. 사람은 토

---

79 후한 도리: 『논어』 「학이(學而)」에서 "증자가 말하기를, '상례를 신중히 하고 먼 조상을 정성껏 제사 지내면 백성의 덕성이 돈후해질 것이다'라고 했다"라는 구절에 대한 주자의 주석에서, "죽음은 사람이 소홀히 여기기 쉬운데 그것을 삼갈 수 있고, 조상이란 사람이 잊기 쉬운데 추모할 수 있다면 후한 도리이다"라고 한 데서 인용한 것이다.

80 『서경』 상서 「함유일덕(咸有一德)」에 나오는 말로, 7세가 지난 뒤 종묘에 불천지주로 모셔진 신주를 보면 후세 사람들이 그의 덕을 알 수 있다는 뜻이다.

81 환왕(桓王) 위로 4대의 조상을 추숭하여: 조선 건국 직후인 1392년 7월에 태조 이성계의 고조부인 이안사(李安社)부터 증조부 이행리(李行里), 할아버지 이춘(李椿), 아버지 이자춘(李子春)에게 각각 목왕(穆王), 익왕(翼王), 도왕(度王), 환왕이라는 존호를 올렸다. 『태조실록』 권1, 태조 1년 7월 28일.

82 보(簠)·궤(簋)·변(籩)·두(豆): 모두 제기의 이름이다.

지가 아니면 설 수 없고, 곡식이 아니면 살 수 없으니,[83] 천자로부터 제후에 이르기까지 백성을 가진 자가 모두 사직을 설치하는 것은 백성을 위해 복을 구하는 제사를 지내기 위함이다. 우리나라에서는 사직을 세우고 (제사에 바치는) 희생은 가장 살진 것으로 사용하고 제기와 폐백은 가장 정결한 것으로 사용하며, 술잔을 올리는 것은 세번으로 끝내고 음악을 연주하는 것은 여덟번으로 그친다. 모두 담당하는 관리가 있어서 때에 맞춰 제사를 거행하고 있으니, 백성을 중히 여기는 뜻이 이렇게 크다.

임금이 몸소 농사짓는 토지籍田

농사는 만사의 근본이고, 적전籍田은 농사를 권장하는 일의 근본이다. 종묘의 제사에 쓰는 곡식과 국가의 비용이 모두 농사에서 나오며, 민생이 이로써 풍성하게 되고 풍속이 이로써 순후하게 되니, 그러므로 농사가 만사의 근본이라고 하는 것이다. 임금이 적전을 몸소 갈아 농사를 솔선수범하면 백성이 모두 '임금과 같이 존귀한 사람이 농사를 숭상하여 몸소 밭을 가는데, 하물며 아랫것의 천한 몸으로 가만히 앉아서 농사를 짓지 않는 것이 옳겠는가?'라고 하게 될 것이니, 그러면 사람들이 모두 전답으로 나아가고 농사는 흥하게 될 것이다. 그런 까닭에 적전이 농사를 권장하는 일의 근본이라고 하는 것이다.

우리나라에서는 적전에 영令과 승丞을 두어 적전에서 경작하고 제사하는 법을 담당하게 했는데, 신은 그것을 적전편에 모두 기록해 전하께서 곡식을 중히 여기는 뜻을 보이고자 한다.

---

83 사람은 토지가 아니면 (…) 살 수 없으니: 『통전(通典)』 「사직(社稷)」에 나오는 말이다.

바람·구름·우레·비에 대한 제사風雲雷雨

바람과 구름과 우레와 비는 오곡을 자라게 하고 마침내 무성하게 하니, 만물에 미치는 혜택이 지극히 크다. 우리나라에서는 천자의 명령을 공경히 받들어 나라의 남쪽에 제단을 세우고 담당 관청이 때에 맞추어 제사를 지내고 있으니, 대국을 섬기는 예와 신령을 공경하는 도리를 동시에 다하는 것이다.

공자의 사당文廟

온 천하가 다 같이 제사를 지내는 것은 오직 문묘뿐이다. 우리나라에서는 안으로는 수도로부터 밖으로는 주·군에 이르기까지 모두 묘학廟學을 세워서 매년 봄·가을 두번째 달의 첫 정일丁日[84]에 예로써 제사를 지내고 있다. 생각건대, 공자의 가르침이 천하에 있는 것은 마치 해와 달이 하늘에 운행하는 것과 같아서 모든 임금이 이것으로 모범을 삼고 모든 세대가 이것으로 사표를 삼는다. 무릇 언어로 형용할 수 없는 것이 있으나 인성人性의 고유한 것에 뿌리를 두고 있고, 인심이 모두 그러한 것을 어찌 신臣의 말을 기다리겠는가? 생각건대, 전하께서는 제사 음식을 넉넉히 하고 제기를 정결하게 해서 공자를 존경하고 유교를 중시하는 뜻을 극진하게 했으니 가히 기록할 만하다.

84　봄·가을 두번째 달의 첫 정일(丁日): 봄·가을의 두번째 달은 2월과 8월이며, 첫 정일이란 날짜를 12간지로 표시할 때 첫번째로 정자(丁字)가 든 날을 말한다. 이날 문묘에서 공자에게 올리는 제사를 석전제(釋奠祭)라고 한다. 공자의 기일이 2월 18일이고 생일이 8월 27일이므로 2월과 8월을 택했고, '정장성취(丁壯成就, 공부하는 사람의 학문이 성취된다)'라는 뜻에서 정일을 택한 것이다.

여러 신에 대한 제사 규정諸神祀典

무릇 사전祀典(국가의 제사 규정)에 실려 있는 여러 신은 모두 백성에게 공덕이 있어서 보답하지 않을 수 없는 것들이다. 산천의 신에게 제사하는 것은 구름과 비를 일으켜 오곡을 무르익게 함으로써 백성의 식량을 풍족하게 해주기 때문이요, 옛날 성현들에게 제사하는 것은 때를 만나 도를 행함으로써 백성을 구제했으며, 법을 만들고 교훈을 드리워 후세에 밝게 제시했기 때문에 모두 사전에 올리고 항상 제사를 지내는 것이다. 사전에 올라 있지 않은 제사는 아첨일 뿐 예의가 아니고, 음란할 뿐 복이 없으니 금지하는 것이 마땅하다.

연향燕享

임금과 신하의 관계는 엄숙함과 공경함을 위주로 하지만 엄숙함과 공경함만으로는 사이가 멀어지고 정이 통하지 않는다. 선왕은 이에 연향의 예를 만들어서 친하게는 빈객賓客(손님)과 주인이라고 부르고, 높여서는 제부諸父 또는 제구諸舅라고 부르면서[85] 음식을 넉넉하게 차리고 간곡하게 가르침을 희망했다. 주시周詩에, "종과 북을 설치하고 하루아침에 연회를 베풀어 대접한다"[86]라고 한 것이나, "사람들이 나를 어여삐 여겨 나에게 대도大道를 보여준다"[87]라고 한 것은 바로 이를 말한 것이다.

우리나라에서는 예빈시禮賓寺를 설치해서 연향을 관장하게 했는데, 술잔을 올리는 횟수와 안주의 넉넉함과 간소함이 모두 정해진 제도가 있으

85　높여서는 제부(諸父) 또는 제구(諸舅)라고 부르면서: 천자가 제후를 높여서 부를 때 같은 성씨면 제부(諸父), 다른 성씨면 제구(諸舅)라고 했다.

86　『시경』소아(小雅)「동궁(彤弓)」에 나온다.

87　『시경』소아「녹명(鹿鳴)」에 나온다.

니 지금 모두 기록한다.

부서符瑞[88]

옛날에 천자는 규圭(옥으로 만든 홀笏)를 잡고 제후는 오옥五玉[89]을 잡았는데, 비록 높고 낮음의 차이는 있지만 부절符節을 맞추고[90] 국가의 신표로 삼은 것은 매한가지였으므로 '서瑞'라고 통칭하며 대대로 지켜왔다. 우리나라에서는 상서사尚瑞司를 설치해서 부서符瑞를 관장하게 했으며, 아래로는 모든 관청과 밖으로는 사신·수령이 모두 인장印章을 갖도록 했다.

수레와 의복輿服

높고 낮음을 구분하는 것은 명기名器(명칭과 기물)보다 엄한 것이 없고, 명기의 등급은 수레와 의복만큼 겉으로 드러나는 것이 없다. 그러므로 천자·제후로부터 신하·서인에 이르기까지 (수레와 의복에) 각각 등급을 둔 것은 한번 보고 듣는 것으로 그 생각을 결정하기 위해서였다. 우리나라의 관복冠服(머리에 쓰는 관과 공복) 제도는 (내용 없음).[91]

---

88 부서(符瑞): 지위를 나타내는 신표를 말한다. 부(符)는 신표의 총칭이고, 서(瑞)는 그 신표를 만드는 데 쓰는 서옥(瑞玉)이다.

89 오옥(五玉): 다섯가지 옥. 황(璜)·벽(璧)·장(璋)·규(珪)·종(琮)이다.

90 부절(符節)을 맞추고: 부절이란 대나무나 옥, 금속으로 만들어 신표로 삼는 물건이다. 둘로 갈라서 한쪽씩 가지고 있다가 서로 맞추어 신원을 확인했다.

91 (내용 없음): 관복 제도에 대한 설명이 뒤따라야 하지만 내용이 없다. 처음부터 서술되지 않은 것으로 보인다.

악樂

악樂이란 성정性情의 바름에서 나오는 것을 성문聲文(소리)을 빌려 표현하는 것이다. 종묘의 악은 조상의 거룩한 덕을 찬미하기 위한 것이고, 조정의 악은 군신 간의 엄숙하고 공경함을 지극히 하기 위한 것이며, 향당鄕黨(시골 마을)과 규문閨門(부녀자의 거처)에 이르기까지 일에 따라서 (악을) 짓지 않음이 없다. 그러므로 유계幽界(저승)에서는 조상이 감격하고 명계明界(이승)에서는 군신이 화합하며, 이것을 향당과 국가로 확대하면 교화가 실현되고 풍속이 아름다워지니 악의 효과가 깊은 것이다.

우리나라에는 아악서雅樂署가 있어 봉상시奉常寺에 소속되었으며, 종묘의 악에는 당악唐樂이 있고 향악鄕樂이 있어 전악서典樂署를 설치해서 관장하게 했는데, (당악과 향악은) 조정에서도 사용하고 연향에서도 사용한다. 또 문덕곡文德曲과 무공곡武功曲[92]을 새로 지어 전하의 거룩한 덕과 신기한 공을 서술함으로써 창업의 어려움을 드러냈다. 고금의 문장이 여기에 갖추어져 있으니, 이른바 공이 이루어지면 악이 지어지고, 악을 보면 덕을 안다는 말을 어찌 믿지 않겠는가.

역曆

역曆이란 천체의 운행을 밝히고, 해와 달이 운행하는 횟수를 정하며, 절기가 이르거나 늦는 것을 분별하기 위한 것이다. 농사가 이것으로써 이루어지고 여러 업적이 이것으로써 빛나게 되니, 그러므로 어진 임금은 역을 중요하게 여겼다.

---

92   문덕곡(文德曲)과 무공곡(武功曲): 조선 초에 정도전이 지은 악장이다. 문덕곡은 태조의 업적을 찬양한 것이고, 무공곡은 고려 말에 이성계가 나하추를 격퇴한 공적을 찬양한 납씨곡(納氏曲)과 위화도 회군을 찬양한 정동방곡(靖東方曲)을 아울러 일컫는 명칭이다.

우리나라에서는 서운관書雲觀을 설치하고 역에 관한 사무를 관장하게 했다. 천체의 운행을 관측하고 일월의 운행을 계산하는 법에는 수시력授時曆과 선명력宣明曆【수시력은 원나라 세조 때의 역이고, 선명력은 당나라 목종 때의 역이다】이 있는데, 때에 맞추어 자세히 살피고 조사했으니 우리나라가 하늘을 공경하고 백성을 존중하는 뜻을 볼 수 있다.

경연經筵

전하께서 즉위하자 가장 먼저 경연관經筵官을 두어 물어볼 곳을 갖추셨다. 그리고 항상 말씀하기를, "『대학』은 임금이 만세의 전범을 세우게 하는데, 진서산眞西山(진덕수陳德秀)이 그 뜻을 확대하여 『대학연의大學衍義』를 지었으니 제왕이 다스리는 순서와 공부하는 근본을 더할 것이 없다"라고 하시고는 정사를 보는 중에 여가가 있을 때마다 (『대학연의』를) 친히 읽거나 사람을 시켜 강론하게 하셨다. 비록 은나라 고종高宗이 늘 (학업에) 힘쓴 것이나, 주나라 성왕成王이 나날이 성취한 것[93]이 어찌 이보다 나을 수가 있겠는가. 아! 성대하도다.

학교學校

학교는 교화의 근본이니, 여기서 인륜을 밝히고 인재를 양성한다. 삼대三代(하夏·은殷·주周의 시대) 이전에 제도가 크게 갖추어졌고, 진나라와 한나라 이후로는 비록 순수하지는 못했지만 학교를 중히 여기지 않음이 없었으니, 한 시대의 정치가 잘되고 잘못되는 것이 학교의 흥패에 달렸으며, 그러한 자취를 지금도 살필 수 있다.

93　주나라 성왕(成王)이 나날이 성취한 것: 『시경』 주송(周頌) 「경지(敬之)」에서 성왕이 "나날이 성취하고 다달이 진전하여(日就月將)"라고 한 구절에서 인용한 것이다.

우리나라에서는 서울에 성균관成均館을 설치해서 공경대부의 자식 및 백성 가운데 준수한 자를 가르치고, 부학部學(한성부의 오부학당五部學堂)에 교수를 두어 어린아이들을 가르치며, 또 이 제도를 확대해서 주·부·군·현에까지 모두 향학鄉學이 있어 교수와 생도를 두었다. 병兵·율律과 서書·산算, 의약醫藥, 상역象譯(통역) 등도 역시 마찬가지로 교수를 두고 때에 맞추어 강의하고 학문을 권장하고 있으니, 그 가르침이 또한 지극하다.

과거로 관리를 선발하는 것貢擧

과거제도는 유래가 오래되었다. 주나라 때 대사도大司徒가 육덕六德·육행六行·육예六藝[94]로 만민을 가르치고 선발했는데, 선발된 사람을 선사選士라 하고, 태학太學에 올린 사람을 준사俊士라 하고, 사마司馬에 올린 사람을 진사進士라 했으며, 논의가 결정된 뒤에 벼슬을 주고, 벼슬을 맡긴 뒤에 작위를 주고, 작위가 정해진 뒤에 녹을 주었다.[95] 가르치는 데 매우 열심이었고, 선발하는 데 매우 정성스러웠으며, 등용하는 데 매우 신중했으니, 주나라 시대 인재의 융성함과 정치의 아름다움은 후세 사람들이 미칠 수 있는 바가 아니었다. 한나라 때에는 효제孝悌·역전力田·현량賢良·무재茂才[96]라 했고, 위나라와 진나라 때는 구품중정九品中正[97]이라 했으며, 수나라와 당

---

94 육덕(六德)·육행(六行)·육예(六藝): 육덕은 여섯가지 도덕적 본보기로 지(知)·인(仁)·성(聖)·의(義)·충(忠)·화(和)이고, 육행은 여섯가지 선행으로 효(孝)·우(友)·목(睦)·연(婣)·임(任)·휼(恤)이고 육예는 여섯가지 과목으로 예(禮)·악(樂)·사(射)·어(御)·서(書)·수(數)이다.『주례』「지관 대사도」.

95 선발된 사람을 선사(選士)라 하고 (…) 녹을 주었다:『예기』「왕제(王制)」에 있는 내용을 요약한 것이다.

96 효제(孝悌)·역전(力田)·현량(賢良)·무재(茂才): 모두 한나라 때 관리를 선발하던 과목이다. 무재는 본래 수재(秀才)인데 후한 광무제의 이름을 피해 무재라고 했다.

97 구품중정(九品中正): 지방에서 중정관이 인재를 9등급으로 나누어 추천하면 국가에서 그 등급에 맞는 관직을 주는 제도이다. 구품관인법(九品官人法)이라고도 한다.

나라 시대에는 수재秀才·진사進士·⁹⁸라 해서 그 명목이 다양했으니, 요컨대 인재 얻기를 주목적으로 삼은 것으로 비록 성주成周(주나라의 융성기) 시대의 융성함에 미치지는 못했지만 한 시대의 인재가 모두 여기서 배출되었다.

　전조前朝(고려)에서는 광왕光王(광종) 때 처음으로 쌍기雙冀의 말을 채용해서 과거제를 시행했는데, 시험 보고 선발하는 일을 주관하는 사람을 지공거·동지공거同知貢擧라 일컫고, 사부詞賦⁹⁹를 가지고 시험을 보았다. 공민왕 때 와서는 한결같이 원나라 제도를 좇아 사부로 시험하는 고루함을 개혁했으나¹⁰⁰ 이른바 좌주座主·문생門生 관계¹⁰¹의 관행은 행해진 지가 너무 오래되어 갑자기 없애지 못했으므로 식자들이 개탄했다.

　전하께서는 즉위하자 과거제를 정비하고 성균관에 명해서 사서四書·오경五經으로 시험하게 하셨으니¹⁰² 옛날 명경明經의 취지이고, 예부에 명하여 부賦와 논論으로 시험하게 했으니 옛날 박학굉사博學宏詞¹⁰³의 취지이며, 그렇게 한 다음에 대책對策으로 시험하게 했으니 옛날 현량방정賢良方正¹⁰⁴·직언극간直言極諫¹⁰⁵의 취지로, 한꺼번에 여러 왕조의 제도를 모두 갖

98　수재(秀才)·진사(進士): 당나라 때 수재는 과거에 응시한 사람을, 진사는 과거에 급제한 사람을 가리키는 말로 쓰였다.

99　사부(詞賦): 사(詞)와 부(賦)는 모두 한문의 문체다.

100　공민왕 때 와서 한결같이 원나라 제도를 좇아 (…) 개혁했으나: 1369년(공민왕 18)에 과거제를 고쳐서 원나라의 향시(鄉試), 회시(會試), 전시(展試) 제도를 받아들인 것을 말한다. 하지만 이때의 제도 개편은 과거에서 좌주-문생 관계를 없애려 한 것이었고 사부(詞賦)를 시험하지 않는 것과는 관계가 없다. 『고려사』 권73, 지27 선거1 과목1 공민왕 18년.

101　좌주(座主)·문생(門生) 관계: 과거를 주관한 시관(지공거와 동지공거)을 좌주라 하고, 합격한 사람을 문생이라 해서 좌주와 문생이 맺은 사적인 관계를 말한다.

102　전하께서는 즉위하자 과거제를 정비하고 (…) 사서(四書)·오경(五經)으로 시험하게 하셨으니: 사서는 『대학』 『논어』 『맹자』 『중용』이고, 오경은 『시경』 『서경』 『역경』 『예기』 『춘추』이다. 사서와 오경이 시험 과목이 된 것은 고려 후기인 1344년(충목왕 즉위)의 일이었고, 조선 건국 후에도 그대로 이어졌을 뿐이다. 『고려사』 권73, 지27 선거1 과목1 충목왕 즉위년 8월.

103　박학굉사(博學宏詞): 당나라·송나라 때 실시되었던 과거의 하나로 문장을 시험했다.

104　현량방정(賢良方正): 한나라 때 현실 문제에 대한 대책을 시험해서 관리를 선발하던 제도이다.

105　직언극간(直言極諫): 당나라·송나라 때 천자가 책문(策問)을 내려 시험하고 관리를 선발하

추었다. 장차 사사로운 문이 막히고 공정한 길이 열리며, 문장을 꾸미는 자가 배척되고 진유眞儒[106]가 배출되어 지극한 정치의 융성함이 한나라, 당나라보다 앞서고 주나라를 뒤쫓아 갈 것이다. 아! 성대하도다. 무과武科·의과醫科·음양과陰陽科·이과吏科·통사과通事科는 각각 분야별로 덧붙여 기록한다.

유일[107]의 천거擧遺逸

선비로서 초야에 묻혀 있는 사람 중에는 도덕을 품고 있으면서도 세상에 알려지려 하지 않는 사람도 있고, 재능을 숨기고 있어 발탁되지 못하는 사람도 있으니, 진실로 윗사람이 정성스럽게 구하고 부지런히 찾지 않으면 나오게 해서 등용할 방법이 없다. 그러므로 후한 예를 갖추어 부르고 높은 벼슬을 내려 대우했으니, 옛날 지혜로운 왕들이 지극히 훌륭한 치세를 이룩한 것은 이 때문이었다.

전하께서 즉위 초에 담당 관청에 거듭 명하시기를, "경전에 밝고 덕행을 수양했으며 도덕을 겸비하여 모범이 될 만한 사람, 식견이 시무時務(당장 해야 할 일)에 능통하고 재주가 경제經濟(국가를 경영하고 세상을 구제하는 일)에 알맞아서 일의 성과를 낼 만한 사람, 문장이 능숙하고 글 쓰는 실력이 있어서 문한文翰(왕명이나 외교문서를 짓는 일)의 임무를 맡을 만한 사람, 법률이나 산술에 정통하고 이치吏治(행정 실무)에 통달해서 백성을 다루는 일을 맡을 만한 사람, 지략이 병법에 조예가 있고 용맹함이 군인 중에 으뜸이어서 장수가 될 만한 사람, 활쏘기와 말타기를 잘하고 무기를 다루는 솜씨가 있어서 군인의 업무를 맡을 만한 사람, 천문·지리·복서卜筮(점치기)·의약 중에 한

던 제도이다.

106 진유(眞儒): 진정한 유학자란 뜻으로, 여기서는 성리학자를 가리킨다.

107 유일(遺逸): 학식과 능력이 있어 관리가 될 만하지만 초야에 은거하고 있는 사람.

가지 재주를 가진 사람을 상세히 알아보고 조정으로 보내라"라고 하셨으니, 전하께서 측석側席에서 어진 이를 구하는[108] 아름다운 뜻을 볼 수 있다.

신하에게 직언을 구하는 것과 임금에게 글을 올리는 것求言進書

윗사람은 아랫사람에게 말로써 구하고[求言] 아랫사람은 윗사람에게 글로써 올리는데[進書], 그렇게 하면 막힌 것이 트이고 가려진 것이 걷혀서 임금과 신하의 정이 통하게 될 것이니, 어찌 좋은 일이 빠지는 것이 있겠으며 어떤 원통함이 풀리지 않겠는가.

전하께서는 즉위 초에 조정에 맡겨 5품 이상 아문衙門(관청)이 각각 백성을 편안하게 할 계책을 올리도록 명하고, 그중에서 특히 좋은 것을 골라 교서에 적어 중외에 선포했으니, 이로부터 초야에 묻혀 있더라도 글을 올려 정사에 대해 아뢰는 사람이 더욱 많아졌다. 신은 그 가운데 보고 들은 것이 근거가 있는 것들을 골라서 기록한다.

사신 파견遣使

우리나라는 예로써 사대하여, 조빙朝聘(천자를 알현함)하고 공물을 바치며 해마다 정해진 때에 사신을 파견하니, 제후의 법도를 닦으면서 맡은 직무를 보고하기 위함이다. 진실로 학문이 높고 사명辭命(응대하는 말)을 잘해서 천자의 명에 대답하는 데 집중하고 국가의 아름다움을 선양하기에 족한 사람이 아니면 누가 이 직책을 감당할 수 있겠는가. 전하께서 즉위한 이래로 모든 조정사朝正使·성절사聖節使·진표사進表使·진전사進箋使[109]가 바로

---

108 측석(側席)에서 어진 이를 구하는: 측석이란 옆자리라는 뜻으로, 어진 사람을 등용하기 위해 임금이 상석을 비워두고 옆자리에 앉는 것을 말한다.

109 조정사(朝正使)·성절사(聖節使)·진표사(進表使)·진전사(進箋使): 조정사는 신년에 파견하

그런 사람들이었으니, 그 성명을 밝힐 수 있는 사람은 모두 기록한다.

공신의 초상을 그리고 비석을 세우는 것功臣圖形賜碑

삼가 생각건대, 전하의 영명한 계책과 위대한 계략은 천성에서 나온 것이며, 깊은 인자함과 두터운 은택이 인심과 결합해서 하루아침에 즉위하고 귀신과 사람의 주인이 되었으니, 이는 전하의 덕의 소치이지 신하들이야 무슨 공이 있겠는가. 그럼에도 전하께서는 겸양하여 공을 자랑하지 않고 의론에 참여한 신하들을 장려했다. 의로움을 떨쳐 정책을 정했거나〔奮義定策〕, 함께 아뢰어 협찬했거나〔與聞協贊〕, 마음을 돌려 성심껏 추대했다〔歸心効戴〕고 하여 공신호功臣號를 차등 있게 내리고[110] 공신각功臣閣을 세워 초상을 그리도록 했다. 또 비석에 공적을 새겨서 후세 자손들로 하여금 직접 눈으로 보고 마음으로 감동하여 준수하고 고치지 말아서 국가와 더불어 아름다움을 함께하도록 했으니, 교훈을 내려줌이 이토록 원대했다.

시호諡[111]

시호란 하나의 장점으로 요약하는 것이다.[112] 평생의 좋고 나쁜 점을 드러내서 후세 사람을 권장하거나 징계할 것을 보여주니 명교名敎(유교의 가르침)에 보탬이 되는 것이 매우 많다.

는 사신이고, 성절사는 황제의 생일을 축하하기 위해 파견하는 사신이며, 진표사와 진전사는 각각 표문(表文)과 전문(箋文)을 올리기 위해 파견되는 사신이다.

110 의로움을 떨쳐 (…) 차등 있게 내리고: 조선 건국 직후인 1392년 10월에 개국공신을 책봉한 것을 말한다. 개국공신 1등은 좌명개국(佐命開國), 2등은 협찬개국(協贊開國), 3등은 익대개국(翊戴開國)이라고 했다. 『태조실록』 권2, 태조 원년 10월 9일.

111 시호(諡): 국왕과 왕비, 그리고 고위 관리나 저명한 학자 등이 죽은 뒤에 생전의 공적을 기려 올리는 이름이다.

112 시호란 하나의 장점으로 요약하는 것이다: 『예기』 「표기(表記)」에 나오는 말이다.

정표旌表[113]

　도道를 지키고 덕을 좋아하는 착한 마음은 사람마다 가지고 있는 것이나, 윗사람이 앞장서서 인도하지 않으면 아랫사람들이 보고 느껴 일으키지 못한다. 그러므로 국가에서는 법을 세워 임금에 충성하고, 부모에 효도하고, 부부의 도리를 온전히 지킨 사람을 위해 정문旌門을 세우고 표창表彰해서 의로운 행실을 장려하고 풍속을 순후하게 했다. 신은 그래서 정표편을 지었으니, 만약 그러한 일이 있으면 계속해서 기록해야 할 것이다.

향음주鄕飮酒[114]

　향음주의 예절에는 선왕이 사람들을 가르치려는 뜻이 갖추어져 있다. 손님과 주인이 서로 읍[115]하고 양보하면서 올라가는 것은 존경과 겸양을 가르치기 위한 것이요, 대야에서 (손을) 씻는 것은 청결을 가르치기 위한 것이요, 처음부터 끝까지 매사에 반드시 절하는 것은 공경을 가르치기 위한 것이다. 존경·겸양하고 청결하고 공경한 다음에 서로 상대하면 난폭함이나 거만함에서 멀어지고 싸움이 일어나지 않게 된다. 주인이 빈賓과 개介[116]를 자세히 살피는 것은 어진 사람과 어리석은 사람을 구별하려는 것이요, 빈을 먼저 대접하고 개를 나중에 대접하는 것은 귀천을 분명하게 하려는 것이니, 어진 사람과 어리석은 사람이 구별되고 귀천이 분명해지면 사람들이

113　정표(旌表): 정문(旌門)을 세워서 표창하는 것. 정문이란 충신·효자·열녀로 지정된 사람을 표창하기 위해 마을 어귀나 집 앞에 세우는 문을 말한다.

114　향음주(鄕飮酒): 고을에서 선비들이 모여서 여는 잔치를 말한다. 주나라 때 향학(鄕學)에서 3년 동안 학업을 닦고 조정에 천거된 사람을 송별하던 잔치에서 비롯되어 이후 어진 사람을 높이고 노인을 공경하기 위한 잔치로 계승되었다.

115　읍: 허리를 숙여 인사하는 것으로, 몸을 굽혀서 하는 절보다 간단한 동작이다.

116　빈(賓)과 개(介): 향음주에 초대된 손님 가운데 가장 어른을 빈(賓)이라고 하고, 그다음을 개(介), 그다음을 중빈(衆賓)이라고 했다.

권면하는 것을 알게 된다. 그러므로 술을 마심에 있어 즐기되 무절제한 지경에 이르지 않고 엄하되 소원한 지경에 이르지 않으니, 신은 엄격하지 않으면서도 교화가 이루어지는 것은 오직 향음주가 그렇다고 생각한다.

관례冠禮[117]

사마온공司馬溫公(사마광)이, "관례란 성인成人이 되는 길이다. 성인이란 장차 다른 사람의 자식이 되고, 다른 사람의 아우가 되고, 다른 사람의 신하가 되고, 다른 사람의 부하가 되어서 행동에 책임을 지는 것인데, 남에게 이 네가지 행동을 책임지려면 어찌 그 예를 중요하게 여기지 않아서야 되겠는가. 근세에는 인정이 경박해져서 자식을 낳으면 아직 젖을 먹고 있는데도 건모巾帽(두건)를 씌우고, 관직에 있는 자는 젖먹이를 위해 관복을 만들어 입히고 희롱하기도 하며, 열살이 넘어서 총각으로 있는 사람이 거의 드물다.[118] 그들에게 이 네가지 행동을 책임지게 한들 어찌 알 수가 있겠는가. 그러므로 가끔 어려서부터 장성할 때까지 어리석기가 여전한 사람이 있으니, 성인이 되는 길을 모르기 때문이다"[119]라고 했다. 신은 격언格言(교훈이 되는 말)을 적어서 성인의 책임을 지게 하고자 관례편을 만든다.

혼인婚姻

『예기禮記』에 이르기를, "남녀의 구별이 있은 뒤에야 부자父子가 서로 친

---

117 관례(冠禮): 성년이 될 때 치르는 예식.
118 총각으로 있는 사람이 거의 드물다: 총각이란 일반적으로 결혼하지 않은 남성을 가리키지만, 여기서는 옛날 중국에서 머리카락을 양쪽으로 갈라 빗어 올려 귀 뒤에 뿔처럼 묶어 맨 어린아이의 머리 모양을 뜻한다. 어려서부터 두건이나 관모를 씌워 어린아이의 머리 모양을 한 사람이 드물다는 의미이다.
119 『소학집주』 가언(嘉言) 「광명륜(廣明倫)」에서 인용한 것이다.

하고, 부자가 서로 친한 뒤에야 의義가 생겨나고, 의가 생겨난 뒤에야 예禮가 일어나고, 예가 일어난 뒤에야 만물이 편안해진다"[120]라고 했으니, 남녀란 인륜의 근본이며 만세萬世(아주 오랜 세대)의 시작이다. 그러므로 『주역周易』에서는 건乾·곤坤을 첫머리에 실었고,[121] 『서경』에서는 이강釐降에 대해 기록했고,[122] 『시경』에서는 관저關雎를 기술했고,[123] 『예기』에서는 대혼大婚에 대해 삼갔으니,[124] 성인이 남녀의 구별을 중요하게 여기는 것이 이와 같았다. 삼대三代(하夏·은殷·주周의 시대) 이래로 국가의 흥망과 가정의 성쇠가 모두 여기서 말미암았는데, 근래에는 혼인하는 집안이 남녀의 덕행이 어떤지는 따지지 않고 대체로 한때의 빈부만을 가지고 고르는가 하면, 또 서로 배필을 구하면서 드러내지 않고 비밀로 해서 이 사람에게 중매하고 저 사람과 혼인하기를 마치 장사꾼이 물건을 파는 것처럼 하니, 소원한 이를 가깝게 하고 분별을 후하게 하려는 뜻[125]이 없으며, 더러는 재판을 벌이기도 하고 더러는 침해받고 욕을 보기까지 한다. 또한 친영親迎[126]의 예가 폐지되어 남자가 여자의 집으로 들어가면 부인이 무지해서 자기 부모의 사랑을 믿고 남편을 가벼이 여기지 않는 자가 없으며, 교만하고 질투하

---

120 『예기』「교특생(郊特牲)」에 나오는 말이다.
121 『주역』에서는 건(乾)·곤(坤)을 첫머리에 실었고: 『주역』에서 64괘를 설명하는 가운데 첫째가 건(乾), 둘째가 곤(坤)이다. 건·곤은 각각 양(陽)과 음(陰)을 상징하며, 양·음은 각각 남·여와 연결된다.
122 『서경』에서는 이강(釐降)에 대해 기록했고: 이강이란 왕의 딸을 신하 집안으로 시집보내는 것을 말한다. 『서경』 요전(堯典)에 요임금의 두 딸을 순(舜)에게 시집보낸 일이 기록되어 있다.
123 『시경』에서는 관저(關雎)를 기술했고: 관저는 '관관히 우는 저구(雎鳩, 물수리)'라는 뜻이다. 『시경』 국풍(國風)의 첫 작품이 관저로, 남녀 간의 사랑을 노래했다.
124 『예기』에서는 대혼(大婚)에 대해 삼갔으니: 대혼은 임금의 혼인이란 뜻이다. 『예기』「애공문(哀公問)」에서 대혼에 대해 '공경함이 지극한 것 중에 가장 큰 것'이라고 한 것을 말한다.
125 소원한 이를 가깝게 하고 분별을 후하게 하려는 뜻: 『예기』「교특생(郊特牲)」에서 혼례에 대해 설명하는 가운데 "이성(異姓)에게 장가드는 것은 소원한 이를 가깝게 하고 분별을 후하게 하는 것이다"라고 한 구절에서 인용한 것이다.
126 친영(親迎): 결혼할 때 신랑이 신부 집에 가서 신부를 직접 맞아와 자기 집에서 혼인을 진행하는 절차이다.

는 마음이 날로 커져 마침내는 남편과 반목하고 집안의 도덕이 문란해지는 지경에 이르게 되니 모두 시작이 엄격하지 못한 데서 비롯된 것이다. 윗사람이 예를 만들어 가지런하게 하지 않으면 어떻게 그 풍속을 순화시킬 수 있겠는가. 신은 성스러운 경전을 상세히 살피고, (남녀가) 인륜의 근본이며 만세의 시작임을 유의하면서 혼례편을 짓는다.

장사 지내는 제도 喪制

맹자가 말하기를, "오직 돌아가신 부모를 장사 지내고 보내드리는 것만이 큰일에 해당한다"[127]라고 했다. 무릇 죽음이란 친애親愛함이 끝나고 인간의 도리가 크게 변하는 것이니, 그러므로 선왕은 그것을 신중하게 생각하여 장사 지내는 제도를 만들고 천하에 알려 천하의 자식된 사람으로 하여금 대대로 지키도록 했다. 통곡하고 울부짖으며 가슴을 치고 발을 구르는 것은 정情이 변하는 것이고, 빈殯(입관한 다음 장례를 지낼 때까지 시신을 안치하는 것)을 마친 다음 죽을 먹고, 우제虞祭(장례를 지낸 후 지내는 제사)를 마친 다음 거친 밥과 나물국을 먹고, 상제祥祭(첫번째 기일과 두번째 기일에 지내는 제사)를 마친 다음 채소와 과일을 먹는 것은 음식이 변하는 것이고,[128] 단괄袒括 (상주가 왼쪽 어깨를 드러내고, 풀었던 머리를 묶는 것)하고 자최복齊衰服으로 갈아입는 것[129]은 의복이 변하는 것이고, 흙덩이를 베고 거적자리에서 자며 외실에 거처하고 내실에 들지 않는 것은 거처가 변하는 것이다. 자식으로서

---

127 『맹자』 「이루하(離婁下)」에 나오는 말이다. 맹자는 "살아 있는 부모를 봉양하는 것은 대사 (大事)로 치기에 부족하고, 오직 돌아가신 부모를 장송(葬送)하는 것만이 대사에 해당한다" 라고 해서 장례의 중요함을 강조했다.

128 빈을 마친 다음 죽을 먹고 (…) 음식이 변하는 것이고: 『예기』 「간전(間傳)」에 나오는 내용을 요약한 것이다.

129 자최복(齊衰服)으로 갈아입는 것: 우제를 마친 뒤 참최복(斬衰服)을 자최복으로 갈아입는 다는 뜻이다(『예기』 「간전」). 참최복은 3승포(아주 거친 삼베)로 짓고 자최복은 참최복보다 는 덜 거친 4~6승포로 짓는다.

부모를 사랑하는 정은 이렇게 하면 지극하지만 오히려 부족하게 여겨서 우제를 지내고서 곡하고, 기제賫祭(첫번째 기일에 지내는 제사)를 지내고서 슬퍼하고, 상제祥祭(두번째 기일에 지내는 제사)를 지내고서 근심하며, 기제忌祭(삼년상을 마친 뒤 해마다 기일에 지내는 제사)를 지내고서 추모하여 시일이 오래 지날수록 더욱 잊지 못하니, 이는 마음속의 정성에서 우러나오는 것이며 억지로 시켜서 하는 것이 아니다.

근세 이래로 상제喪制가 크게 무너져서 으레 불교 의식으로 행하는데, 초상을 당해서 아직 장사도 지내기 전에 진수성찬이 낭자하고, 종과 북소리가 떠들썩하게 울리고, 남녀가 뒤섞여 어수선하고, 상주 되는 사람은 오로지 손님을 맞고 접대하는 것이 충분하지 못한지를 염려하고 있으니 어느 겨를에 죽음을 슬퍼하겠는가. 이런 까닭에 비록 100일 동안의 상제[130]를 지냈다 할지라도 얼굴이 수척해지거나 슬퍼하는 기색이 없고, 웃으며 말하는 것이 평상시나 다름이 없다. 지친至親(부모·형제)이 죽었을 때도 이러하거늘 하물며 그만 못한 사람이 죽었을 때는 어떠하겠는가. 습속을 보고 들어도 예사로 생각하고 이상하게 여기지 않으니, 자식 된 자의 정리가 고금이 다를 리 없건마는 풍습이 그렇게 만든 것이다. 이른바 추천追薦(죽은 사람을 위해 공덕을 베풀고 명복을 비는 불교 의식)이란 것은 다만 남 보기에 좋은 것일 뿐 (그것 때문에) 집안을 망치고 재산을 탕진하는 사람까지 있으니 죽은 사람에게 무익한 낭비이고 살아 있는 사람에게는 무궁한 근심을 끼치는 일이다. 그 망령됨을 충분히 알 수 있으니, 윗사람이 법을 만들어서 막지 않으면 그 폐해는 이루 다 말할 수 없을 것이다.

전하께서는 즉위하자 기강을 확립하고 항상 옛날 성인의 법도를 본받았는데, 특히 예법에 더욱 뜻을 기울여 담당 관청에 명해서 연구하고 수정하게 하여 모든 법이 완성되었다. 신은 사람이 지켜야 하는 기강을 중시하고

---

130 100일 동안의 상제: 불교식 상제로, 사람이 죽은 지 100일이 되는 날 불공을 드린다.

장사 지내는 일을 신중하게 생각하면서 상제편을 짓는다.

조상의 신주를 모시는 곳家廟

이천伊川(정이程頤의 호) 선생이 말하기를, "관혼상제는 예禮 중에 큰 것인데 요즘 사람들은 모두 이해하고 행하지 못한다. 승냥이나 수달도 모두 제뿌리에 보답할 줄 아는데, 요즘 사대부들은 대부분 이것을 소홀히 하여 살아 있는 부모를 봉양하는 데는 후하지만 선조를 제사하는 데는 박하니 매우 옳지 않다. 무릇 죽은 사람을 섬기는 예를 산 사람을 섬기는 것보다 후하게 해야 마땅하다. 사람의 집안에서 이러한 일 몇 가지를 보존하면 비록 어린아이라도 점차 예와 의義를 알게 될 것이다"[131]라고 했다. 신은 격언格言(교훈이 되는 말)을 기술하되 신명에게 묻고 바로잡아 제례祭禮편을 짓는다.

정전政典

총서總序

육전六典(이전·호전·예전·병전·형전·공전)이 모두 나라를 다스리는(政) 일인데 유독 병전兵典을 정전政典이라고 한 것은 (병전이) 사람들의 부정을 바르게 하는(正) 것이기 때문이다. 오직 자기 자신을 바르게 한 사람이라야 다른 사람을 바르게 할 수 있으니, 『주례周禮』를 살펴보면 대사마大司馬의 직책은 첫째도 나라를 바르게 하는 것이요, 둘째도 나라를 바르게 하는 것이다.[132] 군대는 성인의 의지에서 나온 것은 아니지만 반드시 바르게 하는

---

131 주자의 『근사록(近思錄)』「치법(治法)」에 나오는 말이다.
132 『주례』를 살펴보면 대사마(大司馬)의 직책은 (…) 나라를 바르게 하는 것이다: 『주례』에서

것을 근본으로 삼았으니, 성인이 군대를 중히 여긴 뜻을 볼 수 있다.

군제軍制를 세워 직무와 인원수를 분명히 하고, 군기軍器(무기)를 만들어 정교하고 예리하게 하며, 교습教習은 전진과 후퇴, 때리기와 찌르기를 익히기 위한 것이고, 정점整點은 (무기가) 강한지 약한지, (군사가) 용감한지 비겁한지를 가리기 위한 것이다. 상으로 군공을 권장하고, 벌로써 죄를 징계하며, 숙위宿衛를 엄하게 해서 안을 튼튼히 하고, 둔수屯戍를 부지런히 해서 밖을 막으며, 공역功役을 부과해서 병사들의 힘을 가늠하고, 존휼存恤을 베풀어 병사의 죽음을 애도한다. 병사가 쓰는 물건으로는 말보다 급한 것이 없고, 병사의 생필품으로는 식량보다 우선하는 것이 없으며, 전명傳命과 추라騶邏에 이르기까지 모두 병가兵家에 없어서는 안 되는 것들이니, 마정馬政·둔전屯田·역전驛傳·지종祗從 등을 각각 종류별로 덧붙여 기록한다. 평소 무사한 때에 군사훈련은 반드시 전렵田獵을 통해서 하게 된다.[133] 이것이 정전의 차례이다.

군사제도軍制

주나라 제도에서는 병兵과 농農이 일치했다. (백성들이) 평상시에는 비比·여閭·족族·당黨·주州·향鄉[134]이 되어 사도司徒에 소속되고, 유사시에는 오伍·양兩·졸卒·여旅·사師·군軍[135]이 되어 사마司馬에 소속되었다. 평상시

대사마의 직책을 설명한 데 대한 정현(鄭玄)의 주(注)에 나오는 말이다. 『주례주소(周禮注疏)』 「하관사마(夏官司馬)」.

133 군제(軍制)를 세워 직무와 인원수를 분명히 하고 (…) 반드시 전렵(田獵)을 통해서 하게 된다: 정전에서 서술할 각 편에 대해 설명한 것이다. 다만, 지종(祗從)은 편명이 아니라 추라편에 나오는 용어인데 왜 서문에서 따로 언급했는지 알 수 없다.

134 비(比)·여(閭)·족(族)·당(黨)·주(州)·향(鄉): 주나라의 행정단위이다. 5가(家)를 비(比), 5비를 여(閭), 4여를 족(族), 5족을 당(黨), 5당을 주(州), 5주를 향(鄉)이라고 했다. 『주례』 「지관(地官) 대사도(大司徒)」.

135 오(伍)·양(兩)·졸(卒)·여(旅)·사(師)·군(軍): 주나라의 군사 단위이다. 5인(人)이 오(伍),

에 농한기마다 무예를 훈련했으므로 유사시에 이용할 수 있었으니, 군대를 키우는 비용이나 군사를 징발하는 소란함이 없어도 위급한 사태에 쉽게 대처할 수 있었다. 이것이 주나라 제도의 장점이었다.

관중管仲(제나라의 재상)은 나라를 셋으로 나누어 21향鄕을 만들고 내정內政에 군령軍令을 붙였으니,[136] 비록 주나라 제도의 장점에는 미치지 못했으나 당시에는 잘 통솔된 군대라고 했고 마침내 천하의 패자가 되었다. 한나라의 남북군南北軍[137]이나 당나라의 부병府兵[138]은 그 제도를 받아들일 만하지만 득실을 따져볼 것이 없다고는 할 수 없다.

우리나라는 중앙에 부병이 있고, 주·군에서 순번에 따라 서울로 올라오는 숙위병이 있으며, 지방에는 육수병陸守兵(육군)과 기선병騎船兵(수군)이 있으니, 그 제도를 모두 헤아려볼 수 있다. 신은 역대의 제도를 먼저 기술하고 우리나라의 제도를 뒤에 언급하여 군제편을 짓는다.

무기軍器

하늘이 오재五材(금金·목木·수水·화火·토土)를 내는데, 금은 그중 하나이다. (금은) 계절로 치면 가을이 되어 숙살肅殺(쌀쌀한 기운으로 풀과 나무를 말려 죽이는 것)을 주관하고, 사람으로 치면 군사가 되어 살육을 주관하니, (숙살과 살육은) 천지의 당연한 작용으로서 없어서는 안 되는 것이다. 그러므로 주나라의 제도에서는 사병司兵 같은 관직을 두어 그 이름과 특징, 등급을 구

5오가 양(兩), 4양이 졸(卒), 5졸이 여(旅), 5여가 사(師), 5사가 군(軍)이 된다. 『주례』「지관(地官) 소사도(小司徒)」.

136 내정(內政)에 군령(軍令)을 붙였으니: 국가의 행정과 군사 기능을 일치시켰다는 말이다. 『국어(國語)』 권6, 제어(齊語).

137 남북군(南北軍): 한나라의 중앙군이다. 남군은 황궁을 수비하고, 북군은 도성을 수비하는 임무를 맡았다.

138 부병(府兵): 당나라의 군사제도로, 일반 농민을 농한기에 훈련시켜 군인으로 활용하는 병농일치 제도였다.

분해서 군대의 일에 대비했으며, 역대 왕조들은 모두 무기고를 설치해 군대가 쓸 것에 대비했다.

우리나라에서는 군기감軍器監을 설치해서 무기 제조를 전담하게 했고, 밖으로는 주·군에 이르기까지 무기를 제조하는 것이 해마다 정해진 것이 있으니, 그 수를 밝힐 수 있는 것을 기록한다.

군사훈련敎習

공자가 말하기를, "가르치지 않은 백성으로써 싸우게 하면, 이는 그들을 버리는 것이라고 이른다"[139]라고 했다. 『주례』에서는 수蒐·묘苗·선獮·수狩로 군사를 훈련해서 때를 거르는 일이 없었으며,[140] 징과 북 그리고 깃발을 사용하는 방법을 밝히고 전진과 후퇴 그리고 때리고 찌르는 방법을 훈련했다. 병사는 장수의 생각을 알고 장수는 병사의 사정을 알아서 전진하면 같이 전진하고 후퇴하면 같이 후퇴해서 견고하게 방어하고 싸우면 이겼으니, 이는 훈련이 원래 되어 있었기 때문이다. 그 뒤로 진晉나라 문공文公이 피려被盧에서 사냥한 것[141]이나 제齊나라 민왕愍王의 기격技擊, 위魏나라 혜왕惠王의 무졸武卒, 진秦나라 소양왕昭襄王의 예사銳士[142]가 비록 전술과 병력에서는 (주나라를) 능가하는 점이 있었지만 그 용병술에 있어서는 후세

---

139 『논어』「자로(子路)」에 나오는 말이다.

140 수(蒐)·묘(苗)·선(獮)·수(狩)로 군사를 훈련해서 때를 거르는 일이 없었으며: 수·묘·선·수는 각각 봄·여름·가을·겨울에 하는 사냥을 뜻한다. 『주례』「하관사마(夏官司馬) 대사마(大司馬)」에 나오는 내용이다.

141 진(晉)나라 문공(文公)이 피려(被盧)에서 사냥한 것: 문공이 피려(被盧)에서 사냥을 하다가 3군을 편성해서 초나라와 싸워 이기고 패자가 된 것을 말한다. 『좌전』희공(僖公) 27년.

142 제(齊)나라 민왕(愍王)의 기격(技擊), 위(魏)나라 혜왕(惠王)의 무졸(武卒), 진(秦)나라 소양왕(昭襄王)의 예사(銳士): 기격은 손이나 무기를 써서 싸우는 무예, 무졸은 용맹한 군사를 선발해서 편성한 군대라는 뜻이고, 예사는 날랜 병사라는 뜻이지만 특별히 진나라의 정예병을 가리키는 말로 쓰인다. 『한서(漢書)』 권23, 형법지3.

가 (주나라에) 미칠 바가 아니었다. 전국시대의 사마양저司馬穰苴와 당나라의 이정李靖에게는 모두 병법서가 있었지만,[143] 오직 제갈무후諸葛武侯(제갈량)의 용병만이 인의仁義 속에 절제의 뜻이 있었으므로 주문공朱文公(주자)이 용병을 잘했다고 한 것이다. 신은 그 뜻을 본받아 『오행진출기도五行陣出奇圖』를 지었고, 또 사마양저의 병법을 가감해서 『강무도講武圖』를 지어 바쳤는데, 전하께서 칭찬하며 좋다고 하시고 군사들이 익히도록 명하셨다. 신이 주나라 사마의 수·묘·선·수를 통한 군사훈련과 진晉·위魏·제齊·진秦·사마양저·이정 등의 병법을 앞에 수록한 것은 옛것에서 병법을 취하려는 것이고, 신이 지어 바친 『출기도』와 『강무도』를 뒤에 수록한 것은 지금 그것을 익히게 하려는 것이다. 고금의 제도가 정리되고 교습의 법이 분명해지면 병사들이 쓸 수 있을 것이다. 교습敎習편을 짓는다.

군대 점검整點

무기가 망가지는 것은 오랫동안 손질하지 않아서이고, 훈련한 것을 잊어버리는 것은 오랫동안 익히지 않아서이다. 국가에 일이 없으면 인습에 젖어 세월만 보내다가 군사 시설과 장비가 무너지고 병적부兵籍簿가 손실되어 위급한 일이 생기면 (국가를) 지탱할 수 없게 되니, 이것이 고금의 공통된 병폐이다. 『주례』 대사마大司馬에, "중춘仲春(2월)에는 북·방울·징·꽹과리 등의 용도를 구별하고, 중하仲夏(5월)에는 전차와 보병을 뽑고, 중추仲秋(8월)에는 기물旗物(군대의 깃발)을 구별하고, 중동仲冬(11월)에는 크게 사열査閱(훈련 정도와 장비를 검열하는 일)한다"[144]라고 했다. 그로부터 주나라 선왕

143　전국시대의 사마양저(司馬穰苴)와 당나라의 이정(李靖)에게는 모두 병법서가 있었지만: 사마양저는 제(齊)나라에서 대사마를 지낸 양저이고, 이정은 당나라의 명장이다. 양저는 『사마양저병법』을 지었고, 이정은 『위공병법(衛公兵法)』과 『이위공문대(李衛公問對)』라는 병법서를 지었다.

144　『주례』 「하관사마 대사마」에 나오는 말이다.

宣王은 동도東都에서 사냥하고 전차와 보병을 뽑아서 중흥의 업적을 이루었으니,[145] 무기 점검을 그만둘 수 없음이 이와 같다.

우리나라에서는 중앙에 있는 금위禁衛의 군대와 지방에 있는 주·현의 병사들에 대해 농한기마다 병적부를 조사해서 늙은 병사와 어린 병사, 건강한 병사와 약한 병사를 구분하고, 매월 군기감에서 만든 활·화살·창·갑옷 따위를 점검해서 날카로운지 무딘지, 단단한지 망가졌는지를 시험하고 있으니, 정비하고 점검하는 뜻을 터득했다고 할 만하다.

상벌賞罰

전쟁은 위험한 일이니, 전진하면 죽을 걱정이 있고 후퇴하면 살길이 있다. 그런데 사람의 마음은 죽음을 두려워하고 사는 것을 좋아하지 않음이 없으니, 오직 후한 상만이 살 것을 잊게 할 수 있고, 오직 중벌만이 죽음으로 나아가게 할 수 있다. 그러나 상과 벌이 여러 사람의 공과 죄에 따르지 않고 한 개인의 기쁨과 노여움에서 나온다면, 상이 (공을) 권장하지 못하고 벌이 (죄를) 징계하지 못할 것이다. 그래서 "높은 관직과 후한 녹봉은 공이 있는 사람을 대우하기 위한 것이고, 칼과 톱, 채찍과 매는 죄지은 자에게 가하기 위한 것이다"라고 하는 것이다. 그러므로 군대를 지휘하는 사람에게는 상과 벌이 없어서는 안 되며, 상과 벌은 공적인 것에서 나오지 않으면 안 된다. 신은 상벌편을 지으면서 반드시 공公으로써 설명했다.

---

145 주나라 선왕(宣王)은 동도(東都)에서 사냥하고 전차와 보병을 뽑아서 중흥의 업적을 이루었으니: 주나라 선왕이 험윤(玁狁)이란 오랑캐를 정벌하고 문왕·무왕 때의 영토를 되찾은 일을 말한다. 『시경』 소아(小雅) 「거공(車攻)」.

숙직하며 임금을 호위함宿衛

임금의 거처는 존엄한 것이다. 주변에 군막을 짓고 섬돌에서 창을 들고 지키며, 좌우를 순찰하고 지방 군사가 교대로 상경해서 당직 서기를 치밀하고도 신중하게 하는데, 그것은 저 스스로 높고 귀해지려는 것이 아니다. 임금의 한 몸은 종묘와 사직이 의지하는 바이며, 자손과 신하·백성이 우러르고 기대는 바여서 관련된 것이 중대하기 때문이다. 그런 까닭에 궁궐의 문을 아홉겹으로 하고 안팎을 엄숙하게 해서 출입을 통제하는데, 그것은 비상사태에 대비하고 간사한 무리를 막을 뿐 아니라, 내관內官의 무리들이 난잡하게 들어가 임금의 귀를 흐리고 조정을 어지럽히지 못하게 하려는 것이니, 정치가 잘되고 안녕이 오래가기 위한 계책을 얻기 위함이다.

숙위宿衛하는 군사는 주나라에서는 사대부가, 한나라에서는 자제子弟[146]가 하도록 했는데, 무릇 임금과 더불어 늘 친근하게 지내면서 보고 듣고 익히므로 (행동을) 삼가지 않을 수 없었다. 『주서周書』에서, "좌우전후에 올바르지 않은 사람이 없어 출입하고 기거하는 데 삼가지 않음이 없었다"[147]라고 한 것은 이를 이르는 말이다. 그러니 엄숙함〔嚴〕과 바름〔正〕이 숙위를 세우는 근본 뜻이 아니겠는가.

국경을 지킴屯戍

강토가 아무리 넓어도 한 집안처럼 돌봐야 하고, 만민이 아무리 많아도 갓난아이처럼 사랑해야 한다. 만일 뜻하지 않은 사변이 일어나면 우리 백

---

146 자제(子弟): 일반적으로는 아들과 아우, 또는 젊은이라는 뜻이지만, 한나라 때는 종군한 사람을 가리키는 말로 쓰였다.

147 『서경』주서(周書)「경명(囧命)」에서 인용한 것이다. 옛날 주나라 문왕과 무왕 때 그랬다는 말이다.

성이 먼저 그 피해를 입게 되니, 둔수屯戍를 설치해서 외적을 제어하고 나라를 편안하게 해야 한다. 육지에는 기병과 보병을 주둔시키고 바다에는 병선을 두며, 무기를 준비하고 군량을 비축하고 봉수烽燧[148]에 힘쓰는 것이 모두 둔수를 갖추기 위한 것이다.

병사의 노역功役

사람의 마음이란 일을 하면 좋은 생각이 생기고 한가하면 교만한 생각이 생기기 마련이다. 그러므로 병사들이 지나치게 일하게 해서도 안 되지만, 지나치게 한가하게 해서도 역시 안 된다. 군대에서 일으키는 각종 토목 공사는 모두 병사들에게 시키되 그 힘이 미치는 정도를 헤아리고 그 공역功役의 성과를 평가할 것이며, 삼농三農[149]으로 하여금 농사에 전력하게 한다면 거의 군軍과 민民이 각각 안심하고 자기 일을 하게 될 것이다.

병사를 구제함存恤

무릇 힘써 일하는 것은 아랫사람이 윗사람을 섬기는 것이고, 은혜를 베푸는 것은 윗사람이 아랫사람을 어루만지는 것이니, (윗사람과 아랫사람이) 서로 보답하는 것이다. 군대에서도 늙은 병사와 어린 병사는 집으로 돌려보내고, 굶주리고 헐벗은 병사에게는 옷과 양식을 주고, 질병이 있는 병사는 병을 치료해주고, 죽은 병사는 매장해줘야 한다. 은혜가 크면 병사들이 은혜에 감사하는 마음이 지성至誠에서 나와 죽을힘을 기꺼이 바치지 않음이 없을 것이니, 신은 그래서 서로 보답한다고 한 것이다.

---

148 봉수(烽燧): 봉화(烽火)를 피워 변방 지역의 위급 상황을 서울로 전달하는 통신수단.
149 삼농(三農): 세 가지 농민이란 뜻으로, 평지와 산지, 늪 지역에 사는 농민을 가리킨다(『주례』「천관 태재」의 정현 주注). 여기서는 군인이 아닌 모든 농민을 뜻한다.

말의 사육에 관한 정책馬政

말은 사람에게 쓰임이 중하다. 무거운 짐을 지거나 멀리 가야 할 때 사람의 힘이 미치지 못하면 반드시 말의 힘을 빌려야 하고, 한 나라 임금의 빈부나 군대의 강하고 약함이 (말에) 달려 있다. 성인이 괘卦를 만들고 상象을 드러내면서[150] 말이 지극히 건장하여 땅을 가기를 끝없이 할 수 있는 점을 취했으니,[151] 이것이 경전에 말이 최초로 보이는 것이다.

역대로 말의 사육에 관한 정책을 세워 (말을) 번식시켰는데, 전조前朝(고려)에서는 은천銀川과 정주貞州 등에 목감牧監을 설치하고,[152] 섬마다 물과 풀이 편리한 곳에 모두 목마장을 두었으니 군국의 중함이 말에 있음을 알았던 것이다. 그러나 그 법이 무너져서 목감의 명칭은 있으나 말을 기르는 내실이 없었으니 역시 한탄스러운 일이다. 우리나라는 위로는 천조天朝(명)에 공물로 보내고 아래로는 군대에서 사용하는 것이 모두 말이니, 마정馬政을 강구하는 것이 진실로 오늘날 시급히 해야 할 일이다. 신이 역대의 휵마畜馬(말을 기름) 정책을 두루 살펴보니 주나라 사람들이 가장 잘했는데 관직을 설치하고 법령을 만들어 그 직책을 중시했으며, 매년 중하仲夏(5월)에 수레 끄는 말을 뽑고 그 수를 치밀하게 파악했다.

---

150 성인이 괘(卦)를 만들고 상(象)을 드러내면서: 『주역』에서 64괘를 만들고 각 괘의 의미를 설명한 것을 말한다.

151 말이 지극히 건장하여 땅을 가기를 끝없이 할 수 있는 점을 취했으니: 『주역』의 곤괘(坤卦)에 대한 설명에 빈마(牝馬, 암말)가 등장하는데, 『주역정의(周易正義)』에서 공영달(孔穎達)은 "소라고 하지 않고 말이라고 한 것은, 소는 비록 유순하지만 땅을 가기를 끝없이 할 수가 없어서 곤(坤)이 널리 낳는 덕을 보여줄 수 없기 때문"이라고 했다. 즉, 말은 소와 달리 땅을 끝없이 갈 수 있으므로 곤괘의 의미를 설명할 때 사용했다는 뜻이다.

152 은천(銀川)과 정주(貞州) 등에 목감(牧監)을 설치하고: 은천은 황해도 배천(白川), 정주는 황해도 개풍(開豊)의 옛 지명이다. 고려시대에는 황주(黃州)의 용양(龍驤), 동주(洞州)의 농서(隴西), 배주(白州)의 은천, 개성의 양란(羊欄), 정주의 좌목(左牧), 청주(淸州)의 회인(懷仁), 견주(見州)의 상자원(常慈院), 광주(廣州)의 엽호현(葉戶峴), 강음(江陰), 동주(東州) 등에 목장이 있었다. 『고려사』 권82, 지36 병2 마정.

『시경』에, '우리 말이 이미 똑같아(我馬旣同)'라고 한 것은 말의 힘을 가지런히 하는 것을 뜻하고,[153] '길들어 법도에 맞도다(閑之維則)'라고 한 것은 말을 평소에 조련시켰음을 뜻하고,[154] '혹은 언덕에서 내려오며, 혹은 못에서 물을 마시며(或降于阿 或飲于池)'라고 한 것은 말을 기르면서 그 성질을 순하게 만들었음을 뜻하고,[155] '마음가짐이 성실하고 깊을 뿐만 아니라, 큰 암말이 3,000필이나 되도다(秉心塞淵 騋牝三千)'라고 한 것은 말의 번식이 (말을 기르는 사람의) 마음가짐이 성실하고 깊은 데서 연유함을 뜻한다.[156] 신은 『주역』에서 (말의) 상象을 드러낸 것과 『시경』 소아小雅의 격언格言(교훈이 되는 말)을 취하여 마정편을 짓는다.

군인들이 경작하는 토지屯田

둔전屯田의 법은 변경에 주둔하고 있는 병사들이 싸우는 동시에 농사를 짓게 해서 식량 운반의 비용을 줄이고 군량을 넉넉하게 하기 위한 것이다. 한나라 사람은 금성金城에, 진晉나라 사람은 수춘壽春·양양襄陽·형주荊州에 모두 둔전을 설치해서 안으로는 식량이 축적되는 이익을 얻고 밖으로는 외적이 방어되는 이득을 얻었으며, 이로써 이적夷狄을 정복하고 이웃 나라를 차지했으니 뚜렷한 효험이 증명되었다.

---

153 '우리 말이 이미 똑같아(我馬旣同)'라고 한 것은 말의 힘을 가지런히 하는 것을 뜻하고: 『시경(詩經)』 소아(小雅) 「거공(車攻)」에 있는 내용이다.

154 '길들어 법도에 맞도다(閑之維則)'라고 한 것은 말을 평소에 조련시켰음을 뜻하고: 『시경』 소아(小雅) 「유월(六月)」에 있는 내용이다.

155 '혹은 언덕에서 내려오며, 혹은 못에서 물을 마시며(或降于阿 或飲于池)'라고 한 것은 말을 기르면서 그 성질을 순하게 만들었음을 뜻하고: 『시경』 소아(小雅) 「무양(無羊)」에 있는 내용이다.

156 '마음가짐이 성실하고 깊을 뿐만 아니라, 큰 암말이 3,000필이나 되도다(秉心塞淵 騋牝三千)'라고 한 것은 말의 번식이 (말을 기르는 사람의) 마음가짐이 성실하고 깊은 데서 연유함을 뜻한다: 『시경』 국풍(國風) 「정지방중(定之方中)」에 있는 내용이다.

전조前朝(고려)에서는 음죽陰竹에 둔전을 설치하고[157] 바닷가의 주군에도 모두 둔전을 두어서 군량을 공급했는데, 법이 오래 되자 폐단이 생겨 이름만 있고 실속은 없었다. 조세를 거둘 때 변경을 지키는 군사들이 스스로 마련해서 바치기도 하고 혹은 꾸어다가 보태기도 했으므로 그 고통을 견디지 못하고 도망하는 사람이 많아 군량이 끊김 없이 공급되지 못했을 뿐 아니라 군사의 수가 줄어들었으니 그 폐해가 막심했다. 전하께서 즉위하자 건의하는 사람들의 말을 받아들여 연해 지방의 둔전을 없애고 음죽 한곳만 남겨두었으니,[158] 백성의 수고로움을 줄여줬다고 할 수 있다.

신이 생각하기에, 옛날에는 토지 100무畝(토지 면적의 단위)로 상농부上農夫는 아홉 사람을 먹이고 하농부下農夫에 이르면 다섯 사람을 먹이는 것으로 정했으니,[159] 둔전의 경작을 우선 하농부를 기준으로 하면 열명이 경작해서 50명을 먹일 수 있으며, 등급을 높이면 100·1,000·1만명이라고 해도 그 수를 헤아릴 수 있었다. 토지의 이용도는 고금의 차이나 원근의 차이가 없는 것이므로 이른바 둔전이란 것이 어찌 옛날에는 행해지고 지금은 행해지지 않을 것이며, 중국에는 이롭고 외국에는 이롭지 않겠는가. 다만 훌륭한 관리를 얻지 못해서 종자를 축내 둔전군에게 주지 않기도 하고, 혹은 친히 가서 그 일을 감독하지 않아 밭 갈기, 씨뿌리기, 김매기, 북돋기 등을 제때 제대로 하지 못해서 토지가 결국은 황폐해지고 싹이 열매를 맺지 못하게 된 것이니, 그 잘못은 사람에게 있지 법에 있는 것이 아니다. 만약 충국充國[160]이 (필요한) 식량을 계산해서 공전公田을 측량하고 관개수로를

---

157 전조(前朝)에서는 음죽(陰竹)에 둔전을 설치하고: 음죽은 지금 경기도 이천 일대이다. 고려 시대에는 북쪽의 국경 지대와 내륙의 일부 군현에 둔전이 설치되었지만, 음죽에 둔전이 설치되어 있었는지는 확인되지 않는다.

158 둔전을 없애고 음죽 한곳만 남겨두었으니: 태조의 즉위교서에서 "국둔전(國屯田)은 백성에게 폐가 있으니 음죽의 둔전을 제외하고는 일체 모두 폐지할 것이다"라고 했다. 『태조실록』 권1, 태조 원년 7월 28일.

159 옛날에는 토지 100무(畝)로 상농부(上農夫)는 아홉 사람을 먹이고 하농부(下農夫)에 이르면 다섯 사람을 먹이는 것으로 정했으니: 『맹자』 「만장하(萬章下)」에 나오는 말이다.

파서 황협渲陜(중국 칭하이성 시닝시 일대)을 다스린 것처럼 한다면 토지의 이용도를 크게 높일 수 있을 것이고, 등애鄧艾[161]처럼 토지의 이용도를 최대로 높이고 하천을 뚫고 군량을 저축하거나, 양호羊祜[162]가 둔수屯戍와 순라巡邏를 줄여 800경頃(토지 면적 단위, 1경은 100무)의 토지를 개간하고, 두예杜預[163]가 여러 물줄기를 터서 고지대의 토지에 물을 대줌으로써 공사간에 함께 이득을 보고 많은 백성이 덕을 보게 한 것처럼 한다면 둔전의 이익이 커질 것이다. 둔전의 폐단을 개혁하고 둔전의 이익을 얻는 것은 오직 사람과 법을 병용하는 데 달렸을 뿐이다.

역참驛傳

우전郵傳[164]을 설치하는 것은 명령을 전달하기 위함이다. 군사 업무의 긴급함과 사절의 왕래에 역驛이 아니면 어떻게 그 명령을 속히 전달해서 일을 성사시킬 기회를 잃지 않을 수 있겠는가. 그리하여 우리나라에서는 모든 역마다 돌봐주는 은전을 베풀고 역로驛路를 대·중·소 세 등급으로 나누어 토지를 차등 있게 지급했다. 나라의 서북쪽인 금교金郊에서 동선洞仙까지[165]

---

160 충국(充國): 전한의 장수 조충국(趙充國). 신작(神爵) 원년(기원전 61)에 둔전의 계책을 황제에게 올렸다. 『한서』 권8, 선제기(宣帝紀).

161 등애(鄧艾): 삼국시대 위나라의 관리. 수로를 개척해서 회수 북쪽의 경작지에 물을 공급하고 군량을 확보했다.

162 양호(羊祜): 삼국시대 위나라의 관리. 둔전을 설치해서 농경지를 개간하고 군량을 확보했다.

163 두예(杜預): 진(晉)나라의 관리. 함녕(咸寧) 3년(277)에 상소하여 수리 시설을 확충해야 한다고 주장했다.

164 우전(郵傳): 우(郵)와 전(傳), 역(驛)은 모두 공공 업무를 수행하는 교통기관으로, 도로에 일정한 간격으로 설치되어 공문서 전달, 공공 물자의 수송, 사신의 영접 등을 담당했다. 본래 우(郵)는 도보로 전달하는 것이고, 역(驛)은 말을 이용하는 것이며, 전(傳)은 수레를 이용하는 것이지만, 실제로는 구분 없이 사용되었다. 원나라 이후 몽골어의 영향으로 참(站)이란 말이 생겼고, 역참(驛站)·역전(驛傳)·우역(郵驛) 등으로도 쓰였다.

165 금교(金郊)에서 동선(洞仙)까지: 금교는 고려시대 개경 바로 옆에 있던 역이고, 동선은 황주에 있던 역이다. 이 두 역을 연결하는 길을 금교도(金郊道)라고 했는데, 수도 개경에서 서북

와 동남쪽인 청교靑郊에서 용구龍駒까지[166]는 서울에서 매우 가까워 사방의 교통이 폭주하는 까닭에 사람을 마중하고 배웅하거나 물건을 실어나르는 노고가 다른 역들보다 배가 되므로 토지를 더 많이 지급했으니, 역이 명령을 전달하는 것을 중시했기 때문이다.

궁궐과 관청의 경호驕邏

서울에는 요순徼巡(순찰)이 있어서 '나邏'라고 하는데 궁궐을 경호하기 위한 것이고, 관청에는 지종祗從(시종)이 있어서 '추騶'라고 하는데 대신을 우대하기 위한 것이다. 모두 졸卒로 이름을 붙여 각각 나졸邏卒·추졸騶卒이라고 하니, 군인은 아니지만 군대와 관계된 일이므로 아울러 기록한다.

국왕의 사냥畋獵

병兵이란 것은 흉사이니 쓸데없이 두어서는 안 되고, 또 성인의 의지에서 나온 것은 아니지만 훈련하지 않으면 안 된다. 그러므로 『주례』에 대사도大司徒[167]가 봄·여름·가을·겨울에 사냥으로 군사를 훈련했지만, 그 피해가 농사를 방해하고 인민을 해치는 데 이르기도 하므로 모두 농한기에 실시했다. 또 사냥은 한가한 놀이에 가깝고 잡은 짐승을 자기가 갖는다는 의심을 살만하므로 성인은 이런 점을 염려해서 사냥의 법도를 만들었다. 하

쪽을 연결하는 주요 도로였다. 조선에서도 그대로 유지되었다.

166 청교(靑郊)에서 용구(龍駒)까지: 청교는 고려시대에 개경의 남쪽에 있던 역이고, 용구는 지금의 경기도 용인이다. 개경에서 남경(지금 서울)까지 연결하는 길을 청교도(靑郊道)라고 했고, 남경에서 광주까지 가는 길을 광주도(廣州道)라고 했는데, 조선에서도 그대로 유지되었다.

167 대사도(大司徒): 『주례』에서 사냥에 관한 일은 대사마(大司馬)가 관장한다. 따라서 여기서 '대사도'라고 한 것은 '대사마'를 잘못 쓴 것이다.

나는 짐승 중에서 백성의 곡식을 해치는 것으로 제한하는 것이고, 하나는 잡은 짐승을 제사에 바치는 것으로, 종묘사직과 생명을 위한 계책이 아닌 것이 없으니, 그 뜻이 이렇게 깊었다.

주나라 선왕宣王은 사냥으로 인하여 전차와 보병을 뽑아서 주나라 왕실의 중흥의 업적을 이루었고,[168] 하나라 태강太康은 낙수洛水 주변에서 사냥하다가 친척들이 원망하고 민심이 이반해서 왕위를 잃었으니,[169] 그 일은 한가지이나 그들의 마음에는 천리天理(하늘의 이치)와 인욕人欲(사람의 욕심)의 구별이 있어 치란治亂과 존망存亡이 각각 그 마음에 따라서 나타난 것이다. 이른바 털끝만 한 차이가 천리나 되는 어긋남을 가져온다는 것이 바로 이것이니, 후세의 임금들이 어찌 취하거나 버릴 작은 낌새를 살피지 않을 수가 있겠는가.

헌전憲典

총서總序

천지는 만물에 대하여 봄으로 생육시키고 가을로 시들게 하며, 성인은 만민에 대하여 인仁으로 사랑하고 형刑으로 겁을 준다. 시들게 하는 것은 그 근본을 회복시키기 위함이고, 겁주는 것은 함께 살게 하기 위함이다. 가을(秋)은 천지에 의로운 기운이 되는데, 형刑을 추관秋官이라고 하니 그 쓰임이 같다. 그러나 천지의 도는 마음 없이도 변화가 이루어지므로 운행하

---

168 주나라 선왕(宣王)은 (…) 중흥의 업을 이루었고: 앞의 주 145와 같음.

169 하나라 태강(太康)은 (…) 왕위를 잃었으니: 태강은 아버지를 계승해서 하나라 왕이 되었지만 황음하고 무능해서 민심을 잃었다. 또한 놀기를 좋아해서 낙수를 건너가 열흘 동안이나 돌아오지 않았는데, 그 틈에 백성들이 왕위에서 쫓아냈다. 『서경』 하서(夏書) 오자지가(五子之歌).

는 데 어긋남이 없지만, 성인의 법은 사람을 기다린 뒤에야 행해지므로 반드시 공경하고 불쌍히 여기는 인仁과 밝고 신중한 마음을 다한 뒤에야 시행될 수 있다. 마땅한 사람을 얻지 못하면 끝장에는 폐해가 모진 폭정과 참혹한 재앙에 이르게 되어 백성이 그 피해를 입을 뿐 아니라 마침내는 원한이 하늘에 미쳐 음양의 조화를 상하게 하고 수해나 가뭄을 불러와 나라가 위태롭게 된다. 그러므로 성인이 형벌을 만든 것은 형벌에 의지해서 다스리려는 것이 아니라 다스림을 보완하려 한 것일 뿐이니, 형벌로써 형벌을 멈추게 하고,[170] 형벌은 형벌이 없어지기를 기약하는 것이다.[171] 만약 우리의 정치가 완성된다면 형벌은 갖추어만 놓고 쓰지 않게 될 것이다.[172] 그래서 고요皐陶가 순임금의 덕을 칭송하며 말하기를 "살리기를 좋아하는 덕이 민심에 스며들어, 이 때문에 죄를 짓지 않게 되었다"[173]라고 했으니, 아! 위대하도다.

지금 우리 전하께서는 인仁을 베푸심이 하늘과 같고, 명철한 판단이 신神과 같으며, 살리기를 좋아하는 덕이 상제上帝(요임금과 순임금)와 일치하셨다. 무릇 법을 어겨 담당 관청이 그 죄를 따지는 경우, 죄를 주기에 의심스러운 점이 있으면 언제나 가엾게 여겨 관대하게 처벌하는 데 힘쓰고 형벌을 면하게 해서 스스로 뉘우치게 하는 일이 많았다. 또 어리석은 백성이 잘 몰라서 금령禁令(금지하는 법령)을 어길까 염려하여 담당 관청에 명해 대명률大明律을 방언으로 번역하게 해서[174] 대중이 쉽게 알도록 했다. 무릇 판

---

170 형벌로써 형벌을 멈추게 하고: 『서경』 주서(周書) 「군진(君陳)」에 나오는 말로, 벌 받은 사람이 다시는 죄를 짓지 않게 될 것이라고 판단했을 때 벌을 주라는 뜻이다.

171 형벌은 형벌이 없어지기를 기약하는 것이다: 『서경』 우서 「대우모」에 나오는 말로, 형벌을 쓸 때는 죄짓는 사람이 없어져서 궁극적으로 형벌이 없어지는 것을 목표로 해야 한다는 뜻이다.

172 형벌은 갖추어만 놓고 쓰지 않게 될 것이다: 『순자』 「의병(議兵)」에 나오는 말로, 형벌을 갖추어놓았으나 백성이 잘 교화되어 쓸 필요가 없게 된다는 뜻이다.

173 『서경』 우서 「대우모」에 나오는 말이다.

174 대명률(大明律)을 방언으로 번역하게 해서: 명나라의 법률인 대명률을 이두로 번역한 것을

단하고 판결함에 있어서 모두 이 대명률을 사용했으니, 위로는 황제의 규범을 받들고 아래로는 백성의 생명을 중히 여겼기 때문으로, 장차 백성이 금령을 알아서 범죄를 저지르지 않으며 형벌은 갖추어만 놓고 쓰지 않는 것을 보게 될 것이다. 신은 (전하의) 성스러운 마음을 우러러 본받아 어질고 밝은 덕을 형법 적용의 근본으로 삼아서 헌전의 총서를 짓는다.

명례名例[175]

일은 반드시 이름(名)을 바르게 한 뒤에야 이루어지고 이름은 반드시 실제 사례(例)가 있고 난 뒤에야 정해지는 것이니, 이것이 옛날 법률을 만든 사람이 반드시 명례를 첫번째 편으로 삼은 이유이다.

명례에는 이른바 오형五刑이 있는데 태형笞刑·장형杖刑·도형徒刑·유형流刑·사형死刑[176]이다. 이것은 옛날의 육형肉刑[177]은 아니지만 대벽大辟(사형)은 동일하며 죄의 경중에 따라 법을 달리한다. 이른바 오복五服이 있는데, 참최斬衰·주년周年·대공大功·소공小功·시마緦麻이다. 부모로부터 시작해서 위로는 고조高祖, 아래로는 현손玄孫, 옆으로는 족속에 이르기까지 촌

말한다. 대명률은 고려 말인 1373년(공민왕 22)에 들어와 사용되었는데, 조선에서도 그대로 사용하면서 쉽게 이해할 수 있도록 이두로 번역하고 이를 직해(直解)라고 했다. 직해가 끝나고 간행된 것은 1395년(태조 4)이지만, 『조선경국전』이 완성된 1394년 이전에 이미 왕명이 내려져 번역 작업이 진행 중이었으므로 이렇게 언급한 것이다.

175 명례(名例): 죄의 명칭과 형벌의 종류 및 실제 사례를 밝히는 편목으로, 전통적으로 형전의 서두에 위치한다. 『당률소의(唐律疏議)』에서 "명(名)이란 오형(五刑)의 죄명이고, 예(例)란 오형의 체례(體例)이다"라고 해서 명과 예를 풀이해놓았다.

176 태형(笞刑)·장형(杖刑)·도형(徒刑)·유형(流刑)·사형(死刑): 태형은 작은 형장(刑杖)으로 볼기를 치는 형벌, 장형은 태형보다 큰 형장으로 볼기를 치는 형벌, 도형은 정해진 기간 동안 지정된 장소에서 노동하게 하는 형벌, 유형은 서울에서 멀리 떨어진 곳으로 보내 거주를 제한하는 형벌, 사형은 목숨을 빼앗는 형벌이다.

177 육형(肉刑): 신체에 가하는 형벌이다. 주나라의 제도에 따르면 얼굴이나 몸에 먹물로 글자를 새기는 묵형(墨刑), 코를 베는 의형(劓刑), 발꿈치를 자르는 비형(剕刑), 남성의 성기를 거세하는 궁형(宮刑), 목을 베는 대벽(大辟) 등이다.

수에 따라 복의 경중이 다르니, 친족을 친애하는 정과 관계되지 않는 것이 없기 때문이다. 복이 중하면 예가 엄해지고 정이 친밀하면 은혜가 두터워지므로, 법을 만드는 사람은 예를 거스르면 중벌로 다스리고 정상을 참작할 수 있으면 관대하게 다스리니 사람의 도리를 중히 여기지 않는 것이 없기 때문이다. 이른바 십악十惡이 있는데, 모반謀反·모대역謀大逆·모반謀叛·대불경大不敬[178]은 군신 사이의 직분을 존중하기 위한 것이고, 악역惡逆·불효不孝·불목不睦[179]은 친족을 친애하는 은혜를 존중하기 위한 것이고, 부도不道[180]는 사람의 생명을 존중하기 위한 것이고, 불의不義·내란內亂[181]은 관리와 백성, 스승과 친구의 의리와 부부·남녀의 구별을 존중하기 위한 것이다. 이 열가지는 모두 사람의 큰 윤리이니, 만약 이를 범한 사람이 있으면 대악大惡이라 일컫고 임금의 법으로써 반드시 죽이는 것으로 벌한다. 이른바 팔의八議[182]가 있는데, 의친議親·의고議故·의공議功·의현議賢·의능議能·의근議勤·의귀議貴·의빈議賓[183]이다. 은혜로써 해야 한다는 사람이 있고 의로움으로써 해야 한다는 사람이 있으므로 법에는 비록 중죄라도 사정을

---

178 모반(謀反)·모대역(謀大逆)·모반(謀叛)·대불경(大不敬): 모반(謀反)은 사직(社稷)을 위태롭게 할 것을 꾀하는 것, 모대역은 종묘나 산릉 및 궁궐의 훼손을 꾀하는 것, 모반(謀叛)은 본국을 배반하여 몰래 타국을 따를 것을 꾀하는 것, 대불경은 국가의 제사 때 바치는 물건이나 임금이 사용하는 물건을 훔치는 것을 말한다.

179 악역(惡逆)·불효(不孝)·불목(不睦): 악역은 조부모·부모를 때리거나 죽일 것을 꾀하는 것, 불효는 조부모·부모를 고소하거나 욕설을 하는 것, 불목은 시마복(緦麻服) 이상의 친족을 죽일 것을 꾀하는 것을 말한다.

180 부도(不道): 한 집안의 죽을 죄를 짓지 않은 사람 세명을 살해한 범죄를 말한다.

181 불의(不義)·내란(內亂): 불의는 백성이 자기 수령을 죽이거나 군인이 자기 지휘관을 죽이는 것 등을 말하고, 내란은 소공친(小功親) 이상의 친족을 간음하는 것 등을 말한다.

182 팔의(八議): 여덟가지 신분의 사람이 저지른 죄에 대해서는 별도로 심의해서 형벌을 감면해 주는 규정이다. 팔벽(八辟)이라고도 한다. 『주례』 「추관 사구」.

183 의친(議親)·의고(議故)·의공(議功)·의현(議賢)·의능(議能)·의근(議勤)·의귀(議貴)·의빈(議賓): 의친은 왕실의 일정 범위의 친족, 의고는 왕실과 오랫동안 알고 지낸 사람, 의공은 국가에 지대한 공이 있는 사람, 의현은 커다란 덕행이 있는 사람, 의능은 큰 재주가 있어 사표가 될 만한 사람, 의근은 관직에 있으면서 어려움을 겪은 사람, 의귀는 3품 이상의 관리, 의빈은 왕실의 부마가 된 사람에 대해서 처벌을 경감시키기 위해 특별히 심의하는 것을 뜻한다.

참작해서 가볍게 처벌하니, 충후忠厚의 지극함[184]이다. 이 밖에도 명례가 많지만, 모두 은혜와 의리, 인정과 법률로써 경중을 참작해서 중도를 취하니, 이것이 법을 적용하는 권형權衡(저울)이다.

직제職制[185]

왕이 된 사람은 하늘을 대신해서 만물을 다스리니, 반드시 여러 어진 이를 등용해서 여러 직책을 맡긴다. 따라서 모든 관직과 모든 관청은 하늘의 일이 아닌 것이 없다. 『서경』에서 말하기를, "모든 관료가 서로 본받아 배우고, 모든 관리가 때맞춰 일하고 오진五辰(계절)에 순응하여 모든 일이 이루어지도다"[186]라고 했으니, 이것이 당우唐虞(요임금과 순임금)의 정치가 융성한 까닭이다. 그러나 조용할 때 말은 잘하지만 일을 맡기면 어긋나는 자[187]가 공공共工[188]의 관직을 차지하고, 명령에 항거하고 사람들을 해치는 자[189]가 치수治水의 일을 맡게 되자 쫓아내는 형벌을 거행하지 않을 수 없었으니,[190]

---

184 충후(忠厚)의 지극함: 소식의 「형상충후지지론(刑賞忠厚之至論)」에서 인용한 말로, 상벌을 내릴 때 상은 후하게 주고 벌은 가볍게 줘야 한다는 뜻이다.

185 직제(職制): 관직 제도라는 뜻이지만, 형전(刑典, 여기서는 헌전)에서는 직무 수행 중에 저지른 범죄에 대한 처벌 규정을 밝히고 있다.

186 『서경』 우서 「고요모(皐陶謨)」에 나오는 말이다.

187 조용할 때 말은 잘하지만 일을 맡기면 어긋나는 자: 요임금이 후계자를 찾는데 환도(驩兜)가 공공(共工)을 추천하자, 요임금이 "말은 교묘하게 잘하지만 일을 맡기면 어긋나고, 모습은 공손하지만 (마음속 오만함이) 하늘까지 가득 차 있다"라며 거부한 고사에 나오는 말이다. 『서경』 우서 「요전(堯典)」.

188 공공(共工): 중국 신화에 나오는 천신(天神)의 이름이기도 하고 요임금의 신하의 이름이기도 하지만, 여기서는 공관(工官)의 관직 이름이다.

189 명령에 항거하고 사람들을 해치는 자: 홍수가 나자 치수할 사람을 구하는데 사람들이 곤(鯀)을 추천하자 요임금이 "명령을 거스르며 사람들을 해치는 자이다"라며 거부한 고사에 나오는 말이다. 『서경』 우서 「요전」.

190 쫓아내는 형벌을 거행하지 않을 수 없었으니: 공공(共工)·곤(鯀)·환도(驩兜)·삼묘(三苗)를 사흉(四凶)이라고 하는데, 순임금이 이들을 모두 쫓아낸 것을 말한 것이다. 『서경』 우서 「순전(舜典)」.

하물며 후세에야 어떠했겠는가. 만약 형법과 금령을 밝게 세워 벌하고 징계하지 않으면 관청을 해치고 백성을 병들게 하며 간사하고 거짓된 일들이 날로 늘어나 화란이 생기는 것을 이루 다 말할 수 없을 것이다. 그러므로 관리에 대한 형벌을 제정해서 관직에 있는 사람들을 경계하면서 직제편을 짓는다.

공식公式[191]

상급 관청과 하급 관청 사이에는 피차간에 반드시 문서로 사정을 전달하고 부절符節[192]과 인신印信(도장)을 가지고 신임을 보였다. 옛날부터 국가를 가진 자가 모두 정해진 공식을 가지고 있었던 것은 여러 사람의 생각을 하나로 통일하고 간사함과 거짓을 막기 위함이었다. 만약 이를 어기면 나라에 일정한 형벌이 있으니, 공식편을 짓는다.

호역戶役

『서경』에 말하기를, "백성은 나라의 근본이니, 근본이 튼튼해야 나라가 편안하다"[193]라고 했다. 그러므로 국가를 가진 사람은 반드시 민생을 보호하는 일을 급선무로 삼아야 한다. 하지만 인민은 많고 갑작스러운 일은 빈번해서, 간교한 자는 간사한 행동을 하고, 어리석은 자는 법을 범하고, 억센 무리는 포악한 행동을 하고, 굶주림과 추위에 시달리면 도둑이 되고, 윗사람을 속이고 사욕을 자행하는 일이 끝이 없으며, 선왕의 법도를 무너뜨

---

191 공식(公式): 관리들이 공무를 처리할 때 지켜야 하는 절차를 말한다. 식(式)이란 행정절차나 공문서의 양식, 율령 시행상의 세칙 등을 가리킨다.

192 부절(符節): 대나무나 옥, 금속으로 만들어 신표로 삼는 물건이다.

193 『서경』 하서(夏書) 「오자지가(五子之歌)」에 나오는 말이다.

리고 화란禍亂을 일으키기까지 하니, 인민을 다스리는 사람이 어찌 이를 염려해서 미리 막지 않을 수가 있겠는가. 그런 까닭에 반드시 법령을 엄히 해서 위엄을 보이고 형벌을 분명하게 해서 징계한 뒤에야 백성이 두려워하고 화란이 그쳤다. 이렇게 하는 것이 비록 덕德과 예禮의 효능에는 미치지 못하나[194] 성인聖人도 부득이하게 (화란을) 막기 위해서 한 일이었다.

무릇 백성이 기회를 틈타 간사한 짓을 하는 일이 비록 많지만, 위에서 명령해서 법을 세워야 할 것으로는 크게 일곱가지가 있다. 호역戶役(호적을 작성하고 역을 부과하는 것)은 민력民力이 나오는 곳으로 명확하지 않으면 숨기거나 누락시킬 염려가 있다. 전택田宅은 민업民業의 근본으로 엄정하지 않으면 겸병하는 일이 생긴다. 혼인婚姻은 인도人道(인간의 도리)에서 중요한 것으로 근엄하지 않으면 음란한 행동이 일어난다. 창고倉庫는 백성의 식량이 있는 곳으로 완비하지 않으면 낭비되는 폐단이 생긴다. 과정課程(세금 부과)과 전채錢債(곡식의 대여)와 시전市廛(시장)은 모두 백성의 재산과 관계되니 살피지 않을 수 없는 것들이다.[195] 그러므로 그 법을 상세히 하고 금령을 엄하게 했으며, 조목이 모두 갖춰졌으므로 전부 기록할 수 있다.

제사祭祀

국가 대사 중에 제사가 가장 중요하니, 종묘와 사직을 받들어 천지신명

---

194 덕(德)과 예(禮)의 효능에는 미치지 못하나: 『논어』 「위정(爲政)」에서 "법으로 이끌고 형벌로 규제하면 백성이 형벌을 면하고도 부끄러움이 없을 것이다. 덕으로 이끌고 예로써 규제하면 백성이 부끄러움을 알게 되고 또 선에 이르게 된다"라고 한 데서 인용한 것으로, 법과 형벌로 다스리는 것이 덕과 예로 다스리는 것만 못하다는 뜻이다.

195 호역(戶役)은 민력(民力)이 나오는 곳으로 (…) 모두 백성의 재산과 관계되니 살피지 않을 수 없는 것들이다: 『조선경국전』 헌전의 체제는 『대명률』을 그대로 따랐다. 그러나 『대명률』에서는 호역(戶役), 전택(田宅), 혼인(婚姻), 창고(倉庫), 과정(課程), 전채(錢債), 시전(市廛)을 각각 독립된 편으로 구성했지만, 『조선경국전』에서는 호역을 하나의 편으로 만들고 나머지를 그 안에 포함시켜 서술했다.

과 교감하기 때문이다. 반드시 안으로는 성실함과 공경함을 지니고 밖으로는 형식을 갖춘 뒤에야 천지신명에게 감정이 전해질 수 있으며, 만약 하나라도 소홀하면 '성실하지 않으면 만물도 없게 된다'[196]는 말처럼 근본에 보답하고 조상을 추모하는 도리가 거의 사라지게 된다. 그러므로 제사 의식을 삼가서 공경하고 엄숙함을 다하고, 삼가는 것을 엄히 지켜서 도리에 어긋나는 일을 살피는 것은 공손하지 않음을 징계하기 위한 것이다. 제사는 형벌과 같은 부류의 것이 아니지만 어쩔 수 없이 (형벌과) 서로 의존해야만 완성될 수 있으니, 이것이 제사의 예절을 예전禮典에 기재하고[197] 제사에 관한 법령을 헌전憲典에 또 기재한 이유이다.

의례의 제도儀制

의례儀禮의 제도는 지위에 따른 권위를 분명히 하고 위아래를 구별하기 위한 것이니, 예禮 중에서 가장 큰 것이다. 그러나 그 연혁이나 덜고 더해짐이 시대에 따라 변화가 있으므로 한 시대가 일어나면 반드시 한 시대의 제도가 만들어진다고 하는 것이다.

우리 동방에서 예의의 교화는 기자箕子로부터 시작되었으며, 왕씨王氏의 세대에는 예악과 제도를 중화에서 받아들여 본받았으나 토착 풍속이 아직 다 바뀌지 않은 게 있었고, 원나라에 사대한 이래로는 호례胡禮(오랑캐의 예절)를 섞어 씀으로써 복식이 법도를 잃고, 평민이 분수를 넘어 윗사람과 견주게 되었다. 황명皇明(명나라)이 천하를 차지한 뒤 조서를 내리기를, "의례의 제도는 본래의 풍속을 따르고, 법은 예전의 제도를 준수하라"[198]

---

196 『중용』 제25장에 나오는 말로, 성실함이 만물의 시작과 끝이라고 해서 그 중요성을 강조했다.

197 제사의 예절을 예전(禮典)에 기재하고:『조선경국전』예전의 종묘(宗廟), 사직(社稷), 적전(藉田), 풍운뇌우(風雲雷雨), 문묘(文廟), 제신사전(諸神祀典) 등의 편을 가리킨다.

198 고려 말인 1385년(우왕 11)에 명에서 보내온 조서에 있는 구절이다(『고려사』 권135, 우왕 11년 9월). 하지만 그보다 전인 1370년(공민왕 19) 5월 명이 공민왕을 책봉하는 조서에 "무

라고 했으므로 그 때문에 그 폐습이 아직도 제거되지 않았다.

우리 전하께서는 일찍이 즉위하기 전부터 사대부로서 정치하는 법도를 잘 아는 사람들과 더불어 계책을 합치고 의견을 세워서, (명나라에) 표문 表文을 올려 의관衣冠을 요청한 다음 토속土俗의 구태와 호복胡服의 폐단을 남김없이 혁파했고,[199] 왕위에 오른 뒤에는 정성을 다해 정치에 힘써서 제도를 개혁한 것이 모두 중도에 맞았다. 이로써 찬란한 문물이 중화에 부끄럽지 않게 되었으며, 한 시대의 제도를 갖추고 만세토록 길이 지키도록 했다. 그 상세한 내용은 예전禮典의 노부鹵簿 등 여러 편에 있거니와,[200] 자손과 후세를 위한 배려가 매우 원대했다. 하지만 만든 것이 법에 어긋나거나, 일을 처리하는 것이 방법에 어긋나거나, 착오가 법도를 잃어 정해진 규정을 어지럽히는 자가 있으면 사헌부에서 즉시 규찰하고 적발할 것이다. 그러므로 이미 제정된 법을 준수하고 선왕의 법도를 엄수하면서 의제儀制편을 짓는다.

궁궐의 호위宮衛

임금의 지위는 지극히 존귀하고 지극히 높다. 존귀하기 때문에 그 책임이 매우 무겁고 가볍지 않으며, 높기 때문에 그 형세가 매우 위태로워서 보호하기가 어렵다. 아랫사람들이 모두 우러러 추대하므로 의장과 호위를 갖추지 않을 수 없고, 간악한 무리들이 틈을 엿보므로 주위의 경비를 치밀

롯 의례의 제도와 복식의 사용은 본래 풍속에 따르는 것을 허용한다"라고 해서 고려의 풍속을 인정하는 내용이 들어 있었다(『고려사』 권42, 공민왕 19년 5월 26일).

199 표문(表文)을 올려 (…) 폐단을 남김없이 혁파했고: 고려 말인 1386년(우왕 12) 명에 사신을 보내 관복(冠服)을 보내줄 것을 요청했고, 1387년에 호복을 폐지하고 명의 제도를 받아들인 것을 가리킨다(『고려사』 권136, 우왕 12년 2월; 우왕 13년 6월). 이성계가 직접 이 일을 하지는 않았지만, 당시 판삼사사의 관직에 있었으므로 이렇게 말한 것이다.

200 예전(禮典)의 노부(鹵簿) 등 여러 편에 있거니와: 의례의 내용이 『조선경국전』의 예전에 실려 있다는 말이다. 다만, 『조선경국전』 예전에는 노부편이 없다.

하게 하지 않을 수 없다. 그러므로 궁궐 안팎에는 반드시 호위를 엄하게 하고, 임금이 출입할 때는 반드시 가금呵禁(큰 소리로 행인들을 비키게 하는 것)을 신중하게 하며, 궁궐 주변에 군막을 짓고 섬돌에서 지키는 제도는 옛날부터 시작되었다.

우리나라에서 부병府兵을 설치한 것과 애마愛馬[201][애마는 별감別監이니, 고려의 관직 이름이다]를 둔 것, 그리고 여러 도에서 올라와 시위하는 군사는 모두 전조前朝(고려)의 제도를 따르면서도 고친 것이 있으며, 국왕을 따르고 순번을 정해 숙직하는 것이 이미 면밀하고 신중하게 시행되고 있고, 거중어경居重御輕(임금이 병권을 장악하고 정권을 다스림)하고 있으니 편안할 때 위험을 잊지 않는 배려가 이렇듯 지극하다. 정전政典에 자세히 나와 있으므로[202] 여기서 다시 췌언하지 않지만, 어기거나 잘못해서 법도를 잃은 자는 그 일이 불경죄에 해당하므로 무거운 법으로 다스려야 마땅하다. 삼가지 않는 것을 정해진 법에 따라 징계하면서 궁위宮衛편을 짓는다.

군정軍政

옛날 당우唐虞(요임금과 순임금) 시대에는 고요皐陶가 사士가 되어 병兵과 형刑의 직책을 총괄했고, 주나라에 이르러 하관夏官(병관)과 추관秋官(형관)이 나뉘었으나 그 운용에서는 서로 의존하지 않을 수가 없었다.

전쟁이란 위험한 일이며 죽을 수도 있는 일이니, 사람의 마음에 어느 누가 죽음을 싫어하지 않고 살기를 바라지 않겠는가. 그러므로 진을 치고 적과 대치할 때는 반드시 먼저 엄한 형법을 세워서 겁먹고 후퇴하는 것을 징

---

201 애마(愛馬): 고려 후기에 국왕을 시종하고 궁궐을 호위하는 관리를 부르던 이름이다. 본래 성중관(成衆官)이라고 부르다가 몽골어에서 같은 뜻을 갖는 '아막'을 한자로 표현하면서 '애마'라는 말이 생겨났다. 성중관과 합쳐 '성중애마'라고도 했다.

202 정전(政典)에 자세히 나와 있으므로: 『조선경국전』 정전의 숙위편을 가리킨다.

벌해야만 사람들이 겁먹으면 죽는다는 것을 알고 용기를 내 살고자 하여 앞다투어 화살과 돌을 무릅쓰는 것을 마다하지 않을 것이다. 만약 명령을 위반해도 바로잡지 않고 정해진 날짜를 위반해도 군율을 적용하지 않으면 군대가 뒤집어지고 군사를 잃을 수 있으니 경계하지 않을 수 없다. 반드시 무거운 형벌을 써서 여러 군사의 마음을 하나로 만든 다음에야 군정軍政이 거행되고 무공武功이 이루어질 수 있다. 그러므로 호령號令을 밝히고 폭동을 단속하면서 군정편을 짓는다.

관진關津

옛날에는 관關(교통 요지에 설치한 관문)과 진津(교통 요지에 설치한 나루)의 관리가 출입하는 사람들을 검문해서 비상사태에 대비하기만 했는데 후세에는 통행세까지 거두었다. 그러므로 맹자가 말하기를 "옛날에 관문을 설치한 것은 난폭한 자를 막기 위함이었으나, 오늘날 관문을 설치한 것은 난폭한 짓을 하기 위함이다"[203]라고 했고, 또 말하기를 "문왕文王이 기岐 땅을 다스릴 적에는 관문과 저자에서 검문만 하고 통행세를 거두지 않았다"[204]라고 했으며, 또 말하기를 "관문에서 검문만 하고 통행세를 거두지 않으면 천하의 여행자가 모두 기꺼이 그 길로 다니기를 원할 것이다"[205]라고 했으니, 무릇 후세에 포악해진 것을 미워하고 선왕의 정치에 뜻을 둔 것이었다.

지금 우리나라에서는 관과 진이 있는 곳에 모두 토지를 지급하여 진리津吏(진의 말단 관리)를 먹이고, 배를 준비해서 여행자를 건네주되 통행세를 거두지 않으니, 비록 문왕의 정치라 하더라도 이보다 낫지 않을 것이며, 장차 먼 곳의 여행자가 기꺼이 그 길로 다니기를 마치 맹자의 말처럼 하는

---

203 『맹자』 「진심하(盡心下)」에 나오는 말로, 관문에서 통행세를 거두는 것을 난폭한 짓이라고 했다.
204 『맹자』 「양혜왕하(梁惠王下)」에 나오는 말이다.
205 『맹자』 「공손추상」에 나오는 말이다.

것을 보게 될 것이다. 임진도臨津渡(임진강변에 있던 나루)와 벽란도碧瀾渡(예성
강변에 있던 나루)는 서울에서 매우 가까우므로 특별히 별감을 파견해서 검
문을 더 하게 했으니, 이는 또한 서울을 존중하고 (나라의) 근본을 소중히
여긴 까닭이다. 감히 사사로이 건너거나 길을 막는 자가 있으면 각각 형률
로써 논할 것이다. 인정仁政을 근본으로 삼고 첩자를 경계하면서 관진편을
짓는다.

말의 사육廐牧

말을 기르는 법에 대해서는 정전政典에서 자세히 논했으니,[206] (말은) 군
대를 통솔하고 나라를 다스리는 용도와 관계되는 것이 매우 중하다. 기르
는 데 올바른 방법을 얻으면 말이 번식하고, 얻지 못하면 반드시 손상이 심
할 것이다. 그러므로 마땅히 법령을 기록해서 담당 관리로 하여금 경계할
줄 알게 하면서 구목廐牧편을 짓는다.

우역郵驛[207]

우역의 설치는 음식을 준비하고 명령을 전달하는 데 힘쓰며 관리의 행
차에 대비하기 위한 것이다. 위로는 사신이 통하는 것부터 아래로는 정령
政令이 선포되는 것까지를 이로써 하니, 국가를 가진 사람이 마땅히 급무
로 삼아야 하는 것이다.

전조前朝(고려) 말에는 정령이 여러곳에서 나오고 관리의 행차가 빈번하
여 (왕래가) 앞뒤로 끊임없이 이어졌으며, 심지어는 개인에게 바치는 물
건과 개인적인 행차로 오가는 것까지도 모두 역로를 경유하여 침해하는

---

206 정전(政典)에서 자세히 논했으니:『조선경국전』정전의 마정편(馬政篇)을 가리킨다.
207 우역(郵驛): 앞의 주 164 참고.

일이 여러 가지로 많았으므로 역리驛吏들이 견디지 못하고 거의 다 도망하고 말았다. 전하께서는 무진년(1388, 우왕 14)에 의로움을 좇아 (위화도에서) 회군한 뒤 처음으로 국정을 총괄하며 구폐를 모조리 고쳤는데, 좋은 선비를 뽑아 보내 역승驛丞으로 삼고,[208] 도망간 역리를 불러 모아 그 역역役을 다시 지게 했으며, 길의 험한 정도와 통행 인원의 많고 적음을 헤아려 차등 있게 토지를 지급하고, 개인에게 보내는 물건의 수송을 막고 개인적인 행차에 비용을 들이는 것을 금지했으며, 또 관리의 파견을 줄여서 그들의 노고를 덜어주었다. 즉위한 뒤에는 돌봄에 더욱 힘써서 토지를 추가로 지급했으니 역의 백성을 가엾게 여기는 마음이 이미 깊고도 간절했으며, 나라를 경륜하는 규모 또한 매우 원대하여 인仁이 지극하고 의義가 극진했다.

우역의 업무가 정전政典에 있는 것[209]은 그 제도를 정하기 위함이지만, 만약 성상의 뜻을 깨닫지 못하고 도리에 어긋나게 폐단을 일으키는 자가 있으면 형벌을 가하고 용서하지 않을 것이니, (형벌의) 조목이 모두 갖추어져 있으므로 여기서 거듭 논한다.

도적盜賊

인간의 본성은 다 선하다. 수오지심羞惡之心[210]은 사람마다 모두 가지고 있으니, 도적이 되는 것이 어찌 인간의 본성이겠는가. 항산恒産(일정한 생업)

---

208 좋은 선비를 뽑아 보내 역승(驛丞)으로 삼고: 위화도 회군 다음 해인 1389년(공양왕 1) 12월에 조준 등의 주장에 따라 역마다 5, 6품의 역승을 파견한 것을 말한다(『고려사』 권82, 지36 병2 참역站驛).

209 우역의 업무가 정전(政典)에 있는 것: 『조선경국전』 정전의 역전편(驛傳篇)을 가리킨다.

210 수오지심(羞惡之心): 자신의 잘못을 부끄러워하고[羞] 남의 잘못을 미워하는[惡] 마음이다. 맹자가 불쌍하게 여기는 마음(측은지심惻隱之心), 부끄러워하고 미워하는 마음(수오지심羞惡之心), 사양하는 마음(사양지심辭讓之心), 옳고 그름을 따지는 마음(시비지심是非之心)을 각각 인(仁)·의(義)·예(禮)·지(智)와 연결해서 인간의 본성에서 우러나는 마음으로 설명하는 가운데 나오는 말이다. 『맹자』 「공손추상」.

이 없는 사람은 그로 인해 항심恒心(늘 가지고 있는 선한 마음)이 없으니,[211] 배고픔과 추위를 뼈저리게 느끼면 예의를 돌아볼 겨를 없이 부득이하게 (도적이) 되는 것일 뿐이다. 그러므로 백성을 다스리는 사람은 어진 정치를 베풀어 백성이 생업에 안정할 수 있도록 해야 하며, 그들을 부리면서 농사 짓는 시기를 빼앗지 말아야 하고, 그들에게서 수취하면서 그 힘을 손상시키지 말아야 한다. 남자에게는 먹고 남은 곡식이 있고 여자에게는 입고 남은 베가 있어서, 위로는 부모를 섬기기에 풍족하고 아래로는 처자를 부양하기에 풍족하면, 백성은 예의를 알게 되고 풍속은 염치를 숭상하게 될 것이니 도적은 없애지 않아도 저절로 없어질 것이다.

그러나 백성의 욕심은 만족할 줄을 모르고 이익을 추구하는 마음은 쉽게 솟구치니, 만약 형벌을 밝혀서 억제하지 않으면 역시 금하기가 어렵다. 그러므로 『서경』에 말하기를, "재물 때문에 사람을 죽이고 다치게 하면, 모든 사람이 미워하지 않는 이가 없다"[212]라고 했으니, 본성이 선한 것을 근본으로 삼고 간사한 도적을 징계하면서 도적편을 짓는다.

인명人命·투구鬪毆[213]

사람은 사람에게 동류同類(같은 종류)이며 또한 우리는 동포同胞(한 부모 밑의 형제·자매)이다. 그러므로 마땅히 서로 친해야 하고 서로 해쳐서는 안 된

---

211 항산(恒産)이 없는 사람은 그로 인해 항심(恒心)이 없으니: 『맹자』「등문공상(滕文公上)」과 「양혜왕상(梁惠王上)」에 나오는 말이다.

212 『서경』 주서(周書) 「강고(康誥)」에 나오는 말이다. 원문은 "재물 때문에 사람을 죽이고 다치게 하면서 무모하여 죽음을 두려워하지 않는 자를 모든 사람이 미워하지 않는 자가 없다"라고 되어 있지만, 중간이 생략되었다. 『맹자』「만장하(萬章下)」에도 『서경』의 이 구절이 인용되어 있는데, 『조선경국전』은 『맹자』에서 인용한 것으로 보인다.

213 인명(人命)·투구(鬪毆): 인명은 사람을 죽이거나 상해를 입힌 범죄에 대한 처벌 규정이고, 투구는 사람을 때린 범죄에 대한 처벌 규정이다. 『대명률』에는 별도의 편목으로 되어 있으나 『조선경국전』에서는 하나로 합쳐놓았다.

다. 서로 해치는데도 막지 않으면 인류는 멸망할 것이다. 그러므로 살인한 자는 죽이고, 남을 다치게 한 자는 죄에 상응하게 처벌하는 한나라의 법이 좋다고 하는 까닭이다. 고금을 막론하고 형률을 제정하는 사람은 인명 살상을 가장 중요하게 다루고 투구를 그다음으로 다루지 않은 적이 없었다. 무릇 형벌로써 형벌을 멈추게 하는 것[214]은 함께 살고자 하는 것이니, 아! 어질도다. 인명·투구편을 짓는다.

매이罵詈·소송訴訟[215]

사람의 감정이 서로 어긋나면 반드시 나쁜 말로 모욕하게 되는데 말로 욕하는 것을 매이라고 하고, 관청에서 다투는 것을 소송訴訟이라고 한다. 모두 지극히 투박한 행동이지만 (처벌하는 것의) 득실을 따져볼 만한 점이 없지 않다. 신분이 비천하거나 어린 사람이 존귀하거나 나이 많은 사람에게 욕을 하는 것과 허위로 사실을 속이는 것은 더욱 투박하니 처벌하지 않으면 안 된다. 그러나 소송을 맡은 사람이 먼저 덕을 밝혀서 백성으로 하여금 두려워 복종하게 하고, 악행을 막고 성낸 것을 눌러서 소송 없이도 다스려질 수 있게 한 다음에야 백성의 덕이 후해질 것이다. 이런 까닭에 매이·소송편을 짓는다.

수장受贓·사위詐僞[216]

관리가 뇌물을 받는 것은 탐욕으로 관직을 망치는 것이고, 사람이 속임

---

214 형벌로써 형벌을 멈추게 하는 것: 앞의 주 170 참고.

215 매이(罵詈)·소송(訴訟): 매이는 다른 사람에게 욕을 하는 데 대한 처벌 규정이고, 소송은 소송의 절차를 어긴 죄에 대한 처벌 규정이다. 둘은 서로 관련이 없고 『대명률』에도 별도의 편목으로 되어 있지만, 『조선경국전』에서는 하나로 합쳐놓았다.

수를 쓰는 것은 간사함으로 화란을 낳는 것이니, 무릇 정치를 하는 사람이 소홀히 다루어서는 안 된다. 진실로 의로움과 이로움의 차이를 밝혀서 염치의 지조를 장려하면 이 두가지 걱정은 없앨 수 있을 것이나, 그 형률은 역시 폐지할 수 없다. 그러므로 수장·사위편을 짓는다.

간통의 범죄犯姦

　군자의 도는 부부에게서 실마리가 만들어지고[217] 임금의 교화는 규문閨門(부녀자가 거처하는 방)으로부터 시작되니, 겉으로 드러나지 않는 사이에 관계되는 것이 매우 중대하다. 남녀의 잠자리가 다스려지지 않아서 남녀 간에 구별이 없으면 인간의 도리가 어지러워지고 국왕의 교화는 자취를 감출 것이니 어떻게 국가를 다스리겠는가. 옛날의 성왕들이 예법을 행하여 정욕을 절제하고 형벌을 행하여 음탕한 행동을 억제한 것은 지치至治(지극히 잘 다스려진 정치)를 일으키고 풍속을 아름답게 하기 위함이었다. 그러므로 혼인의 제도는 예전禮典에서 신중하게 다루었고[218] 간통의 범죄에 대한 법령은 헌전憲典에서 엄중하게 다루니, 대체로 예의에서 벗어나면 반드시 형벌에 들게 되므로 예禮로써 바르게 하고 형刑으로써 징계하려는 것이다. 성인聖人이 혼인을 중요하게 여긴 것이 이와 같았거늘, 후세에 본보기의 으뜸이 되려는 사람이 어찌 이것을 소홀히 할 수 있겠는가.

---

216 수장(受贓)·사위(詐僞): 수장은 관리가 뇌물을 받은 범죄에 대한 처벌 규정이고, 사위는 다른 사람을 속인 범죄에 대한 처벌 규정이다. 둘은 서로 관련이 없고 『대명률』에도 별도의 편목으로 되어 있으나 『조선경국전』에서는 하나로 합쳐놓았다.

217 군자의 도는 부부에게서 실마리가 만들어지고: 『중용』 제12장에 나오는 말이다.

218 혼인의 제도는 예전(禮典)에서 신중하게 다루었고: 『경국대전』 예전의 혼인편(婚姻篇)을 가리킨다.

잡범雜犯

잡범은 형전에서 자질구레한 것이지만 일에 따라서는 가벼이 할 수 없는 것이 있다. 그러므로 형벌과 금령을 설정해서 백성으로 하여금 두려워할 줄 알게 하고, 작은 일이라고 해서 소홀히 여기지 않도록 했다. 무릇 어리석은 백성이 모르고 경솔하게 죄를 지을까 염려한 것이지 백성을 얽어매서 벌주려고 하는 것이 아니니, 그 인仁함이 또한 지극하다. 그러므로 잡범편을 짓는다.

포망捕亡·단옥斷獄[219]

포망(도망한 죄인을 잡는 일)은 반드시 엄격하게 해야 하고, 단옥(죄인을 판결하는 일)은 반드시 관대하게 해야 한다. (포망을) 엄격하게 하면 죄를 범한 사람이 빠져나갈 수 없게 되고, (단옥을) 관대하게 하면 형벌을 받는 사람이 억눌려서 굴복하는 일이 없게 되니, 모두 법 중에서 좋은 것이다. 그러나 법이 저절로 좋아지는 것이 아니고 오로지 제대로 된 사람을 얻는 데 달려 있다. 그러므로『서경』에서 말하기를 "삼가고 삼가 형벌을 안타까워하셨다"[220]라고 했고,『주역』에서 말하기를 "밝고 신중하게 하며, 과감하게 판결하지 않는다"[221]라고 했으니, 성인이 경계하심이 이처럼 깊었다. 따라서 죄인을 불쌍히 여기는 인仁과 밝고 신중한 덕을 갖춘 다음에라야 그 좋은 법이 시행될 수 있다. 신은 (헌전) 총서에서 이미 이것을 언급한

---

219 포망(捕亡)·단옥(斷獄): 포망은 형벌 중 도망한 죄인에 대한 처벌 규정이고, 단옥은 죄인을 판결하기 위한 규정이다. 둘은 서로 관련이 없고『대명률』에도 별도의 편목으로 되어 있으나『조선경국전』에서는 하나로 합쳐놓았다.

220 『서경』우서「순전(舜典)」에서 순임금의 업적을 칭송하는 가운데 나오는 말이다.

221 『주역』여괘(旅卦)에서 "밝고 신중하게 형벌을 써서 옥에 머물러 두지 않는다"라고 한 것과 비괘(賁卦)에서 "옥을 결단함에 과감하게 하지 않는다"라고 한 것을 합친 말이다.

바 있지만,[222] 여기에서 또다시 이것을 근본으로 삼아 포망·단옥편을 짓는다.

공사營造

옛날에는 백성을 부역시키는 것이 1년에 사흘을 넘지 않았으니,[223] 백성을 수고롭게 하지 않으려는 것이 이와 같았다. 『춘추春秋』에서는 성 쌓는 공사를 시작하면 빠뜨리지 않고 모두 기록했는데, 그것을 중요하게 생각해서 일부러 중복해서 쓴 것이었으니, 성인의 뜻을 볼 수 있다. 하지만 종묘는 조상을 받들기 위한 것이고, 궁궐은 존엄하게 바라보이기 위한 것이고, 성곽은 험난한 요새를 만들기 위한 것이니, 이러한 것들은 성인이라도 부득이하게 그 기한과 절차를 따지지 않으면 안 된다.

하천의 제방河防

하천에 제방을 쌓는 것은 사람들에게 이익 됨이 매우 크다. 때로는 새것을 만들기도 하고 때로는 옛것을 수리하기도 하며, 지세의 편리함에 따라서 조운과 관개의 이익이 달라진다. 그러므로 공사의 시기와 노역의 절차가 모두 법에 있으니 담당 관청은 마땅히 알고 있어야 한다.

---

222 총서에서 이미 이것을 언급한 바 있지만: 헌전 총서에서 "성인의 법은 사람을 기다린 뒤에야 행해지므로 반드시 공경하고 불쌍히 여기는 인(仁)과 밝고 신중한 마음을 다한 뒤에야 시행될 수 있다"(이 책 110면)라고 한 것을 가리킨다.

223 옛날에는 백성을 부역시키는 것이 1년에 사흘을 넘지 않았으니: 『예기』「왕제(王制)」에 나오는 말이다.

후서後序

신이 또 생각건대, 헌전은 육전 가운데 하나지만 나머지 다섯개의 전이 모두 이에 의지하지 않고는 이루어지는 것이 없다. 이전吏典의 출척黜陟(관리를 쫓아내거나 승진시키는 일)은 헌전이 아니면 그 선택을 공정하게 할 수 없고, 호전의 징렴徵斂(세금을 거두는 일)은 헌전이 아니면 그 법을 고르게 할 수 없고, 예전의 절도節度(예의와 법도)는 헌전이 아니면 그 의례를 엄숙하게 할 수 없고, 정전의 호령號令(군사를 지휘하는 일)은 헌전이 아니면 무리에게 위엄을 보일 수 없고, 공전의 흥작興作(토목 공사를 벌이는 일)은 헌전이 아니면 노동력을 줄이고 법도에 맞게 할 수 없으며, 특히 형률刑律로 말하면 헌전 중의 헌전이다. 무릇 (헌전을 제외한) 다섯개의 전은 한가지 일이 육전 중에 뒤섞이는 것이 있으면 각 전에서 뜻에 따라 거론했지만, 헌전에는 없는 것이 없으니 정치를 보좌하는 법이 이만큼 구비된 것이 없다. 그러나 공자가 말하기를, "법으로 이끌고 형벌로 규제하면 백성이 형벌을 면해도 부끄러움이 없을 것이다. 덕으로 이끌고 예로써 규제하면 부끄러움을 알게 되고 또 선善에 이르게 된다"[224]라고 했으니, 이것을 보면 중요한 것과 중요치 않은 것, 가벼운 것과 무거운 것의 차이를 알 수 있다. 지금 우리 전하는 인仁함으로부터 덕이 돈독하시고 예가 질서를 얻으셨으므로, 정치하는 근본을 체득했다고 할 수 있다. 형벌을 심의하고 죄인을 판결해서 다스림을 보좌하는 것은 한결같이 대명률에 의거했으니, 그러므로 신은 대명률의 항목을 참고하여 헌전의 여러 편을 짓고 또 그 대략의 내용을 서술했다. 후서를 짓는다.

---

224 『논어』「위정(爲政)」에 나오는 말이다. 법률이나 형벌로 다스리면 백성이 잘못을 저지르면서도 형벌을 피하려고만 할 뿐 부끄러운 줄 모르지만, 덕와 예로 다스리면 부끄러움을 알고 잘못을 저지르지 않게 된다는 뜻이다.

공전工典

총서總序

육관六官(이吏·호戶·예禮·병兵·형刑·공관工官)의 항목에서 공工도 그 가운데 하나이다. 『서경』에 말하기를, "백공百工(모든 관료)이 때를 맞춰 일한다"[225] 라고 했고, 또 말하기를, "무익한 것을 만들지 말고 유익한 것을 해치지 말아야 한다"[226]라고 했으니, 국가를 다스리는 사람은 경비를 아껴서 백성을 사랑하지 않으면 안 된다. 그러므로 모든 관료의 일은 마땅히 검소함을 숭상하고 사치를 경계해야 한다. 만약 국가의 경비를 아끼지 않으면 헛되이 소비해서 재정이 바닥나기에 이를 것이고, 백성의 노동을 존중하지 않으면 힘들여 일해서 힘이 소진되기에 이를 것이니, 재정과 백성의 힘이 바닥나고도 국가가 위태롭게 되지 않는 경우는 없었다. 옛날의 역사를 자세히 살펴보아도 (국가의) 치란과 존망이 여기서 비롯되지 않은 것이 없으니, 어찌 삼가지 않겠는가. 이런 까닭에 『춘추』에서 백성을 부리는 일은 반드시 기록했으니, 공사를 제때 하지 않아 의義를 해치면 진실로 죄가 되며, 비록 제때 하고 의에 맞더라도 역시 기록한 것은 백성을 수고롭게 하는 것이 중한 일임을 나타내 보인 것이다.[227] 임금이 이러한 뜻을 안다면 백성의 힘을 이용하는 데 신중해야 함을 알게 될 것이다.

무릇 공전의 일은 한가지가 아니니, 하나하나 열거하여 말하도록 하겠다. 궁원宮苑은 조정을 높이고 명분을 바르게 하기 위한 것이고, 관부官府는 모든 관리를 머물게 하고 직무를 수행하게 하기 위한 것이고, 창고倉庫

---

225 『서경』 우서 「고요모(皋陶謨)」에 나오는 말이다.
226 『서경』 주서(周書) 「여오(旅獒)」에 나오는 말이다.
227 『춘추』에서 백성을 부리는 일은 반드시 기록했으니 (⋯) 중한 일임을 나타내 보인 것이다: 『근사록』 권8, 치본(治本)에 나오는 정자(程子)의 말을 인용한 것이다.

는 세금과 공물을 들이고 저장하는 것을 신중하게 하기 위한 것이고, 성곽城郭은 외적을 방어하고 예측하지 못한 변란에 대비하기 위한 것이고, 종묘宗廟는 조상에게 제사하기 위한 것이고, 교량橋梁은 하천과 육지를 통하게 해서 오가기를 편하게 하기 위한 것이고, 병기兵器는 간사한 도적을 방비하고 왕실을 호위하기 위한 것이고, 노부鹵簿는 임금의 호위를 엄하게 하고 의장儀仗을 빛나게 하기 위한 것이며, 그 밖에 금공金工·옥공玉工·목공木工·석공石工·전식공塼埴工(기와 굽는 일)·사시공絲枲工(실 만드는 일)·공피공攻皮工(가죽 만드는 일)·전계공氈罽工(모직물 만드는 일)·화소공畫塑工(그림 그리고 조각하는 일) 등이 공전의 일에 속한다.[228]

전조前朝(고려) 말기에는 씀씀이에 절제가 없고 백성을 부리는 것을 제때하지 않아 백성들이 원망하고 하늘이 노해서 스스로 멸망하는 지경에 이르렀다. 우리 전하께서는 천성이 부지런하고 검소하여 무릇 토목 공사를 일으키는 것은 반드시 부득이할 때만 했고, 백성을 부리는 것은 모두 농한기에만 했다. 그러므로 백공百工이 잘 다스려지면 여러 일이 모두에게 널리 퍼질 것이니,[229] 비용을 절약하고 백성을 사랑하는 아름다운 뜻이 옛사람들보다 만만배나 뛰어났다. 마땅히 각 편에 기록해서 후세 사람들에게 보여야 할 것이므로 공전을 짓는다.

궁궐과 원림宮苑

궁원宮苑 제도는 사치하면 반드시 백성을 힘들게 하고 재정을 손상시키기에 이르며, 누추하면 임금의 존엄을 조정에 보일 수 없다. 따라서 검소

---

228 궁원(宮苑)은 조정을 높이고 명분을 바르게 하기 위한 것이고 (…) 공전의 일에 속한다: 공전에서 서술할 각 편에 대해 설명한 것이다.

229 백공(百工)이 잘 다스려지면 여러 일이 모두에게 널리 퍼질 것이니:『서경』우서「요전(堯典)」에 나오는 말이다.

하면서도 누추하지 않고 화려하면서도 사치스럽지 않은 것이 곧 아름다운 것이다. 그러나 검소함은 덕이 큰 것이고 사치함은 악이 큰 것이니[230] 사치스러운 것보다는 차라리 검소한 것이 낫다. 띠로 지붕을 얹고 흙으로 계단을 쌓고도 끝내 화목한 정치에 이르렀지만,[231] 옥으로 궁궐을 짓고도 나라가 망하는 화를 구제하지 못했으니, 아방궁이 지어져도 (내용 없음).[232] 마음의 일단을 여기서도 역시 볼 수 있다.

관청 건물官府

모든 관청은 제각기 맡는 일이 있으므로 정사를 볼 장소를 완벽하게 갖추지 않을 수 없다. 우리나라에서는 위로 도평의사사都評議使司, 문하부門下府, 삼사三司, 중추원中樞院, 사헌부司憲府로부터 아래로 육조六曹와 여러 시寺, 여러 감監, 여러 서署, 여러 국局, 지방 고을의 읍사邑司(향리들이 행정 업무를 처리하는 관청)에 이르기까지 각각 청사가 있고 이서吏胥의 무리와 문서 처리를 위한 도구가 완비되지 않은 것이 하나도 없어 모든 일이 지체되지 않으니, 아! 아름답도다.

창고倉庫

나라에 3년치 저축이 없으면 그 나라는 나라가 아니다.[233] 관자管子가 말

---

230 검소함은 덕이 큰 것이고 사치함은 악이 큰 것이니: 『춘추좌전(春秋左傳)』 장공(莊公) 24년에 어손(御孫)이 간언하는 가운데 나오는 말이다.

231 띠로 지붕을 얹고 흙으로 계단을 쌓고도 끝내 화목한 정치에 이르렀지만: 요임금이 초라한 궁궐에서 검소하게 생활하면서도 시옹지치(時雍之治, 화목한 정치)에 이르렀다는 고사에서 인용한 말이다. 『정관정요』 권6, 정관 11년.

232 (내용 없음): 『조선경국전』의 판본에는 4행, 80글자가 빠져 있다. 처음부터 서술되지 않은 것으로 보인다.

233 나라에 3년치 저축이 없으면 그 나라는 나라가 아니다: 『예기』「왕제」에 나오는 말이다.

하기를, "창고가 가득 차 있어야 예절을 안다"234라고 했으니, 창름倉廩(곡식을 저장하는 창고)과 부고府庫(재물과 무기를 저장하는 창고)는 국가에 관계되는 바가 실로 무겁다. 창고가 가득 차 있느냐, 비어 있느냐 하는 것은 저장을 신중하게 하고 수입을 헤아려 지출하기를 어떻게 하느냐에 달려 있다.

우리나라에서는 모든 창고의 명칭을 전조前朝(고려)의 옛것에 따랐으니, 광흥창廣興倉은 백관의 녹봉을 지급하기 위한 것이고, 풍저창豊儲倉은 국가에서 쓸 것을 저장해서 흉년이나 뜻밖의 재난에 대비하기 위한 것이고, 장흥고長興庫와 의창義倉은 빈민에게 곡식을 빌려주기 위한 것이고, 의성고義成庫·덕천고德泉庫·내장고內藏庫·보화고保和庫·의순고義順庫 등 5고는 왕실의 경비를 공급하기 위한 것이다. 전조 말에 권신 이인임·임견미 등이 정권을 마음대로 하면서 공公은 여위게 하고 사私는 살찌게 해서 약탈한 토지가 산야를 둘러쌌으며, 또 신우辛禑(우왕)는 씀씀이가 무절제하여 내탕內帑의 재산이 모두 환관과 궁인의 손에 들어가고 창고가 텅 비어 한 항아리의 저축도 없는 지경에 이르렀다. 우리 전하께서는 경계經界를 바로잡아 토지를 고르게 하고 검소함을 숭상하여 비용을 절약했으며, 녹봉을 후하게 해서 사대부를 권장하는 기풍이 있고 태창太倉(광흥창)에는 오래되어 썩는 곡식이 있으니, 창고를 짓고 수리한 것은 진실로 부득이한 일이었다.235

성곽城郭

성곽은 밖을 막고 안을 지키기 위한 것이니 국가를 가진 사람으로서는

---

234 『사기』열전 관안(管晏, 관중管仲과 안영晏嬰)에 나오는 말이다.

235 창고를 짓고 수리한 것은 진실로 부득이한 일이었다: 공전 총서에서 "우리 전하께서는 (…) 토목 공사를 일으키는 것은 반드시 부득이할 때만 했고"라고 한 데 대응해서 창고를 짓고 수리한 것이 부득이한 일이었음을 밝힌 것이다.

부득이한 것이다. 하지만 성의 규모에는 제도가 있고 성 쌓는 일에는 시기가 있으므로 삼가지 않을 수 없다. 대도大都(제후의 큰 성)는 국도國都(왕의 수도)의 3분의 1을 넘지 않고, 국도에는 100치雉의 성을 쌓지 않는 것이 제도이며,[236] 모든 토목 공사는 용성龍星이 출현하면 공사를 준비하도록 명령하고, 화성火星이 출현하면 필요한 도구들을 공사장에 가져다 두고, 수성水星이 초저녁에 남방에 출현하면 축조하기 위해 판자를 세우고, 동지가 되면 공사를 끝마치는 것이 성 쌓는 시기이니,[237] 성의 규모는 제도를 어겨서는 안 되고 성 쌓는 일은 시기를 어겨서는 안 된다. 또 재료와 도구를 나눠주고, 판자와 기둥의 높이를 맞추고, 흙을 나르는 사람과 흙을 다지는 사람의 수를 서로 맞게 배분하고, 흙과 목재의 양을 계산해서 비축할 기한을 정하고, 흙과 목재를 운반해 오는 거리를 의논하고, 축성할 터를 둘러보고, 성벽의 두께를 헤아리고, 해자의 깊이를 계산하고, 역부들의 식량을 준비하고, 재능을 헤아려 담당자를 정하고, 공정을 헤아려 공사 기간을 정해서 처음 계획한 날짜를 어기지 않게 해야 하며,[238] 그런 다음에야 공사를 하는 것이 옳다. 만약 시기와 제도를 어기고 함부로 큰 공사를 일으킨다면 백성을 사랑으로 기르는 올바른 뜻이 어떠하겠는가.

은공隱公(춘추시대 노나라의 왕)이 중구中丘에 성을 쌓는 것과 낭郎에 성을 쌓는 것을 모두 여름에 했는데 『춘추』에서 그것을 기록했으니,[239] 농사를

---

236 대도(大都)는 국도(國都)의 3분의 1을 넘지 않고, 국도에는 100치(雉)의 성을 쌓지 않는 것이 제도이며: 『춘추좌전』 은공(隱公) 원년 4월조에 나오는 말로, 왕과 제후가 성곽을 너무 크게 지으면 안 된다는 뜻이다. 치(雉)는 성벽의 면적 단위로, 1치는 길이 3장(丈), 높이 1장의 면적이다.

237 용성(龍星)이 출현하면 공사를 준비하도록 명령하고 (…) 동지가 되면 공사를 끝마치는 것이 성 쌓는 시기이니: 『춘추좌전』 장공(莊公) 19년 12월조에 나오는 말이다. 용성이 출현하는 시기가 농사일이 끝나는 때와 일치하므로 그때부터 성곽 쌓는 공사를 시작해서 동지 전에 마쳐야 한다는 뜻이다.

238 재료와 도구를 나눠주고 (…) 처음 계획한 날짜를 어기지 않게 해야 하며: 『춘추좌전』 선공(宣公) 11년조에 나오는 말이다.

239 은공(隱公)이 중구(中丘)에 성을 쌓는 것과 (…) 그것을 기록했으니: 『춘추좌전』 은공(隱公)

방해하고 제때 하지 않았기 때문이다. 장공莊公(진秦나라의 왕)은 겨울에 미郿에 성을 쌓아서 비록 때는 맞추었으나 『춘추』에서는 그 일을 기록하면서 보리와 벼가 크게 흉년이 들었음을 함께 기록했으니,[240] 장공이 그해의 풍흉을 돌보지 않고 백성의 힘을 불필요한 일에 경솔하게 이용했음을 드러내기 위함이었다.

우리 전하께서는 개국 초에 송경松京(개경)의 옛 도읍에 그대로 있으면서 그 성이 허물어진 것과 그 터가 넓고 멀어서 방어하기 어려운 것을 염려해서 옛터를 3분의 1로 줄여 성을 쌓았다. 신이 일찍이 『맹자孟子』를 읽어보니, "땅의 유리함이 민심의 화합만 못하다"[241]라고 했고, 『당사唐史』에서는 이적李勣이 마치 장성長城과 같다고 했으니,[242] 옛날부터 국가의 안녕은 성곽과 해자가 험하고 견고한 것에만 의존하는 것이 아니다. 전하께서는 현명한 인재를 임용하고, 백성을 사랑으로 길러서 인심으로 성을 삼았으니 근본이 되는 바를 안다고 할 수 있다.

종묘宗廟

제사는 국가 대사이다. 그러므로 국가를 가진 사람은 반드시 종묘를 먼저 세우고 사직社稷을 그다음에 세웠다. 헌작獻酌(제사 때 술잔을 올리는 것)하

7년과 9년조에서 성을 쌓은 사실을 기록한 뒤 "제때 하지 않았음을 기록한다"라고 적어놓은 것을 가리킨다.

240 장공(莊公)은 겨울에 미(郿)에 성을 쌓아 (…) 흉년이 들었음을 함께 기록했으니: 『춘추좌전』 장공(莊公) 28년조의 기록을 가리킨다.

241 『맹자』「공손추하」에 나오는 말이다. 원문은 "하늘의 때(天時)가 땅의 유리함(地利)만 못하고, 땅의 유리함이 민심의 화합(人和)만 못하다"로, 전쟁을 함에 있어 민심이 가장 중요함을 강조한 것이다.

242 이적(李勣)이 마치 장성(長城)과 같다고 했으니: 당나라 때 이적이 병주(幷州)에 주둔하면서 돌궐을 방어하고 변경을 안정시키자, 태종이 그 공을 칭찬하며 멀리 장성을 쌓는 것보다 낫다고 한 것을 말한다. 『구당서(舊唐書)』 권76, 열전 이적.

는 의식은 예전禮典에서 자세히 설명했고,²⁴³ 만약 (제사에서) 삼가지 않는 자가 있으면 헌전憲典으로 규찰하며,²⁴⁴ (종묘와 사직을) 신축하고 수리하는 제도는 또 여기서 설명한다. 이뿐 아니라 바람·구름·우레·비에 대한 제사와 성황城隍(마을의 수호신), 악독岳瀆(산과 강)에 대한 제사도 각각 그 장소가 있고 완비되지 않은 것이 없으니, 신령이 내려주신 복에 보답하는 뜻이 과연 어떠한가.

교량橋梁

맹자가 말하기를, "10월에 사람이 건널 수 있는 다리를 만들고 12월에 수레가 다닐 수 있는 다리를 만들었다면 사람들은 건너는 것을 걱정하지 않았을 것이다"²⁴⁵라고 했으니, 국가를 가진 사람이 교량을 놓아서 왕래를 통하게 하는 것 또한 왕도정치의 하나이다.

무기兵器

전쟁 준비에서 무기보다 더 중요한 것은 없다. "활과 화살을 장만하며, 창과 방패와 도끼를 가지고, 이에 비로소 길을 떠나시니라"²⁴⁶라고 함은

---

243 헌작(獻酌)하는 의식은 예전(禮典)에서 자세히 설명했고: 『조선경국전』 예전의 종묘편(宗廟篇)과 사직편(社稷篇)을 가리킨다.

244 삼가지 않는 자가 있으면 헌전(憲典)으로 규찰하며: 『조선경국전』 헌전의 제사편(祭祀篇)을 가리킨다.

245 『맹자』 「이루하(離婁下)」에 나오는 말이다. 정(鄭)나라의 대부 자산(子産)이 자기 수레에 사람들을 실어 강을 건네준 사실을 두고 맹자가 '은혜롭기는 했으나 정치를 모른다'고 평가하면서 사람들을 일일이 건네주기보다 다리를 놓아주는 것이 정치를 잘하는 것이라고 했다. 『맹자』에는 11월에 사람이 건널 수 있는 다리를 만든다고 했는데, 『조선경국전』에서는 10월로 고쳐졌다.

246 『시경』 대아(大雅) 「공류(公劉)」에 나오는 구절로, 공류가 빈(豳)으로 천도하면서 무기를 갖춘 사실을 노래한 것이다.

문왕文王이 거莒나라를 치러 가는 군대를 막으려고 한 것이고,[247] "너희 갑옷과 투구를 잘 손질하고, 너희 방패를 끈으로 동여매서 잘 매달도록 하고, 너희 활과 화살을 잘 준비하고, 너희 칼날을 숫돌에 갈아 잘못되지 않도록 하라"[248]라고 함은 노후魯侯(노나라의 제후)가 서융徐戎을 정벌하려고 한 것이었다.

무릇 안의 간사한 무리를 진압하고 밖의 도적을 방어하는 데에서 무기가 아니면 할 수 없으니 어째서인가. 맹분孟賁(전국시대 위衛나라의 역사力士)이나 오획烏獲(전국시대 진秦나라 무왕武王 때의 역사) 같은 사람일지라도 무기 없이 맨주먹으로 전쟁에 나갈 수는 없고, 겁 많고 용기가 없는 무리일지라도 갑옷과 투구를 입고 창을 잡고 무리를 이루어 진을 만들면 적이 위축되어 감히 질주해 오지 못한다. 하물며 날쌔고 용맹한 장부가 견고한 갑옷을 입고 예리한 무기를 잡으면 이른바 호랑이가 날개를 단 격이니, 그렇다면 어찌 무기를 손질하지 않을 수가 있겠는가.

우리나라에서는 군기감軍器監을 설치해서 활·칼·창·갑옷·투구·화약 등을 만들고 기旗·북·쟁과리·징 따위까지 갖추지 않은 것이 하나도 없으며, 매월 그믐에는 반드시 그달에 만든 것을 바치게 해서 무기 창고에 저장하고 담당 관청이 그것을 지킨다. 또 각도의 도절제사都節制使에게 명해서 도내에서 주조한 무기가 혹시 제대로 되지 않은 것이 없는지를 감독하게 하고 있으니, 군사 장비를 중시하는 것이 이렇게 극진하다.

---

247 문왕(文王)이 거(莒)나라를 치러 가는 군대를 막으려고 한 것이고:『맹자』「양혜왕하(梁惠王下)」에 나오는 말이다.『맹자』의 이 대목에는『시경』대아「황의(皇矣)」의 다른 구절이 인용되어 있는데, 정도전이 착오를 일으킨 것으로 보인다.

248 『서경』주서(周書)「비서(費誓)」에 나오는 말로, 노나라의 제후 백금(伯禽)이 회이(淮夷)와 서융(徐戎)이 쳐들어오자 사람들에게 무장하도록 명령한 것이다.

임금의 행차를 호위하는 의장대鹵簿

노부鹵簿는 (임금의) 존엄을 보이기 위한 것이다. 안으로는 조회할 때, 밖으로는 행차할 때 만약 의장대가 좌우에서 호위하지 않으면 누가 임금의 존엄함을 알 수 있겠는가. 우리나라에서는 담당 관청에 명하여 무릇 의장에 필요한 기상旗常(임금의 깃발)·독모纛旄(임금의 수레에 꽂는 기)·산개傘蓋(햇볕이나 비를 가리기 위한 휘장) 등의 물건을 매우 화려하게 만들고 한가지도 안 갖추어진 것이 없게 했으니, 아! 성대한 일이다. 하지만 의장을 다해서 물건을 갖추는 것은 종묘나 교사郊社(천지에 제사지내는 곳)에서 제사 지낼 때만 그렇게 하고 그 외에는 간소하게 하니, 천지와 조상에게는 공경을 극진히 하고 자신의 처우는 박하게 하기 위한 것으로 이 또한 분별하지 않을 수 없다.

장막帳幕

장막을 설치하는 것은 임금의 행차에 대비하고 빈객을 접대하기 위함이다. 전조前朝(고려)에서는 사설서司設署를 두어 장막 설치하는 일을 관장하게 하고, 사막司幕을 두어 장막을 관장하게 했으니, 일은 하나인데 관청은 둘이었으므로 아는 사람들은 비난했다. 전하께서 즉위하자 관제를 개혁해서 번잡하고 하는 일 없는 관청을 없애고자 했지만, 초창기에 모든 일을 새로 시작하느라 바빠서 미처 고치지 못했다. 이러한 종류의 것이 혹시 있다면 만드는 일과 설치하는 일이 또한 나뉘어 있을 것이니, 다른 날 한가로운 때 논의하는 인사들은 이를 받아들여 바르게 고쳐야 할 것이다.

금공·옥공·석공·목공·공피공·전식공 등金玉石木攻皮塼埴等工

백공百工의 기술은 비록 비천한 것이라 하더라도 국가의 용도에서는 실로 긴요하니 어느 것도 없애서는 안 된다. 작은 것은 일일이 들어서 말할 수 없고 우선 그중에서 큰 것을 들어 말하겠다.

무기 중에 갑옷·투구·칼·창 같은 것이나 그릇 중에 솥·가마·정鼎 같은 것들은 금공金工이 없으면 어떻게 단련하고 주조해서 그런 물건을 만들 수 있겠으며, 부서符瑞 중에 규圭·벽璧·완琬·염琰 같은 것이나 의복의 장식품 중에 옥玉·패珮·경瓊·거琚 같은 것들은 옥공玉工이 없으면 어떻게 조각하고 갈아서 그런 물건을 만들 수 있겠는가. 여기 돌이 있는데 돌을 다루는 석공石工이 없으면 어떻게 비석을 세우고 어떻게 섬돌과 주춧돌을 놓을 수 있겠으며, 저기 나무가 있는데 나무를 다루는 목공木工이 없으면 어떻게 집을 짓고 어떻게 배나 수레를 만들 수 있겠는가. 이뿐만이 아니라 그 밖에 가죽 다루는 공장工匠, 기와 굽는 공장, 실 만드는 공장, 그림 그리는 공장 등도 모두 용도가 절실하며 없어서는 안 된다. 그러나 검약에 힘쓰고 사치하는 것을 경계하는 것이 기본이니, 검약함은 나라를 편안하게 다스리는 도이고, 사치함은 재앙과 실패를 가져오는 단서이다. 그러므로 이 두가지를 논하지 않을 수가 없다.

우리 전하께서는 천성이 검소하여 백성을 사랑하고 소비를 절약했으며, 모든 물건을 만드는 것은 반드시 부득이할 때만 백성을 부렸으니, 그러므로 백공이 때를 맞추어 일을 해서 여러 일이 모두 널리 베풀어졌다. 『서경』에 말하기를, "백공은 기예의 일을 가지고 바른말로 간하라"[249]라고 했는데, 이것을 해석한 사람은 "이치란 가는 곳마다 있지 않은 데가 없다. 그러므로 하찮다고 해서 생략할 수 없음을 말한 것이다"[250]

---

249 『서경』 하서(夏書) 「윤정(胤正)」에 나오는 말이다.

250 『서경집전(書經集傳)』 하서 「윤정」에 나오는 말이다.

라고 했다. 이것은 참으로 임금으로서 마땅히 알아두어야 할 것이므로,
신은 아울러 적는다.

후서後序251

육전이 만들어진 지는 이미 오래되었다. 『주례』를 상고하면 "첫째는 치
전治典이니, 나라를 다스리고 관청을 다스리고 만민을 다스린다. 둘째는
교전教典이니, 나라를 안정시키고 관리들을 교육하고 만민을 교화한다. 셋
째는 예전禮典이니, 나라를 조화롭게 하고 백관을 통합하고 만민을 화합
하게 한다. 넷째는 정전政典이니, 나라를 평화롭게 하고 백관을 바르게 하
고 만민을 고르게 한다. 다섯째는 형전刑典이니, 나라를 감시하고 백관을
징벌하고 만민을 규찰한다. 여섯째는 사전事典이니, 나라를 부유하게 하고
백관을 부리고 만민이 살아갈 수 있도록 한다"252라고 했다. 치전은 이전吏
典, 교전은 호전戶典, 정전은 병전兵典, 사전는 공전工典이다.

옛날부터 천하 국가의 치란과 흥망은 뚜렷하게 살필 수 있으니, 잘 다스
려지고 흥한 것은 육전에 밝았기 때문이고, 혼란해져서 망한 것은 육전에
어두웠기 때문이다. 고려 말에는 정치와 교화가 무너지고 기강이 퇴폐하
여 이른바 육전이란 것이 이름만 있고 실속은 없었으니, 뜻있는 선비들이
주먹을 불끈 쥐고 탄식한 지가 오래되었다. 난세가 극에 달하면 치세가 돌
아오는 것이 필연의 이치로, 우리 전하께서는 천명과 인심에 순응하여 잔
학함을 제거하고 구폐를 혁파해서 교화를 일신하셨다. 때에 맞추어 (관리
들의) 실적을 심사하고 성적이 좋으면 승진시키고 공적이 없으면 내쫓으

---

251 후서(後序): 『조선경국전』 말미에 실린 서문으로, 1394년(태조 3) 정도전이 『조선경국전』을
     바친 뒤 이듬해에 정총(鄭摠)이 왕명을 받아 지었으며, 정총의 문집인 『복재집(復齋集)』에
     '조선경국전서(朝鮮經國典序)'라는 제목으로 실려 있다. 원문에서는 한칸 내려쓰기를 해서
     본문과 구별했지만, 이 책에서는 '후서'라는 제목을 붙였다.
252 『주례』「천관총재(天官冢宰)」에 나오는 말이다.

니 치전治典이 밝아졌으며, 요역徭役(백성들의 노동력을 징발하는 것)을 가볍게 하고 세금을 줄여줘서 백성을 쉬게 하니 교전敎典이 밝아졌다. 수레와 의복에 제도를 만들어 상하를 구별했으니 예전禮典이 밝아졌다고 할 수 있으며, 군사를 잘 다스리고 적을 막아 모욕을 당하지 않게 되었으니 정전政典이 밝아졌다고 할 수 있다. 형벌을 의논함에 사정을 알아서 백성의 억울한 일이 없어졌으니 형전刑典이 밝아지지 않았다고 할 수 없으며, 백공百工을 잘 다스려 여러 일이 모두 잘되었으니 사전事典이 밝아지지 않았다고 할 수 없다. 이에 판삼사사判三司事 봉화백奉化伯 정도전이 책 한권을 지어 이름을 '경국전經國典'이라고 해서 바치자, 전하께서는 진심으로 기뻐하며 여러 관청에 내려 금 궤짝에 간직하게 하고 신臣 정총鄭摠에게 명하여 그 끝에 서문을 쓰게 하셨다.

신 정총이 엎드려 생각건대, 한 시대가 일어나면 반드시 한 시대의 법제가 만들어지는 법이니, 만약 밝은 임금과 좋은 신하가 마치 물고기와 물처럼 서로 만나지 않았다면 어찌 지금에 이르렀겠는가. 지금 우리 전하께서는 한결같은 마음으로 재상에게 위임했고, 삼사공三司公(판삼사사 정도전)은 천도天道부터 인도人道에 이르는 학문과 경국제세經國濟世(국가를 경영하고 세상을 고르게 함)의 재주로 왕업을 돕고 웅건한 문장을 달려 대전大典을 완성했으니, 비단 전하께서 밤에 독서하는 데 도움이 될 뿐만 아니라 또한 자손 대대로 만세의 귀감이 될 것이다. 아! 지극한 일이도다. 만약 이것을 형식적인 법문으로만 보아 버린다면 책은 책대로이고 사람은 사람대로일 것이니, 정치의 도에 무슨 도움이 있겠는가. 자사子思가 『중용中庸』을 지으면서 구경九經(아홉가지 준칙)에 대해 논하고 말하기를 "그것을 행하는 것은 하나이다"[253]라고 했으니, 그 하나란 무엇인가. 바로 성誠을 말한 것이

---

253 『중용』 제20장에 나오는 말이다. "무릇 천하와 국가를 위해서는 구경(九經)이 있으니, 자신을 수양하는 것, 어진 사람을 존중하는 것, 친한 사람을 가까이 여기는 것, 대신을 존경하는 것, 여러 신하를 살피는 것, 서민을 사랑하는 것, 백공(百工, 모든 장인)이 오게 하는 것, 먼

다.[254] 신도 이 책에서 역시 이것으로써 말하고자 한다.

홍무洪武 28년 을해년(1395, 태조 4) 3월 중순에 순충좌명개국공신純忠佐命 開國功臣 자헌대부資憲大夫 예문춘추관태학사藝文春秋館太學士 동판도평의 사사同判都評議使司事 세자우빈객世子右賓客 서원군西原君 신 정총이 삼가 서문을 씀.

곳에 있는 사람을 달래는 것, 제후들을 포용하는 것을 말한다"라고 한 다음 하나씩 차례로 설명하고 그 끝에 "무릇 천하와 국가를 위해서는 구경이 있으니, 그것을 행하는 것은 하나이다"라고 했다.

254 바로 성(誠)을 말한 것이다.『중용집주(中庸集註)』제20장에 나오는 말이다. 주자가『중용』의 "무릇 천하와 국가를 위해서는 구경이 있으니, 그것을 행하는 것은 하나이다"라는 말을 해설하면서 "조금이라도 성실하지 않음이 있으면 이 아홉가지가 모두 쓸데없는 글이 될 것이다"라 하고 원문의 '하나'를 성(誠)으로 풀이했는데, 정총이 이것을 인용한 것이다.

(태조 4년 6월 무진(6일)) 판삼사사 정도전이

『경제문감經濟文鑑』을 지어 바쳤다.

─『태조실록』권7

재상宰相【구본舊本에는 '宰相' 두 글자가 빠졌으나 지금 보충했다】

재상의 명칭을 당우唐虞(요임금과 순임금) 때는 백규百揆라고 했고, 하夏에서도 그대로 했다.

─ 백규라는 것은 서정庶政을 헤아리는 관직이다.

당唐: 요堯임금이 순舜을 백규의 자리에 앉혔다.

─『서경』에, "삼가 오전五典[1]을 아름답게 하라 하시니 오전이 잘 시행되

---

[1] 오전(五典): 사람이 지켜야 할 다섯가지 도리. 오상(五常) 혹은 오륜(五倫)과 같은 말로, 내용에 대해서는 두가지 설이 있다. 『좌전(左傳)』(문공文公 18년)에서는 "아버지는 의로워야 하고[父義], 어머니는 자애로워야 하고[母慈], 형은 우애해야 하고[兄友], 아우는 공손해야

었고, (순을) 백규의 자리에 앉히자 온갖 정사가 때에 맞게 시행되었으며, 사방의 문에서 빈객을 맞이하게 하시자 사방의 문에 화기가 넘쳤고, 큰 산기슭으로 몰아넣었으나 세찬 바람과 뇌우에도 헤매지 않으셨다"[2]라고 했다.

──권근의 안按: 오전五典을 삼가는 것은 사도司徒의 직이고, 사방의 문에서 빈객을 맞는 것은 사악四岳(요임금을 도와 사방의 제후를 나누어 관장한 네 명의 신하)의 직이며, 큰 산기슭에 들어가는 것은 사공司空의 직이다. 백규는 통솔하지 않는 것이 없고, 사도 이하는 모두 그에 속하는 바이니, 그러므로 순으로 하여금 그것을 모두 겸하게 한 것이다.

우虞: 순임금이 우禹를 백규의 자리에 앉혔다.

──순임금이 말하기를, "아! 사악四岳이여, 백성의 일에 분발하여 요임금의 일을 널리 펼 수 있는 사람이 있다면 백규의 자리에 앉혀 일을 밝게 처리하고 백성이 순종하도록 하리라"라고 하자 모두 이르기를, "사공으로 있는 백우伯禹입니다"라고 했다. 순임금이 말하기를 "그렇다. 아! 우여, 네가 물과 땅을 잘 다스렸으니 이 일도 힘쓰라"라고 했다.[3]

──권근의 안: 물과 땅을 잘 다스리는 것은 사공司空의 직이다. 우로 하여금 그대로 사공으로 있으면서 백규를 겸하게 했으니, 순이 백규로 있으면서 큰 산기슭에 들어간 것과 같다.

──여씨呂氏(여조겸呂祖謙)가 말하기를, "순은 요임금의 지극히 잘 다스려진 정치를 이어받았는데, 어찌 힘을 내고 분발할 필요가 있었겠는가. 무릇 천하를 다스리는 일이란 앞으로 나가지 않으면 뒤로 물러서는 것이니, 반드시 분발

하고(弟恭), 아들은 효도해야 한다(子孝)"라고 했고, 『맹자』「등문공상」에서는 "부자 사이에 친애함이 있고(부자유친父子有親), 군신 사이에 의리가 있고(군신유의君臣有義), 부부 사이에 분별이 있고(부부유별夫婦有別), 어른과 아이 사이에 차례가 있고(장유유서長幼有序), 붕우 사이에 신의가 있어야 한다(붕우유신朋友有信)"라고 했다.

2   『서경』 우서 「순전(舜典)」에 나오는 말이다.

3   순임금이 말하기를, (…) 우여, 네가 물과 땅을 잘 다스렸으니 이 일도 힘쓰라"라고 했다: 『서경』 우서 「순전」에 나오는 말이다.

해서 일어나는 마음을 늘 가져야만 날로 새로워져서 궁해지지 않는 정치가 있을 것이다. 비록 지극히 잘 다스려진 시대에 산다고 할지라도 이 뜻을 잊어서는 안 된다"[4]라고 했다.

── 진씨陳氏(진경陳經)가 말하기를, "순임금이 어찌 우를 몰랐을까만, 굳이 여러 사람에게 물은 것은 이를 공론에 붙이고 자신은 간여하지 않은 것이었다"[5]라고 했다.

하夏: 『서경』에, "전에 몸소 서쪽의 하나라를 살펴보니, (임금이) 스스로 끝까지 충신忠信하자 재상도 끝까지 충신했습니다"[6]라고 했다.

상商: 탕湯이 처음으로 좌·우 이상二相을 두었는데, 이윤伊尹을 우로 삼고 중훼仲虺를 좌로 삼았다.

── 태갑太甲 때 이윤을 아형阿衡으로 삼았다. 고종高宗이 부열傅說을 얻고, 이끌어 세워 상상上相으로 삼고 좌우에 두고서 말하기를, "아침저녁으로 가르침을 바쳐 나의 덕을 도우라"[7]라고 했다.

주周: 주공周公이 총재冢宰가 되어 백관을 거느렸다. 또 주공은 사師가 되고 소공召公은 보保가 되어 성왕成王을 도왔다.

── 권근의 안: 상업相業의 큰 것은 임금의 마음을 바로잡는 것으로 근본을 삼는다.[8] 당우唐虞(요임금과 순임금) 때는 성인이 성인을 보필하여, 도유都兪·

---

4   출처 미상. 원나라 때 진력(陳櫟)이 편찬한 『서집전찬소(書集傳纂疏)』에 실려 있는 '주자정정채씨집전(朱子訂定蔡氏集傳)'에서 남송의 학자 여조겸(呂祖謙)의 글임을 확인할 수 있다.
5   출처 미상. 청나라 때 왕욱령(王頊齡)이 편찬한 『서경전설휘찬(書經傳說彙纂)』에서 송나라 학자 진경(陳經)의 글임을 확인할 수 있다.
6   『서경』 상서(商書) 「태갑상(太甲上)」에서, 이윤(伊尹)이 태갑(太甲)을 훈계하면서 한 말이다.
7   『서경』 상서 「열명상(說命上)」에서, 은고종(殷高宗) 무정(武丁)이 부열(傅說)을 재상에 임명하면서 당부한 말이다.
8   상업(相業)의 큰 것은 임금의 마음을 바로잡는 것으로 근본을 삼는다: 『근사록집해(近思錄集解)』(권8, 치본治本)에서, "(정호程顥가 말하기를) 치도(治道)의 근본을 논한다면 임금을 바로잡으면 나라가 안정되고, 일을 가지고 말한다면 반드시 큰 개혁이 있은 뒤에야 적폐를 바로잡을 수 있다. 그러나 군주의 마음을 바로잡는 것을 근본으로 삼아야 한다"라고 한 것을 인용한 것이다.

우불吁咈⁹만으로도 다스림이 하늘을 감동시켰으니, 만세에 이보다 더한 것이 없었다. 이윤과 부열이 은나라에서 재상이 되고 주공과 소공이 주나라에서 재상이 되어 모두 정성으로 임금에게 경계를 올려 아름다운 교훈과 아름다운 계책이 책에 넘쳐흘러 만세의 법도가 되었으니, 임금을 사랑하는 정성과 임금을 바르게 하는 도리가 지극했다. 그러므로 태갑太甲과 성왕成王의 곤지困知¹⁰로도 마침내는 훌륭한 임금이 되어 지극한 정치를 일으켰으니, 이른바 "오직 대인大人이라야 임금의 마음이 잘못된 것을 바로잡을 수 있다"¹¹라고 한 것이 이것이다. 뒤에 임금을 위해 재상이 된 자가 거울삼지 않을 수 있겠으며, 힘쓰지 않을 수 있겠는가.

주관周官(주례周禮)에, "태재大宰의 직무는 나라의 육전六典을 관장하고 그럼으로써 임금을 보좌하고 나라를 다스린다"¹²라고 했다.

— 권근의 안: 태재는 곧 천관天官 총재冢宰이다. 하늘은 만물을 덮지 않는 것이 없고, 총재는 백관을 통솔하지 않는 것이 없으니, 총재를 천관으로 해서 백관을 거느려 천공天工(하늘을 대신해 백성을 다스리는 일)을 밝히는 것이다. 그러나 임금에게 직분을 나열할 때는 육경六卿(태재·사도司徒·종백宗伯·사마司馬·사구司寇·사공司空)의 하나로서 태재라고 하고, 백관을 거느릴 때만 총재라고 한다.¹³

9　도유(都兪)·우불(吁咈): 도(都)와 유(兪)는 찬성의 뜻을, 우(吁)와 불(咈)은 찬성하지 않는다는 뜻을 표하는 감탄사로, 요임금과 순임금이 신하들과 정치를 논의할 때 이 말을 사용했다고 한다(『서경』 우서 「요전堯典」).

10　곤지(困知): 어렵게 배워서 안다는 뜻으로, 『중용』 제20장에 "더러는 나면서부터 알고, 더러는 배워서 알고, 더러는 어렵게 배워서 안다"라고 했다.

11　『맹자』 「이루상(離婁上)」에 나오는 말이다.

12　『주례』 「천관 태재」에 나오는 말이다.

13　『경제문감』 재상편의 이 아래는 『주례』를 그대로 옮긴 것이므로 이 책에 싣지 않았다.

총론總論¹⁴

재상의 직책宰相之職

위로는 음양을 조화롭게 하고, 아래로는 서민庶民을 어루만져 편안하게 하며, 안으로는 백성을 밝게 다스리고, 밖으로는 사방의 오랑캐를 진무하니, 국가의 포상과 형벌이 이와 관련이 있고, 천하의 정화政化와 교령敎令이 이로부터 나온다. 궁전의 돌계단 아래에서 도덕을 논하여 임금을 돕고, 조정에서 권력을 잡고 만물을 주재하니, 그의 직임이 어찌 가볍겠는가. 국가의 치란과 천하의 안위가 항상 여기서 비롯되니, 진실로 그 사람을 가볍게 여겨서는 안 된다. 당우唐虞(요임금과 순임금) 때의 고요皐陶·직稷·설契과 상商나라의 이윤伊尹·이척伊陟과 주나라의 태전太顚·횡요閎夭·주공周公·소공召公과 한나라의 소하蕭何·장량張良·진평陳平·주발周勃과 당나라의 방현령房玄齡·두여회杜如晦·요숭姚崇·송경宋璟·배도裴度는 모두 제대로 된 사람을 얻어 일을 맡긴 것이다. 그러므로 오늘날에 이르기까지 당우의 융성함을 본받고 상나라와 주나라의 다스려짐을 추앙하며 한나라와 당나라의 성대함을 칭송하니, 만일 이들을 버리고 일을 맡겼다면 반드시 기울어져 위태로워졌을 것이다. 그러므로 후세에 바르지 못한 사람을 재상으로 삼아 나라가 뒤집히고 망하는 일이 잇달았으니, 애석함을 이길 수 없다. 재상의 일을 맡기는 데는 반드시 재상의 재목이 있으니, 마땅한 사람을 구하지 않으면 혹은 유약해서 쉽게 제압당하거나, 혹은 아첨하고 간사한 자가 아첨하며 나오거나, 혹은 외척과 결탁하거나, 혹은 환관이나 궁녀에게 붙는다. 모든 사람이 우러러보는 자리에 앉아서 다스리는 도를 논하는 직책에

---

14 주나라부터 진·한·후한·촉한·당·송·원 그리고 고려까지 재상직의 연혁을 정리하고 모범으로 삼을 만한 재상의 사례를 제시한 것이다. 이 책에 싣지 않았다.

있게 되면, 간사한 자는 권세를 부려 복록을 짓고 벼슬을 팔고 법을 팔아 천하를 어지럽게 하며, 유약한 자는 임금의 뜻을 받들어 따르기만 하고 입을 다물고 말을 하지 않아 은총만을 굳혀서 크게는 사직을 위태롭게 하고 작게는 기강을 무너뜨리니, 재상의 직위를 어찌 가벼이 주겠는가.[15]

재상의 업무相業【정기正己, 격군格君, 지인知人, 처사處事[16]】

자신을 바르게 한다正己

자신이 바르면 도道가 처자식에게 행해지고, 자신이 바르지 못하면 처자식에게도 행해지지 못한다. 가족에게도 그러한데 하물며 임금이겠는가. 그러므로 재상의 업무는 자신을 바르게 하는 것보다 더 큰 일이 없다고 하는 것이다.

임금을 바로잡는다格君

임금이 인물을 잘못 등용한 것을 허물할 수 없고, 정치가 잘못 행해진 것을 흠잡을 수 없다. 오직 대인大人이라야 임금의 마음이 잘못된 것을 바로잡을 수 있으니, 임금이 인仁해지면 (모든 일이) 인하지 않음이 없고, 임

---

15 위로는 음양을 조화롭게 하고, 아래로는 서민(庶民)을 어루만져 편안하게 하며 (…) 재상의 직위를 어찌 가벼이 주겠는가: 북송의 유학자인 석개(石介, 1003~1043)가 쓴 「원재를 재상으로 삼은 것을 논함(論元載爲相)」에서 인용한 것이다.

16 정기(正己), 격군(格君), 지인(知人), 처사(處事): 정기는 자기를 바르게 하는 것, 격군은 임금을 바로잡는 것, 지인은 인재를 알아보는 것, 처사는 일을 잘 처리하는 것을 말한다. 『조선경국전』 치전 총서에서는 진덕수(眞德秀)가 이 네가지를 재상의 중요한 업무로 제시했다고 적었다.

금이 의로워지면 (모든 일이) 의롭지 않음이 없으니, 임금을 바르게 하면 나라가 안정된다.[17] 그러므로 재상의 업무는 임금을 바로잡는 것보다 더 큰 일이 없다고 하는 것이다.

인재를 알아본다 知人

인재를 알아보는 것은 요임금과 순임금도 중요하게 여긴 바이다. 고요 皐陶와 우禹의 성스러움을 알지 못해서 등용하지 않았거나 사흉四凶(요순 때의 흉악한 사람인 공공共工·환도驩兜·삼묘三苗·곤鯀)의 악함을 알지 못해서 물리치지 않았다면 비록 그 인仁을 가지고도 천하를 화평하게 다스리지 못했을 것이니, 하물며 요순보다 못한 사람이겠는가. 그러므로 재상의 업무는 인재를 알아보는 것보다 더 큰 일이 없다고 하는 것이다.

일을 잘 처리한다 處事

하루 동안 일이 생길 기미가 오는 것이 천만가지에 이르는데, 만일 한가지라도 실수가 있으면 곧 재앙과 난리가 일어난다. 그러므로 옛날에 일을 잘 처리하는 사람은 반드시 기미가 있는 데서 조심했으니, 이른바 "쉬울 때 어려운 일을 도모하고, 작은 일에서 큰일을 한다"[18]라는 것이다. 그러나 기미를 아는 군자가 아니고서야 누가 능히 살피고 처리하여 실수에 이르지 않게 할 수가 있겠는가. 그러므로 재상의 업무는 일을 잘 처리하는 것보다 더 큰 일이 없다고 하는 것이다.

---

17 임금이 인물을 잘못 등용한 것을 허물할 수 없고 (…) 나라가 안정된다: 『서산독서기』에서 인용했다(권12, 군신君臣). 『맹자』 「이루상(離婁上)」에 나오는 말이다.

18 『도덕경(道德經)』에 나오는 말이다.

하·은·주 삼대三代 이래로 재상의 업무를 능히 다한 것은 오직 이윤伊尹·부열傅說·주공周公만이 그렇게 할 수 있었다. 태갑太甲이 욕심으로 법도를 무너뜨리고 방종으로 예를 무너뜨려 탕왕湯王의 유업이 거의 떨어질 지경이었으나 그로 하여금 진실한 덕으로 마치게 한 사람이 이윤이고, 고종高宗이 감반甘盤에게서 배우고도 끝내 밝게 나타난 바가 없으나 그로 하여금 시종 학문에 종사하게 하여 덕이 닦아져도 스스로 닦인 것을 깨닫지 못하게 한 사람이 부열이고, 성왕成王이 곡식을 심고 거두는 어려움을 알지 못하자 그로 하여금 후직后稷·공류公劉의 업을 다시 닦게 한 사람이 주공이다. 옛날 임금을 바르게 한 사람이 이와 같으니, 어찌 비롯된 바가 없겠는가. 이윤의 한결같은 덕과 부열의 넓은 견문과 주공의 성스러움이 곧 그 임금을 바르게 하기 위한 원칙이었다. 한나라의 소하蕭何·조참曹參·병길丙吉·위상魏相과, 당나라의 방현령房玄齡·두여회杜如晦·요숭姚崇·송경宋璟 같은 사람들은 인재를 알고 일을 잘 처리했다고는 할 수 있지만, 자신을 바르게 하고 임금을 바르게 했다고는 할 수 없다. 한나라 고조高祖는 애첩에 미혹되어 태자를 폐할 뻔했고, 마침내는 여태후呂太后로 하여금 황제를 대신하게 해서 사직이 위태로워졌으며, 선제宣帝는 법률을 『시경』이나 『서경』처럼 여기고 환관을 주공이나 소공처럼 여겨서[19] 한나라 황실에 재앙의 빌미를 만든 군주가 되었다. 당나라 태종의 집안의 부끄러운 덕[20]은 백성들이 본받을 것이 없었고, 마침내는 무재인武才人(측천무후)이 황제를 참칭하게 해서 이씨李氏(당나라 황실)가 거의 망할 뻔했으며, 현종은 황음무도해서

---

19 법률을 『시경』이나 『서경』처럼 여기고 환관을 주공이나 소공처럼 여겨서: 『한서(漢書)』 권 77, 열전 개관요(蓋寬饒)에 나오는 말이다.

20 당나라 태종의 집안의 부끄러운 덕: 당 태종의 여러 추문을 가리킨다. 아우 원길元吉의 부인를 비로 맞아들인 것을 비롯해서 아버지 이연(李淵)이 거사하자는 의견을 받아들이지 않자 진양궁인(晉陽宮人)을 이용해서 위협했고, 형 건성(建成)과 아우 원길을 죽였고, 태자 승건(承乾)을 폐위해서 죽이고 아홉째 아들 진왕(晉王) 치(治)를 태자로 삼는 등 집안에 좋지 못한 일이 많았다.

오랑캐가 중국을 어지럽히게 했다. 저 몇몇 사람은 재상이 되어서도 그것을 바르게 할 줄 몰랐으니, 다른 것에는 칭찬할 것이 있다고 하더라도 어찌 볼만한 것이 있겠는가. 진실로 자신을 바르게 하지 못함으로 말미암아 그 임금을 역시 바르게 하지 못했으니, 애석한 일이다.

임금을 올바른 도로 이끈다

군자가 임금을 섬김에 임금을 올바른 도로 이끌어 인仁에 이르도록 하는 데 힘쓸 따름이다.[21] 오직 대인大人이라야 임금의 마음이 잘못된 것을 바로잡을 수 있다.[22] 순자荀子가 말하기를, "맹자가 제왕齊王을 세번 보고도 일을 말하지 않고, '나는 먼저 그 사악한 마음을 치겠다'라고 했다"[23] 라고 했다.

옳은 것은 건의하고 잘못된 것은 고치도록 한다

안자晏子가 말하기를, "임금이 옳다고 말해도 잘못된 것이 있으면 신하가 그 잘못된 것을 말해서 옳은 것을 이루도록 하고, 임금이 잘못되었다고 말해도 옳은 것이 있으면 신하가 그 옳은 것을 말해서 잘못된 것을 바꾸도록 한다. 이렇게 하면 다스림이 화평하고 어지럽지 않아서 백성이 다투는 마음이 없어진다"라고 했다.[24]

---

21 군자가 임금을 섬김에 임금을 올바른 도로 이끌어 인(仁)에 이르도록 하는 데 힘쓸 따름이다: 『서산독서기』에서 인용했다(권12, 군신). 『맹자』 「고자하(告子下)」에 나오는 말이다.

22 오직 대인(大人)이라야 임금의 마음이 잘못된 것을 바로잡을 수 있다: 『맹자』 「이루상」에 나오는 말이다.

23 『서산독서기』에서 인용했다(권12, 군신). 『순자』 「대략(大略)」에 나오는 말이다.

24 안자(晏子)가 말하기를 (…) 라고 했다: 『서산독서기』에서 인용했다(권12, 군신). 『춘추좌전』(소공昭公 20년 12월)에 나오는 말이다.

먼저 자신을 버린다

『문중자文中子』(수나라 왕통王通이 편찬했다고 알려진 유서類書)에, "방현령房玄齡이 임금을 섬기는 도를 묻자 문중자가 말하기를 '사私를 없애야 한다'라고 했다. 또 임금을 바르게 하고 백성을 감싸주는 방법을 묻자, '먼저 자신을 버려야 한다. 자신을 버릴 수 있어야 사를 없앨 수 있고, 사를 없애야 공公에 이를 수 있고, 공에 이른 뒤에야 천하 국가를 마음으로 삼을 수 있다'라고 했다"라고 했다.[25]

장점을 머금고 드러내지 않는다

정자程子가 말하기를, "신하의 도리는 마땅히 뛰어난 장점을 머금고 드러내지 않는 것이다. 잘한 것이 있으면 임금에게 돌려야 언제나 바름을 얻어서 위로는 꺼리고 미워하는 마음을 없애고 아래로는 공순恭順한 도리를 얻을 수 있다"라고 했다.[26]

주공은 직분을 다했을 뿐이다

세상의 선비들이 노나라에서 주공을 천자의 예악으로 제사 지낸 일을 논하면서 주공은 신하로서 더할 수 없는 공을 세웠으니 신하에게 쓸 수 없

25　『문중자(文中子)』에 (…) 라고 했다: 『서산독서기』에서 인용했다(권12, 군신). 왕통(王通)의 『중설(中說)』 권8에 나오는 말이다.

26　정자(程子)가 말하기를 (…) 라고 했다: 『서산독서기』에서 인용했다(권12, 군신). 정자의 『역전(易傳)』 곤괘(坤卦) 육삼전(六三傳)에 나오는 말이다. 본래 『역전』에는 '유순(柔順) 한 도리'라고 되어 있던 것이 『서산독서기』에서 '공순(恭順)한 도리'로 바뀌었는데, 『경제문감』에도 '공순한 도리'로 되어 있다. 이것을 보면 정도전이 『서산독서기』를 인용했음을 알 수 있다.

는 예악을 쓸 만하다고 하는데, 이는 신하의 도리를 알지 못한 것이다. 주공의 지위에 있으면 주공이 한 일을 해야 하니, 그 지위로 말미암아서 한 일은 모두 당연히 해야 할 일이다. 주공은 직분을 다했을 뿐이다.[27]

밝은 도리로 보좌한다

신하가 임금에게 충성을 다하고 그 재주와 능력을 다하는 것이 임금을 현비顯比(밝은 도리로 보좌하는 것)하는 도리이고 (그 신하를) 쓰고 안 쓰고는 임금에게 달렸을 뿐이니, 아첨하고 비위를 맞추어 자기를 친애해주기를 구해서는 안 된다.[28]

임금이 비색함에 처하면 비색함을 구제한다

임금의 도가 비색否塞(운수가 막힘)한 때를 당하여 임금과 아주 가까운 자리에 있으면, 꺼려야 하는 것은 공을 차지해서 남의 시기를 받는 데 있을 뿐이다. 움직임이 반드시 임금의 명령에서 나오게 해서 위엄과 권세가 모두 임금에게 돌아가게 할 수 있다면 허물이 없어서 그 뜻이 행해질 것이니, 때의 비색함을 구제할 수 있을 것이다.[29]

---

27 세상의 선비들이 (…) 주공은 직분을 다했을 뿐이다:『서산독서기』에서 인용했다(권12, 군신).『역전』사괘(師卦) 구이전(九二傳)에 나오는 말이다.

28 신하가 임금에게 (…) 친애해주기를 구해서는 안 된다:『서산독서기』에서 인용했다(권12, 군신).『역전』비괘(比卦) 구오전(九五傳)에 나오는 말이다.

29 임금의 도가 (…) 때의 비색함을 구제할 수 있을 것이다:『서산독서기』에서 인용했다(권12, 군신).『역전』비괘(否卦) 구사전(九四傳)에 나오는 말이다.

밝은 지혜로 대처한다

신하의 도리는 은혜와 위엄이 모두 임금에게서 나오도록 해서 뭇사람의 마음이 모두 임금을 따르도록 하는 것이다. 만약 사람들의 마음이 자기를 따르면 위태롭고 의심받는 길이니, 이러한 처지에 있는 사람이 오로지 정성을 마음속에 쌓아서 행동하기를 도리에 맞게 하고 밝은 지혜로 대처한다면 또한 무슨 허물이 되겠는가.[30]

악은 초기에 제지한다

대신의 임무는 위로 임금의 잘못된 마음을 멈추게 하고, 아래로 천하의 악인을 제지하는 것이다. 무릇 사람의 악은 초기에 제지하면 쉽지만 이미 성한 뒤에 금지하면 거슬리고 막혀서 이기기가 어렵다. 그러므로 임금의 악이 이미 심하면 비록 성인聖人이 바로잡더라도 왕명을 거스르는 것을 면할 수 없고, 아랫사람의 악이 이미 심하면 비록 성인이 다스리더라도 형벌로써 죽이는 것을 피할 수 없다. 초기에 제지하는 것만 못함이 마치 어린 송아지 때 멍에를 지우는 것이 크게 길한 것과 같다.[31]

근심하고 근면하며 조심하고 두려워한다

신하로서 무거운 임무를 맡았으면 반드시 늘 위태로운 마음을 품으면 길하다. 이윤이나 주공 같은 사람이 어찌 근심하고 근면하며 조심하고 두

---

30 신하의 도리는 (…) 무슨 허물이 되겠는가: 『서산독서기』에서 인용했다(권12, 군신). 『역전』 수괘(隨卦) 구사전(九四傳)에 나오는 말이다.
31 대신의 임무는 (…) 송아지 때 멍에를 지우는 것이 크게 길한 것과 같다: 『서산독서기』에서 인용했다(권12, 군신). 『역전』 대축괘(大畜卦) 육사전(六四傳)에 나오는 말이다.

려워하지 않았겠는가. 그래서 마침내 길함을 얻은 것이다.[32]

마음속에 지극한 정성을 간직한다

굳세고 강한 신하로서 유약한 임금을 섬김에는 마땅히 마음속에 지극한
정성을 간직하고 밖으로 꾸밈이 없어야 할 것이니, 임금과 신하의 사귐을
정성으로 하지 않는다면 오래갈 수 있겠는가.[33]

성의로 감동시킨다

군자가 임금을 섬기는 데 그 마음을 얻지 못하면 지성을 다해서 임금의
뜻을 감동시킬 따름이다. 진실로 성의로써 감동시킨다면 (임금이) 비록 어
둡고 몽매하더라도 깨우칠 수 있고, 유약하더라도 보필할 수 있으며, 바르
지 않더라도 바로잡을 수 있다. 옛날 사람 중에 용렬한 임금이나 보통의 임
금을 섬기면서도 능히 그 도리를 지극히 행해서 자신의 성의를 임금에게
전달하고 임금의 두터운 신임을 얻은 것은, 관중管仲이 환공桓公을 보필한
것과 공명孔明(제갈량)이 후주後主(촉의 유선劉禪)를 보필한 것이 그것이다.[34]

지성으로 임금의 신임을 얻는다

대신이 험난한 때를 당해서 오로지 지성으로 임금의 신임을 얻으면 그

---

32 신하로서 무거운 임무를 맡았으면 (…) 마침내 길함을 얻은 것이다: 『서산독서기』에서 인용
했다(권12, 군신). 『역전』 이괘(頤卦) 상구전(上九傳)에 나오는 말이다.

33 굳세고 강한 신하로서 (…) 오래갈 수 있겠는가: 『서산독서기』에서 인용했다(권12, 군신).
『역전』 승괘(升卦) 구이전(九二傳)에 나오는 말이다.

34 군자가 임금을 섬기는 데 (…) 보필한 것이 그것이다: 『서산독서기』에서 인용했다(권12, 군
신). 『역전』 풍괘(豐卦) 육이전(六二傳)에 나오는 말이다.

교분이 굳어져 풀어지지 않으며, 또 임금의 마음을 열어 밝게 하면 허물이 없는 것을 보전할 수 있다.[35]

임금을 만남에 도리를 굽혀 영합해서는 안 된다

어긋나는 때를 당해서 임금의 마음과 합해지지 않으면, 어진 신하가 아래에 있으면서 힘과 정성을 다해 믿고 합해지기를 기약할 따름이다. 지성으로 (임금을) 감동시키고 힘을 다해 (임금을) 부지하며, 의리를 밝혀 알아주기에 이르고 미혹되는 것을 막되 그 뜻을 정성스럽게 할 것이니, 이렇듯 원만하게 합해지기를 구해야 한다. (임금을) 만남은 도리를 굽혀 영합하는 것이 아니다.[36]

어진 이를 나오게 하고 어리석은 이를 물리친다

재상은 어진 이를 나오게 하고 어리석은 이를 물리칠 뿐이니, 만약 털끝만큼이라도 사사로운 마음이 드러나면 그렇게 할 수가 없다. 그리하여 앞사람이 일찍이 말하기를, "재상의 일을 하는 데는 다만 한 조각 마음을 갖추고 한쌍의 눈을 갖추어야 한다. 마음이 공평하면 어진 이를 나오게 하고 어리석은 이를 물리칠 수 있을 것이요, 안목이 밝으면 어진지 어리석은지를 가려낼 수 있다"라고 했다. 이 두마디 말은 재상의 도리를 다할 것을 말한 것이나, 다만 그 좋아하는 것이 반드시 어진 이가 아니고 그 미워하는 것이 반드시 어리석은 이가 아닐지를 두려워할 뿐이다.[37]

---

35 대신이 험난한 때를 당해서 (…) 보전할 수 있다: 『서산독서기』에서 인용했다(권12, 군신). 『역전』 감괘(坎卦) 육사전(六四傳)에 나오는 말이다.

36 어긋나는 때를 당하면 (…) 도리를 굽혀 뜻을 맞추는 것이 아니다: 『서산독서기』에서 인용했다(권12, 군신). 『역전』 규괘(睽卦) 구이전(九二傳)에 나오는 말이다.

37 어진 이를 나오게 하고 어리석은 이를 물리친다 (…) 두려워할 뿐이다: 『군서고색별집(群書

오늘날에는 농락하는 술책만 쓴다

오늘날 재상이 된 자는 아침저녁으로 응대하고 문서로 묻는 사이에 정신이 피곤해지니, 또 어느 틈에 국사를 깨닫고 알겠는가? 마침내 세상 사람들의 생각에 이러는 것을 재상의 업무로 여기게 되었다. 다만, 다른 사람을 농락하는 사람들만 재상으로 있으면서 오늘 한번 보고 내일 한번 청하며, 혹은 반년이나 1년을 머물거나 혹은 수개월을 머물러 어쩔 수 없이 된 뒤에야 (관직을) 주고, 그 사람 또한 "재상이 나를 두텁게 돌보아서 내게 좋은 관직을 주어 파견하는 것이다"라며 부임하니, 어진 사람과 어리석은 사람이 똑같이 적체되어도 온 세상이 당연하다고 말한다. 누구 한 사람이 선악을 분별하고, 청탁을 끊고 막으며, 여러 부문의 일을 부서에 나누어 맡겨 응대하는 번잡스러움을 면하고 국사에 마음을 좀 두고자 하면 사람들이 다투어 이를 그르다고 한다.[38]

천관의 직분은 마음을 크게 갖지 않는 사람은 능히 해낼 수 없다

천관天官의 직분은 오관五官[39]을 총괄하는 것이니, 만약 그 마음을 크게 갖지 않으면 어떻게 많은 일을 포용할 수 있겠는가. 또한 총재는 안으로 왕의 음식·의복부터 밖으로는 오관의 모든 업무에 이르기까지, 큰일부터 자잘한 일까지, 근본부터 말단에 이르기까지 천갈래 만갈래로 뒤엉켜 있으니, 만약 마음을 크게 가진 자가 잘 처리해서 부응하지 않으면 일이 눈앞에

考索別集)』에서 인용했다(권18, 인신문人臣門 재상). 『주자어류(朱子語類)』(권72, 역易8 함咸)에 나오는 말이다.

38 오늘날에는 농락하는 술책만 쓴다 (…) 사람들이 다투어 이를 그르다고 한다: 『군서고색별집』에서 인용했다(권18, 인신문 재상). 『주자어류』(권72, 역8 함)에 나오는 말이다.

39 오관(五官): 『주례』의 지관(地官) 사도(司徒), 춘관(春官) 종백(宗伯), 하관(夏官) 사마(司馬), 추관(秋官) 사구(司寇), 동관(冬官) 사공(司空) 등 다섯 관직을 가리킨다.

서 일어나도 잘 처리할 수가 없다. 하물며 일이 일어나기에 앞서 조치하거나 환난을 생각해서 예방하는 일은 많은 정신을 소비하므로 이것을 기억하면 다시 저것을 잊어버리게 될 것이다.[40]

임금의 직분은 재상을 논하는 데 있다

임금은 재상을 논하는 것을 직분으로 삼고, 재상은 임금을 바르게 하는 것을 직분으로 삼으니, 두 사람이 각각 직분을 다한 뒤에야 체통이 바르게 되고 조정이 존엄해져서 천하의 다스림이 반드시 한곳에서 나오며 여러 곳에서 나오는 폐단이 없게 된다. 만약 (임금이) 재상을 논함에 자기에게 맞추는 사람을 구하고 자기를 바르게 하는 사람을 구하지 않으며, 총애할 만한 사람만 취하고 두려워할 만한 사람을 취하지 않으면, 임금의 직분을 잃은 것이다. 마땅히 임금을 바르게 해야 할 사람이 옳은 것을 건의하고 그른 것을 고치도록 하지 않고 부화뇌동해서 (임금의) 뜻에 따르는 것을 능사로 삼으며, 세상을 경륜하고 만물을 주재하는 일에 마음을 두지 않고 자신을 보전하고 은총을 굳히려는 술수를 부린다면, 재상의 직분을 잃은 것이다. 임금과 재상이 서로 직분을 잃으면 체통이 바르지 않게 되고 기강이 서지 않으며, (임금의) 좌우에 가까이 있는 자들이 모두 위엄과 권세를 농락해서 벼슬과 옥사를 팔아 정치가 날로 어지러워지고 국가가 날로 쇠하게 될 것이니, 비록 뜻밖의 화근이 어둠 속에 숨어 있어도 위아래가 모두 안일하여 걱정할 줄을 모르게 된다.[41]

---

40 천관의 직분은 마음을 크게 갖지 않는 사람은 능히 해낼 수 없다 (…) 다시 저것을 잊어버리게 될 것이다: 『군서고색별집』에서 인용했다(권18, 인신문 재상). 『주자어류』(권86, 예禮3 주례周禮)에 나오는 말이다.

41 임금의 직분은 재상을 논하는 데 있다. (…) 걱정할 줄을 모르게 된다: 『군서고색별집』에서 인용했다(권18, 인신문 재상). 주자의 「기유의상봉사(己酉擬上封事)」(『주자대전朱子大典』 권12)에 나오는 말이다.

재상은 천하의 기강이다

한 집안에는 한 집안의 기강이 있고, 한 나라에는 한 나라의 기강이 있으니, 말하자면 향鄕은 현縣에 딸리고, 현은 주州에 딸리고, 주는 여러 노路에 딸리고, 여러 노는 대성臺省에 딸리고, 대성은 재상에게 딸린다. 재상은 여러 관직을 모두 총괄하며 천자와 더불어 가부를 살피고 정령政令을 내니, 이것이 천하의 기강이다.[42]

재상은 강명하고 정직한 사람을 뽑아야 한다

대신의 선발과 임명은 반드시 강명剛明하고 정직한 사람을 얻은 뒤에야 가능한 일이다. 항상 이런 인물을 얻지 못하고, 반대로 비루한 사람이 지위를 훔치는 것을 용인하게 되는 까닭은 다른 데 있지 않다. 바로 (임금이) 한번 생각하는 사이에 그 사사로움과 간사함이 감춰진 것을 걷어내지 못하고 사사로이 사랑하는 사람이나 총애하는 신하들에 대해서는 법도를 따르지 못하기 때문이요, 만약 강명하고 중정中正한 사람을 얻어 재상으로 삼으면 내 일을 방해하고 내 사람들을 해쳐서 마음대로 할 수 없게 될까 걱정하기 때문이다. 그러므로 (재상을) 선택할 즈음에 항상 이런 사람을 먼저 제쳐놓은 다음, 나약하고 물러빠져 평소 직언하거나 정색하지 못하는 사람들을 뽑아서 그 속마음을 미루어 헤아리며, 또 그중에서도 지극히 용렬하고 비루하여 (임금의 뜻을) 방해하지 못하리라고 보증한 뒤에야 선발해서 재상의 지위로 높여준다. 이 때문에 제서除書(임명장)가 나오지 않았는데도 사람이 먼저 정해지고, 이름이 밝혀지지 않았는데도 안팎에서는

---

42 재상은 천하의 기강이다 (…) 이것이 천하의 기강이다: 『군서고색별집』에서 인용했다(권18, 인신문 재상). 주자의 「경자응조봉사(庚子應詔封事)」(『주자대전』 권11)에 나오는 말이다.

이미 그가 천하의 제일류가 아닌 것을 먼저 알게 된다.[43]

대신은 나라 곳곳을 염려한다

객客 중에 고시현固始縣(호남성湖南省의 가난한 현)의 현위縣尉가 된 사람이 "회전淮甸(회하 유역) 땅은 가진 것이 없습니다"라고 하자 주문공朱文公(주자)이 말하기를, "대신은 나라 곳곳을 염려한다〔大臣慮四方〕. 지위가 재상에 있으면 마땅히 나라 곳곳을 두루 염려해야만 비로소 다스림을 다할 수 있다. 만일 재상이 한편만을 생각해서 헤아리면 다른 편은 모두 제쳐놓게 되니, 마치 사람이 한 집안의 가장이 되어 집안의 위아래를 늘 자기 마음속에 두고 있어야만 비로소 다스림을 다할 수 있는 것과 같다"라고 했다.[44]

재상이 장관을 뽑고 장관이 하급 관리를 뽑는다

주문공朱文公(주자)이 말하기를, "바야흐로 지금은 조정에 다만 재상 둘을 두고 세 참정參政이 육조六曹를 겸하며,[45] 추밀樞密은 혁파해도 된다. 이렇게 하면 일이 쉽게 전달될 것이다. 또 재상이 장관을 뽑고 장관이 다시 관리를 뽑으며 전조銓曹(인사를 담당하는 관청)로 하여금 소관小官(지위가 낮은

43　재상은 강명하고 정직한 사람을 뽑아야 한다 (…) 먼저 알게 된다:『군서고색별집』에서 인용했다(권18, 인신문 재상). 주자의「무신봉사(戊申封事)」(『주자대전』권11)에 나오는 말이다.

44　대신은 나라 곳곳을 염려한다 (…) 라고 했다:『군서고색별집』에서 인용했다(권18, 인신문 재상).『주자어류』(권112, 논관論官)에 나오는 말이다. '대신은 나라 곳곳을 염려한다(大臣慮四方)'는『예기(禮記)』「표기(表記)」에 나오는 공자의 말이다. 흔히 "대신은 사방의 나라를 염려한다"라고 번역하지만, 이 글에서는 본문 내용에 따라 대신은 각 지방을 염려해야 한다는 뜻으로 해석했다.

45　세 참정(參政)이 육조(六曹)를 겸하며:『군서고색별집』에는 이 대목에 세주로 "이(吏)가 예(禮)를 겸하고, 호(戶)가 공(工)을 겸하고, 병(兵)이 형(刑)을 겸하는 것과 같다"라는 설명이 붙어 있다. 참정 세 사람이 각각 이·예조, 호·공조, 병·형조의 상서(尙書)를 겸한다는 뜻이다.

관리) 후보자를 황제에게 올리도록 한다. 번잡하면 어진 이를 뽑을 수 없으니, 도道마다 감사監司로 하여금 관리를 임명하게 하는 것도 좋으며, 도마다 감사 한 사람씩만 쓰도록 한다"라고 했다.[46]

오늘날 재상이 서서 대면하는 것은 잘못이다

옛날에는 삼공三公이 앉아서 도를 논했으므로 (임금에게) 자세히 말할수 있었다. 지금처럼 재상이 아뢰려 대면할 때 잠깐 만에 물러나고, 지니고 있던 문서는 소맷자락에 품은 채 다만 몇 마디만 말하고, 설령 문서가 임금에게 전달되더라도 여러 사람 앞에서 읽고 지나가니 어찌 자세하게 지적할 수 있겠는가. 또 모름지기 안건이 있어서 이익과 손해를 써서 올리면 임금이 또한 자세히 보고 알 수 있을 것인데, 지금처럼 잠깐만에 물러나면 임금과 신하가 어떻게 같은 마음으로 이해하고 일을 처리할 수 있겠는가.[47]

어진 이를 나오게 하고 간사한 사람을 물리치는 것을 직분으로 삼는다

문을 닫아걸고 자신을 지키며 홀로 서서 벗이 없는 것은 일개 선비의 행실이다. 어질고 유능한 사람을 불러들이고, 간사하고 음험한 사람을 내쳐서천하 사람들과 함께 천하의 일을 이루는 것이 재상의 직분이다. 어찌하여 붕당이 없는 것을 반드시 옳다고 하고 붕당이 있는 것을 그르다고 하는가.[48]

---

46 재상이 장관을 뽑고 장관이 하급 관리를 뽑는다 (…) 라고 했다: 『군서고색별집』에서 인용했다(권18, 인신문 재상). 『주자어류』(권112, 논관)에 나오는 말이다.

47 오늘날 재상이 서서 대변하는 것은 잘못이다 (…) 일을 처리할 수 있겠는가: 『군서고색별집』에서 인용했다(권18, 인신문 재상). 『주자어류』(권112, 논관)에 나오는 말이다.

48 어진 이를 나오게 하고 간사한 사람을 물리치는 것을 직분으로 삼는다 (…) 붕당이 있는 것을 그르다고 하는가: 『군서고색별집』에서 인용했다(권18, 인신문 재상). 주자의 「여류승상

천하의 인재를 넓리 취한다

재상이 자신의 재능을 천하를 위해 쓰면 천하가 쓰기에 부족하고, 천하의 인재를 천하를 위해 쓰면 천하가 쓰기에 남음이 있다. 지금은 재상의 반열에 오르면 천하의 인재를 취할 일이 더욱 많으며, 천하의 인재를 진퇴시키는 일이 더욱 중요하다. 만약 전날에 관리로 나아가고 물러난 사람 중에서만 골라 뽑는다면, 천하의 선비들이 재상에게 바라는 바가 충족되지 못할까 두렵다.[49]

마음을 바르게 하고 그럼으로써 임금을 바르게 한다

재상이 된 자는 성현이 전한 정도正道를 깊이 생각하고 공자·자사·맹자·정자의 글이 아니면 앞에 늘어놓지 않으며, 새벽에 읽고 밤에 보면서 그 뜻을 궁구하고 자신을 돌이켜봄으로써 천리天理가 있는 곳을 구한다. 그렇게 스스로 마음을 바르게 하고 나면 그것을 미루어서 임금의 마음을 바르게 하고, 또 미루어서 언어와 정사政事[50] 사이에 도달함으로써 천하의 마음을 바르게 해야 한다. 그리하면 재상의 공명과 덕업이 삼대三代의 임금을 보좌한 것보다 융성할 것이다. 그러나 근세의 이른바 이름난 재상들은 모두 그 능력을 말할 것이 못 된다.[51]

　　서(與留丞相書)」에 나오는 말이다(『회암집晦庵集』 권28).

49　천하의 인재를 넓리 취한다 (…) 재상에게 바라는 바가 충족되지 못할까 두렵다: 『군서고색별집』에서 인용했다(권18, 인신문 재상). 주자의 「여조상서서(與趙尚書書)」에 나오는 말이다(『회암집』 권29). 단, 첫머리의 "재상이 자신의 재능을 (…) 천하가 쓰기에 남음이 있다"는 『군서고색속집(群書考索續集)』에서 인용했다.

50　언어와 정사(政事): 언어는 말을 격식에게 맞게 잘하는 것, 정사는 행정 능력을 가리킨다. 덕행·언어·정사·문학을 공자 문하의 네가지 과목이란 뜻에서 '공문사과(孔門四科)'라고 했다.

51　마음을 바르게 하고 그럼으로써 임금을 바르게 한다 (…) 말할 것이 못 된다: 『군서고색별집』에서 인용했다(권18, 인신문 재상). 주자의 「여왕상서서(與汪尚書書)」에 나오는 말이다

나를 바르게 하고 그럼으로써 다른 사람을 바르게 한다

널리 인재를 끌어오고 다른 사람의 의견 듣기를 부지런히 해서 내게서 나오는 모든 정사에 하나라도 지적당할 만한 흠집이 없게 하면 위로는 임금을 바르게 하고 아래로는 사람들을 바르게 하여 장차 구해서 얻지 못할 것이 없을 것이다. 만일 그렇지 못하여 일의 작은 잘못들이 많이 쌓이면 나의 큰 정도를 해쳐서 나의 강대한 기가 안에서 날로 굽고, 덕망과 명성이 밖에서 날로 손상될 것이다. 그러면 장차 남들이 바르게 해줄 겨를이 없을 것이니, 어떻게 임금을 바르게 하고 나라를 안정시키는 공덕이 있기를 바라겠는가.[52]

부지런히 일해서 임금의 정치를 돕는다

주문공朱文公(주자)이 재상들에게 고하기를, "조상들의 원수와 수치를 아직 갚지 못하고 (주나라) 문왕과 무왕의 영토를 아직 회복하지 못했으므로 주상께서는 걱정하고 조심하며 북쪽으로 향하는 뜻을 일찍이 하루도 잊은 적이 없으나, 백성은 가난해지고 병사들은 원망이 쌓였으며 나라 안팎이 텅 비고 기강은 쇠락하고 풍속은 무너졌다. 정치가 비와 바람을 순조롭게 해서 시절이 화평하고 해마다 풍년이 들어도 오히려 무사하다고 말하지 못할 것인데 하물며 굶주림과 낭패함이 이와 같은 데 이르렀으니, 대신이 된 자는 분음分陰(아주 짧은 시간)을 아끼지 말고 여러 업무에 부지런히 하기를 마치 주공이 앉아서 아침을 기다렸던 것처럼 하고, 마치 무후武侯

『회암집』 권24).

52   나를 바르게 하고 그럼으로써 다른 사람을 바르게 한다 (…) 공덕이 있기를 바라겠는가:『군서고색별집』에서 인용했다 (권18, 인신문 재상). 주자의 「답왕승상서(答梁丞相書)」에 나오는 말이다(『회암집』 권27).

(제갈량諸葛亮)가 세상일을 처리하며 임금이 하고자 하는 뜻을 이루었던 것처럼 해야 할 것인데 도리어 조용히 누워 세월만 보내면서 눈앞의 무사함을 요행으로 여기고 있으니, '알지 못하겠다!' 이렇게 하기를 그치지 않으면 화란의 뿌리가 날로 깊어질 것이다"라고 했다.[53]

최대한 공정하게 판단한다

천하의 일에 찬성과 반대가 있으면 공정한 도리로써 판단할 것이며, 안을 돌아보고 한쪽 말만 듣는 사사로움에 이끌리지 말아야 한다. 천하의 의론 중에 좇을 것과 어길 것이 있으면 성심으로써 열어놓을 것이며, 겉으로만 열고 속으로 닫는 계책을 쓰는 잘못을 범하지 말아야 한다. 그리하면 덕업이 성대해져서 안팎이 밝아지고 중원과 변경, 먼 곳과 가까운 곳이 모두 기쁜 마음으로 정성껏 복종할 것이다.[54]

도량과 지혜가 있어야 한다

도량度量(너그러운 마음과 깊은 생각)이 있으면 마땅히 의론의 차이를 용납할 수 있고, 지혜가 있으면 마땅히 인재의 옳고 그름을 판별할 수 있다. 천하의 일을 이루고자 한다면 반드시 선한 사람을 좇고 악한 사람을 버려서 어진 이가 나오게 하고 간사한 자가 물러가게 한 뒤에야 성공할 수 있다.[55]

---

53 부지런히 일해서 임금의 정치를 돕는다 (…) 라고 했다: 『군서고색별집』에서 인용했다(권18, 인신문 재상). 주자의 「상재상서(上宰相書)」에 나오는 말이다(『회암집』 권26).

54 최대한 공정하게 판단한다 (…) 모두 기쁜 마음으로 정성껏 복종할 것이다: 『군서고색별집』에서 인용했다(권18, 인신문 재상). 주자의 「여류승상서(與留丞相書)」에 나오는 말이다(『회암집』 권29).

55 도량과 지혜가 있어야 한다 (…) 물러가게 한 뒤에야 성공할 수 있다: 『군서고색별집』에서 인용했다(권18, 인신문 재상). 주자의 「답주익공(答周益公)」에 나오는 말이다(『회암집』 권38).

천하의 재상 노릇하는 자는 재인梓人과 같다

재인(목수의 우두머리)이 여러 목재를 쌓아놓고 공인工人들을 모은 다음 왼손에는 긴 자를 들고 오른손에는 막대기를 들고 가운데 서 있으면, 도끼를 든 사람은 오른쪽으로 달려가고 톱을 든 사람은 왼쪽으로 달려가서 도끼 든 사람은 (목재를) 쪼개고 칼 든 사람은 깎아 다듬는데, 맡은 일을 다 하지 못한 사람은 물러나게 한다. 큰 집이 완성되면 (재인의) 성씨를 기록하지만 부림을 당한 공인들은 그 반열에 들지 못한다. 천하의 재상 노릇 하는 것 또한 이와 같으니, 기강이 지나치거나 모자라는 것을 정리하고 법제를 정돈해서 가지런하게 하며, 천하의 선비들을 가려 뽑아 직책에 걸맞게 하고 천하의 사람들을 다스려서 생업에 편안히 종사하도록 하며, 능력 있는 자는 나오게 하고 능력 없는 자는 물러나게 한 뒤에야 재상의 도가 이루어지고 만국이 다스려진다. 천하가 머리를 들어 우러러보며 "우리 재상의 공이다"라고 할 것이며, 후세 사람들이 그 자취를 좇아 사모하며 "저 재상의 재주였다"라고 할 것이다. (그러나) 일을 맡은 사람의 수고로움은 기록되지 않는다.[56]

재상 됨의 크기

진평陳平이 마을의 사제社祭(토지신에게 지내는 제사)에서 고기를 나눈 것은 천하를 다스린 것[57]이고, 조참曹參이 제齊나라에서 재상이 된 것은 천하의

---

56 천하의 재상 노릇 하는 자는 재인(材人)과 같다 (…) 일을 맡은 사람의 수고로움은 기록되지 않는다: 『군서고색별집』에서 인용했다(권18, 인신문 재상). 유종원(柳宗元)의 「재인전(梓人傳)」에 나오는 말이다.

57 진평(陳平)이 마을의 사제(社祭)에서 고기를 나눈 것은 천하를 다스린 것: 진평은 한나라의 재상이다. 젊었을 때 마을의 사제를 지내면서 고기를 분배하는 일을 맡아 아주 공평하게 했으므로 '진평분육(陳平分肉)'이라는 고사가 만들어졌다. 그때 진평이 "내게 천하를 다스리

재상 노릇을 한 것[58]이다.[59]

재상의 직분은 사람을 임용하는 데 있다

한 사람을 쓰는 것이 합당하면 천하가 그 복을 받고 그렇지 않으면 그 화를 입을 수 있으며, 한 사람을 쓰는 것이 합당하면 천하가 함께 칭찬할 것이고 그렇지 않으면 함께 손가락질하며 미워할 것이다. 한 사람을 쓴 것이 부당한지 합당한지 알지 못하면 사람들이 서로 말하기를, "(재상이) 좋아하고 싫어하는 것에서 말미암았다"라고 할 것이다. 한 사람이 그래서 발탁되어 올라가면 "아무개의 재능은 나와 다르지 않은데 어찌해서 나보다 먼저 발탁되어 쓰이는가?"라고 할 것이고, 한 사람이 그래서 직위를 잃고 아래로 떨어지면 "아무개의 재능이 남보다 이렇게 뛰어난데 어찌해서 홀로 떨어져 불우하게 되는가?"라고 할 것이다. 온 천하를 들어 화와 복, 비참함과 편안함, 비방과 칭찬, 은혜와 원수의 실마리가 모두 재상에게 돌아간다. 만가지 물건의 값이 같지 않으면 재상이 저울질해서 조절하고, 만 사람의 입에 짜고 신 맛을 좋아하는 것이 같지 않으면 재상이 조제해서 헤아리며, 만가지 형태의 곱고 추함이 같지 않으면 재상이 물에 비추듯이 보아야 한다. 이야말로 권세를 따르고 세력을 좋아하는 자가 탐하는 것이지만, 천하를 사랑하는 자가 깊이 생각하고 지극히 염려해서 쉽게 여겨서는 안 되는 것이다.[60]

게 하면 이 고기처럼 공평하게 할 것이다"라고 말한 것을 인용한 것이다. 『한서(漢書)』 권40, 열전 진평(陳平).

58 조참(曹參)이 제(齊)나라에서 재상이 된 것은 천하의 재상 노릇을 한 것: 조참(曹參)은 한나라의 재상이다. 유방(劉邦)이 한나라의 황제가 된 뒤 유비(劉肥)를 제왕(齊王)에 봉하면서 조참을 제나라의 승상(丞相)으로 삼아 조비를 보좌하게 했는데, 조참이 많은 공을 세웠으므로 천하의 재상 노릇을 한 것이라고 말한 것이다. 『한서』 권39, 열전 조참(曹參).

59 재상 됨의 크기 (…) 천하의 재상 노릇을 한 것이다: 『군서고색별집』에서 인용했다(권18, 인신문 재상). 『군서고색별집』에는 출전이 「정계한론(鄭季漢論)」이라고 되어 있다.

인재를 얻는 것이 재상 한 사람을 얻는 것만 못하다

100필의 천리마를 얻는 것이 백락伯樂(춘추시대에 말을 잘 감별하던 사람) 한 사람을 얻는 것만 못하고, 100자루의 태아太阿(중국 고대의 보검)를 얻는 것이 구야甌冶(춘추시대에 칼을 잘 만들던 사람) 한 사람을 얻는 것만 못하다. 100필의 천리마도 때로는 지쳐서 뒤떨어지고, 100자루의 보검도 때로는 부러지고 이가 빠질 수 있지만, 백락과 구야가 있다면 천하의 좋은 말과 좋은 칼을 어찌 구하지 못하겠는가? 방현령房玄齡과 위징魏徵 두 사람은 당나라 태종의 백락이요 구야이다. 문황文皇(당나라 태종)의 시대를 만나 천하의 어진 사대부들이 한가지씩 재능을 가지고 모두 조정에 등용된 것도 두 사람이 충성으로 위에 아뢰고 천거해서 임용한 데서 말미암은 것이니, 그 직분에 부합했다고 할 수 있다. 그래서 방현령과 위징 두 사람을 태종의 백락이요 구야라고 하는 것이다.[61]

재상은 천하를 화평하게 하는 것이다

이윤伊尹이 탕왕湯王의 재상이 되어서는 아형阿衡이라고 했고, 주공周公이 주나라 재상이 되어서는 태재太宰라고 했다. 형衡(저울)이라는 것은 만물의 무게를 달아서 평平으로 돌아가게 하는 것이고, 재宰라고 하는 것은 백가지 약재의 많고 적음을 조제해서 화和에 맞게 하는 것이니, 오직 화평和

---

60 재상의 직분은 사람을 임용하는 데 있다 (…) 쉽게 여겨서는 안 되는 것이다:『군서고색별집』에서 인용했다(권18, 인신문 재상).『군서고색별집』에서는 출처를 '정식(鄭湜)'이라고 밝혀놓았는데, 정식(1139~1198)은 남송 때 사람이다.

61 인재를 얻는 것이 재상 한 사람을 얻는 것만 못하다 (…) 백락이요 구야라고 하는 것이다:『군서고색별집』에서 인용했다(권18, 인신문 재상).『군서고색별집』에서는 출처를 '당사발잠(唐史發潛)'이라고 밝혀놓았는데,『당사발잠』은 북송 때의 학자 장당영(張唐英, 1029~1071)이 지은 책이다.

平일 뿐이다.[62]

재상은 정성으로 고르고 오래 맡겨야 한다

옛날에 삼대三代(하, 은, 주)의 재상인 이윤·부열傳說·주공과 같은 사람은 모두 종신토록 바꾸지 않았고, 소하蕭何는 한나라의 재상을 종신토록 했어도 부족하다고 여겨 그 스스로 대신할 사람을 고르게 했다. 그렇게 해서 나라 안이 편안했으니, 이로써 재상을 정성으로 고르지 않으면 안 되고, 일을 오래 맡기지 않으면 안 된다는 것을 알 수 있다.[63]

정권政權은 재상에게 있지 않으면 안 된다

정권은 하루라도 조정에 있지 않으면 안 된다. (정권이) 조정에 있지 않으면 대각臺閣에 있게 되고, 대각에 있지 않으면 궁궐에 있게 되는데, 조정에 있으면 다스려지고, 대각에 있으면 어지러워지며, 궁궐에 있으면 망하게 되니, 국가의 흥망과 치란이 모두 여기에 근본을 두고 있다. 전분田蚡(한나라 무제 때의 외척)은 빈객을 불러들여 인재로 천거해서 집안을 일으켜 이천석二千石(군수郡守)에 이르게 했으니, 당시로서는 권력을 전횡하는 실책을 면치 못했다. 설령 무제가 전분을 통해 등용한 사람들이 대부분 적당한 인재가 아니었다면, 한 사람의 재상을 가려 뽑아서 일을 맡기고 성패를 책임지도록 하는 것이 어찌 불가능했겠으며, 어째서 황제가 스스로 권력을

---

62 재상은 천하를 화평하게 하는 것이다 (…) 오직 화평(和平)일 뿐이다:『군서고색별집』에서 인용했다(권18, 인신문 재상). 북송 때 사람인 진관(秦觀, 1049~1100, 자는 소유少遊)의 「장안세론(張安世論)」에 나오는 말이다(『회해집淮海集』 권19).

63 재상은 정성으로 고르고 오래 맡겨야 한다 (…) 오래 맡기지 않으면 안 된다는 것을 알 수 있다:『군서고색별집』에서 인용했다(권18, 인신문 재상).『군서고색별집』에서는 출처를 「담숙부론(詹叔父論)」이라고 밝혀놓았다.

잡아 한곳으로 돌아가게 하지 못했겠는가? 그러나 황제의 총명함이 미치지 못하는 곳이 있어서 이목을 기댈 곳이 반드시 있어야 하므로 가관加官(본직 외에 겸하는 관직)이나 상서尚書 같은 것을 두었고, 이로부터 재상의 권한이 점점 가벼워지게 되었다.[64]

재상은 공적인 마음으로 어진 사람을 써야 한다

최우보崔祐甫(당나라 덕종 때의 재상)가 관리를 천거하는 데 친구를 멀리하지 않았으니[65] 또한 어질지 않은가? 그러나 한 사람의 친구는 한계가 있고 천하의 인재는 끝이 없다. 재상의 직분은 아침저녁으로 천하를 위해 인재를 구하는 것이다. 백성의 노래를 살피고 선비들의 공론을 들으며, 마음의 거울을 밝히고 이들을 기다린다면 온 나라가 모두 내 형제인데 어찌 친척에 얽매여야만 그 능력과 사람됨을 파악할 수 있을 것인가.[66]

대신은 몸소 천하의 의론을 주재한다

옛날 경력慶曆(송나라 인종의 연호, 1041~1048) 초에 인종이 서하와의 오랜 전쟁으로 백성이 고달파하고 나라가 피폐해지는 것을 싫어하여 온갖 제

---

64 정권(政權)은 재상에게 있지 않으면 안 된다 (⋯) 재상의 권한이 점점 가벼워지게 되었다: 『군서고색별집』에서 인용했다(권18, 인신문 재상). 『군서고색별집』에서는 출처를 진계아(陳季雅)라고 밝혀놓았는데, 진계아(1147~1191)는 북송 때 사람으로, 저서로는 『양한박의(兩漢博議)』가 있다.

65 최우보(崔祐甫)가 관리를 천거하는 데 친구를 멀리하지 않았으니: 최우보가 재상이 되어 수많은 관리들을 천거했는데, 그의 친구들이 많이 포함되었다는 말이 있었다. 황제가 그 이유를 묻자, 추천할 사람의 재능과 사람됨을 다 파악해야 하는데 평소 아는 사람이 아니면 어떻게 그럴 수 있겠느냐고 대답했다. 『신당서』 권142, 열전 최우보.

66 재상은 공적인 마음으로 어진 사람을 써야 한다 (⋯) 사람됨을 파악할 수 있을 것인가: 『군서고색별집』에서 인용했다(권18, 인신문 재상). 『군서고색별집』에서는 출처를 「석당발휘(石唐發揮)」라고 밝혀놓았다.

도를 바르게 해서 태평한 정치를 하려고 생각했다. 이때 마감磨勘(관리들의 성적을 매기던 제도)을 없애고 (관리들이) 유능한지 그렇지 않은지를 분별하는 일과 임자任子(조상의 공로에 따라 관직에 등용하는 것)를 줄여서 불필요한 관리를 없애는 일, 감사監司를 바꿔서 관리를 맑게 거르는 일을 범문정공范文正公(범중엄范仲淹)이 주관하도록 했다. 희녕熙寧(송나라 신종의 연호, 1068~1077) 초에 신종은 큰일을 해보려는 뜻을 가지고 재정을 충실히 하고 군대를 훈련해서 중국을 강하게 만들어 세상에 위엄을 보이고자 했다. 이때 조례條例를 제정하고 법을 고쳐서 당시의 공무를 일신하는 일을 형공荊公(왕안석王安石)이 주관하도록 했다. 원우元祐(송나라 철종의 연호, 1086~1093) 초에는 선인태후宣仁太后(송나라 영종의 비이며, 신종의 어머니)가 백성들이 신법新法의 불편함으로 곤란을 겪고 있음을 알고 조종의 제도를 회복해서 천하에 휴식을 주고자 했다.[67] 이때 세금을 심하게 거둔 관리들을 쫓아내고 원로들을 힘써 끌어들여 신법의 폐해를 씻어버렸는데, 온공溫公(사마광司馬光)으로 하여금 주관하게 했다. 범공范公은 붕당의 풍습이 막 일어나고 있는 때를 맞이하여 소인들이 요행으로 관직에 진출하는 길을 막으려 했으니 힘쓰기가 어려웠고, 형공荊公은 여러 군자가 서로 공격하며 힘으로 싸우는 때를 맞이하여 홀로 앞사람을 이어받으려는 뜻을 지키면서 뒷일을 의논했으니 형세의 변화가 어찌 될지 헤아리기 어려웠다. 그러나 범공은 서슴없이 홀로 천하의 근심에 앞서 근심하고 천하의 즐거움을 뒤로하여 즐거워하는 것을 자기 책임으로 삼았고, 형공은 스스로 신하는 천하의 원망을 피할 것이 아니라 그 원망이 모두 자기에게 돌아오게 해야 하며, 그런 뒤에 나라에 충성을 다한다고 했으며, 온공은 환난의 구제를 급히 하면서 국사를 부탁할 데가 없는 것을 급한 일로 여겼다. 비록 형공의 마음 씀이 지나

---

67 선인태후(宣仁太后)가 (…) 조종의 제도를 회복해서 천하에 휴식을 주고자 했다: 신종이 죽고 철종이 즉위하자 선인태후가 수렴청정을 하면서 사마광을 중용해 신법을 폐지하게 한 것을 말한다.

치고 어긋나서 세상이 어그러지고 도가 혼미하게 되었으므로 (범중엄, 사마광) 두 사람과 나란히 할 수는 없지만, 요컨대 (세 사람) 모두 이익과 손해, 비방과 칭찬, 죽음과 삶으로 마음이 동하지 않았고, 그런 뒤에 능히 천하의 책임을 맡았으며, 그 의론을 힘써 주장하여 두려워하거나 피하지 않았다.[68]

음양을 조화롭게 하는 것은 단지 마음을 바르게 하는 것일 뿐이다

재상이 음양을 조화롭게 하는 것은 단지 마음 하나를 바르게 하는 것일 뿐이다. 마음이란 기氣의 가장 순수한 상태로서 세상일에 감응하는 것이 가장 빠르므로, 마음이 바르면 기가 순해지고 기가 순해지면 음양이 조화를 이루게 된다. 이른바 '섭燮'이란 조화롭게 한다는 뜻이니, 일의 지엽적인 데 얽매이는 것도 아니고, 아무 일도 하지 않으면서 저절로 다스려지기를 바라는 것도 아니다.[69]

정사는 마땅히 중서성에서 나와야 한다

중앙의 모든 관청과 지방의 감사監司들이 각각 그 사유를 중서성에 올리는데, 일이 크면 황제에게 아뢰어 뜻을 받들고 칙차勅劄와 선명宣命을 내려 지휘한다. 일이 작으면 (중서성이) 직접 해당 관사와 노路, 개인에게 비장批

---

68 대신은 몸소 천하의 의논을 주재한다 (…) 두려워하거나 피하지 않았다: 『군서고색별집』에서 인용했다(권18, 인신문 재상). 『군서고색별집』에서는 출처를 「정식(鄭湜)」이라고 밝혀놓았다.

69 음양을 조화롭게 하는 것은 단지 마음을 바르게 하는 것일 뿐이다 (…) 저절로 다스려지기를 바라는 것도 아니다: 정도전이 지은 글이다. 고려 말인 1391년 5월 정도전이 도당에 올린 글에서 "이른바 음양을 조화롭게 한다는 것이 아무 일을 하지 않아도 음양이 스스로 조화롭게 된다는 말이 아니다"(『고려사』 권119, 열전 정도전)라고 한 것과 일맥상통한다.

狀을 내린다. 그렇게 하면 문서가 간결하고 빨라서 일이 지체되지 않는다.**70**

중서성의 업무는 한가해야 한다

중서성은 임금의 정사가 나오는 곳이다. 천자가 재상과 더불어 다스리는 도를 논하고 나라를 경영할 뿐 다른 것은 알지 못하니, 지극히 편안하지 않고는 천하의 수고로움에 대비할 수 없고, 지극한 조용하지 않고는 천하의 변동에 대비할 수 없다. 그러므로 옛날 성인들은 큰 전쟁이나 큰 공사가 있어서 모든 관리가 분주하게 각기 그 직무를 수행하더라도 중서성의 업무는 번잡함에 이르지 않게 했다. 생각건대, 천하를 다스림에 중서성의 업무는 한가하게 해야 할 것이니, 중서성의 업무가 한가해지면 천하의 일에 굳이 힘들일 것이 없다.**71** 지금 천하의 재물에 관련된 일은 모두 사농司農에 돌리고, 천하의 옥사獄事에 관련된 일은 모두 정위廷尉에 돌리고, 천하의 군사에 관련된 일은 모두 추밀樞密에 돌리며, 재상은 다만 그 대강을 잡고 다스리는 요체를 결정하여 책임을 다할 뿐이니, 이 삼자三者(사농, 정위, 추밀)가 중서성을 옭아매서는 안 된다.**72**

중서성의 업무는 한가해야 한다고 하면 중서성에 일이 없는 것 같고, 정

---

70 일이 크면 황제에게 아뢰어 (…) 그렇게 하면 문서가 간결하고 빨라서 일이 지체되지 않는다: 『문헌통고(文獻通考)』(권50, 직관고職官考 4 문하성門下省)에 나오는 말로, 원우(元祐) 초에 사마광(司馬光)이 올린 글 가운데 한 대목이다.

71 중서성은 임금의 정사가 나오는 곳이다 (…) 천하의 일에 굳이 힘들일 것이 없다: 『군서고색속집』에서 인용했다(권30, 관제문官制門 육성六省). 송나라 인종 가우(嘉祐) 6년(1061)에 소식(蘇軾)이 올린 책략(策略) 5편 가운데 두번째 편에 나오는 말이다(『동파전집東坡全集』 권46, 책략策略2).

72 지금 천하의 재물에 관련된 일은 모두 사농(司農)에 돌리고, (…) 중서성을 옭아매서는 안 된다: 1061년에 소식(蘇軾)이 올린 책략 가운데 두번째 편에 나오는 말이다(『동파전집』 권46, 책략2). 『군서고색속집』에서는 이 책문을 인용하면서 뒷부분을 생략했는데, 정도전이 다시 추가했다.

사는 마땅히 중서성에서 나와야 한다고 하면 중서성에 일이 많은 것 같아서 두가지가 상반되는 것 같음은 어째서인가. 말하자면, 중서성이 벼리[綱]를 틀어쥐고 여러 관리가 조목을 거행하면 정사가 중서성에서 나와도 중서성의 업무는 한가하게 된다는 뜻이다. 그러므로 "위로는 도리로 헤아리고 아래로는 법으로 지킨다"[73]라고 한 것이니, 도리로 헤아린다는 것은 의리로써 일의 이치를 헤아려 마땅하게 하는 것[74]으로 '벼리를 틀어쥔다'고 한 것이고, 법으로 지킨다는 것은 그 관청의 제도를 지키며 감히 어기지 않는 것[75]으로 '조목을 거행한다'고 한 것이다.[76]

옛날의 대신은 용퇴하는 절조가 있었다

상商나라의 이윤이 탕湯을 도와 걸桀을 쳐서 포학함을 관대함으로 대체하고, 태갑太甲을 훈계해서 마침내 덕을 진실하게 했다. 그러나 지위가 끝까지 올라가 아형阿衡이 되자 곧 태갑에게 이르기를, "신하는 총애와 이익으로 성공의 결과를 누리지 않아야 합니다"[77]라고 했다. 아! 노씨老氏(노자老子)는 "공이 이루어져도 머물지 않는다"[78]라고 했고, 채택蔡澤(전국시대 연나라의 재상)은, "사시四時의 질서로, 성공한 자는 떠나간다"[79]라고 했다. 이윤

---

73 『맹자』「이루상(離婁上)」에 나오는 말이다.

74 도리로 헤아린다는 것은 의리로써 일의 이치를 헤아려 마땅하게 하는 것: 『맹자집주』「이루상」에 나오는 말이다.

75 법으로 지킨다는 것은 그 관청의 제도를 지키며 감히 어기지 않는 것: 『맹자집주』「이루상」에 나오는 말이다.

76 중서성의 업무는 한가해야 한다고 하면 (…) '조목을 거행한다'고 한 것이다: 정도전이 지은 글이다. 앞에서 소식의 말을 인용해서 중서성의 업무가 한가해야 한다고 하고, 또 사마광의 말을 인용해서 정사가 중서성에서 나와야 한다고 하면서 두 말이 상반되는 것처럼 보이자 해설을 덧붙인 것이다.

77 『서경』상서(商書)「태갑하(太甲下)」에 나오는 말이다.

78 『도덕경』제2장에 나오는 말이다.

79 『전국책(戰國策)』에 나오는 말이다(권5, 진秦3).

은 성인 가운데 스스로 책임지려는 자였다.[80] 신莘 땅에서 밭 갈던 처음에는 '천하가 나와 무슨 관계인가'라고 했으나 생각을 바꿔 탕을 따른 뒤에는 자신이 책임을 맡고 풀어지는 것을 용납하지 않았다. 불행히도 탕이 죽고 다음 임금이 어리고 밝지 못하여 상나라의 국운이 거의 엎어지게 되자 자신이 책임을 맡아서 풀어지는 것을 더욱 용납하지 않았다. 다행히 태갑이 허물을 뉘우치고 덕을 닦았으므로 마침내 임금에게 정사를 돌려주고 몸을 보전하여 물러나고자 했으니, 이윤이 이에 이르러 위로는 탕과 태갑에게 빚진 것이 없고, 아래로는 천하에 빚진 것이 없이 자신의 무거운 소임을 내려놓을 수 있었다. 평소에 두려워하며 일을 감당하지 못하는 마음으로 신莘의 들로 다시 가서 스스로 만족하는 몸으로 돌아갔으니, 이윤의 기쁨과 행복이 어떠했겠는가. 아! 이윤이 물러가지 않았다면, 걸을 정벌했으되 천하에서 이익을 얻으려는 마음이 털끝만큼도 없었음을 누가 알아주겠는가. 이윤의 물러남은 그의 마음에도 빚을 지지 않은 것이라고 또한 말할 수 있다.

주나라의 주공周公은 성왕成王의 재상이 되어 예악을 정하고 천하의 모범이 되어 후세에 전할 만했다. 그러나 지위가 끝까지 올라가 총재冢宰가 되자 곧 성왕에게 이르기를, "당신은 가서 실천하십시오. 이제 나는 농사에 힘쓸 것입니다"[81]라고 했다. 아! 대개 사국四國이 근거 없는 소문을 퍼뜨리는 때를 당하여[82] 주공이 얽매이지 않고 물러가려는 마음이 어찌 없었겠는가. (하지만) 때마침 성왕은 어리고 왕실은 아직 견고하지 못하여 삼감三監이 배반하고[83] 어리석은 백성은 복종하지 않으니, 주나라 왕실의 종묘

---

80 이윤은 성인 가운데 스스로 책임지려는 자였다: 『맹자』 「만장하(萬章下)」에 나오는 말이다.

81 『서경』 주서(周書) 「낙고(洛誥)」에 나오는 말이다.

82 사국(四國)이 근거 없는 소문을 퍼뜨리는 때를 당하여: 사국은 주 무왕의 아우인 관숙(管叔)·채숙(蔡叔)·곽숙(霍叔)과 주(紂)의 아들인 무경(武庚)에게 봉해진 나라이다. 무왕이 죽고 성왕이 즉위한 뒤 주공이 섭정을 하자 이들이 '주공이 성왕에게 해롭다'는 소문을 퍼뜨렸다. 『서경』 주서(周書) 「대고서(大誥序)」.

83 삼감(三監)이 배반하고: 무왕이 은나라를 멸망시키고 그 백성을 아우인 관숙·채숙·곽숙에게 감독하게 했으므로 이들을 삼감(三監)이라고 한다. 무왕이 죽은 뒤 이들이 난을 일으켰

사직의 안위를 주공이 맡지 않으면 누가 맡겠는가. 이것이 몸소 파부결장
破斧缺斨의 전쟁[84]을 맡고 차마 사양하지 못한 까닭이다. 다행히 죄인이 바
로 붙잡히고 성왕이 정사에 임하여 문왕과 무왕의 왕업이 안정되었으니
주공이 관직에서 물러나 노후를 보낼 뜻이 어떠했겠는가. 비록 주공이 성
왕의 만류로 고향으로 돌아가지 못하고 낙읍洛邑에서 7년을 머물렀으나,
이 역시 성왕이 주공의 말을 들어준 것이리라.

　소공召公은 문왕文王의 재상이 되어 정치를 밖으로 펼쳐 이남二南(주공과
소공의 관할 지역)이 교화에 이르게 했으며, 문왕이 죽고 성왕이 어리자 주공
과 서로 도우며 성왕을 인도했고, 성왕이 정사에 임하게 되자 늙었다고 하
면서 물러가고자 했다. 아! 대신의 지위란 모든 책망이 집중되는 곳이므로
크게 뒤흔들고 비방하는 것은 진정시켜야 하고, 맵고 달고 마르고 축축한
것은 조화시켜야 하고, 엉키고 어지럽게 묶인 것은 풀어야 하고, 어둡고 더
러운 것은 포용해야 하니, 진실로 도량이 넓고 크지 못하며 벼슬을 잃을까
걱정해서 욕심을 부리는 사람이라면 빨리 버리고 떠나려는 마음이 없지
않을 것이다. 하물며 소공은 친히 큰 변고를 만나 파부결장破斧缺斨의 때
에 몸을 굽혀 (성왕을) 보호했으니 마음이 수고롭고 고달픈 것이 평상시
의 대신에 비할 바가 아니었으나 성왕이 아직 친정을 하지 못함을 돌아보
고 감히 물러가지 못했을 뿐이다. 이제 하루아침에 정권이 (성왕에게) 돌
아갔으므로 얽매이지 않고 물러갈 뜻을 품는 것은 실로 인정이 반드시 이
르는 바였으나, 주공의 말로써 문왕과 무왕의 왕업이 어려웠음을 생각하
고, 성왕의 수성을 돕는 이가 없음을 생각하여 갑자기 떠나지 못했다.[85] 그

다가 주공에게 진압되었다.

84　파부결장(破斧缺斨)의 전쟁: 부(斧)와 장(斨)은 무기로 사용하는 도끼이며, 파부결장은 전
　　　쟁으로 이러한 도끼가 망가졌다는 뜻이다. 성왕 때 주공이 삼감의 반란을 진압한 전쟁을 가
　　　리킨다.

85　아! 대신의 지위란 (⋯) 갑자기 떠나지 못했다: 『서경집전(書經集傳)』 주서(周書) 「군석(君
　　　奭)」에 나오는 여조겸(呂祖謙)의 주석을 인용한 것이다.

러나 그 뜻은 숭상할 만했다.

한나라의 장량張良은 고제高帝의 재상이 되어 진나라를 멸망시키고 항우를 핍박해서 공이 역시 극에 달했는데, 오히려 말하기를, "세 치 혀를 놀려 황제의 스승이 되고 유후留侯에 봉해졌으니, 나 장량은 만족스럽다"라고 하고는 마침내 곡기를 끊고 적송자赤松子(신선의 이름)를 좇아 놀았다. 아! 고조가 그 많은 싸움을 겪는 동안 한신韓信과 장량은 한나라 조정에서 어깨를 나란히 하며 오른손과 왼손처럼 떼어놓을 수 없는 사이였으나 유후留侯(장량)는 탈이 없었고 한신은 사로잡혔으니, 한신은 몸을 거두어 은거하지 못하고 군대를 풀어 출입하며 스스로 의심을 불러일으켰으므로 사로잡힌 것이 당연하다.[86] 유후처럼 한 것이 이른바 견기이작見機而作[87]하고 명철보신明哲保身[88]한다는 말이다.

소광疏廣(한나라의 재상)이 태자태부太子太傅가 되었는데, 상소해서 관직에서 물러나기를 청하자 (황제가) 황금 20근을 특별히 내려주었고, 태자는 50근을 주었다. (소광은) 향리에 돌아와 부인에게 날마다 술과 음식을 차리게 하고는 친척과 친구와 손님을 초청해서 함께 즐겼으며, 자주 부인에게 금이 아직 몇 근이나 남았는지를 묻고는 속히 팔아서 음식을 장만하라고 재촉했다. 한해가 지나자 소광의 자손들이 그의 형제 중에 노인으로서 소광이 믿고 가깝게 지내는 사람에게 가만히 말하기를, "자손들은 그분이 계실 때에 자못 산업의 터전을 세우기를 기대했는데 이제 음식으로 다 소비하게 생겼습니다. 아마 어른의 말씀은 따를 것이니, 그분에게 토지와 집

---

86 한나라의 장량(張良)은 (⋯) 스스로 의심을 불러일으켰으므로 사로잡힌 것이 당연하다: 『고금원류지론후집(古今源流至論後集)』(권6, 전공신全功臣)에 나오는 말이다.

87 견기이작(見機而作): 기미를 보고 미리 조처한다는 뜻으로, 『주역』 「계사하(繫辭下)」에서 "군자는 기미를 보고 일어나 하루를 마치기를 기다리지 않는다"라고 한 데서 나온 말이다. 기미(機微)란 길흉이 나타날 조짐을 뜻한다.

88 명철보신(明哲保身): 도리에 밝고 분별력 있게 행동해서 자기 몸을 보전한다는 뜻으로, 『시경』 대아 「증민(烝民)」에 나오는 말이다.

을 마련하도록 설득해주십시오"라고 했다. 이에 노인이 여유 있을 때 소광에게 이런 계책을 말했더니, 소광이 말하기를 "내 어찌 늙고 정신이 흐려져서 자손들을 생각하지 않는 것이겠는가. 돌아보면 옛날의 토지와 집이 그대로 있으니, 자손들이 거기서 부지런히 힘쓰면 충분히 옷과 밥을 마련하고 다른 사람들처럼 살 수 있을 텐데, 지금 다시 재산을 보태주어 차고 넘치게 하면 자손들에게 게으름을 가르치는 것일 뿐이다. 또한 이 금은 황제께서 늙은 신하를 은혜로써 봉양하기 위해 하사한 것이니, 마을 사람이나 친족과 함께 즐기면서 그 내리신 것을 누리며 나의 남은 생애를 다하는 것이 또한 옳지 않은가"라고 했다.[89]

송나라의 석수신石守信은 쑥대 같은 어지러움을 베어 끊고 그 근거를 없애버렸으니, 대개 난을 평정한 훈신이었는데, 병권을 내려놓게 해줄 것을 청하여 양쪽에서 시기하고 꺼리는 바를 없애고 스스로 온전하게 되었으니 또한 지혜로웠다.[90]

장위공張魏公(남송의 재상인 장준張浚)은 올출兀朮(금나라 태조의 넷째 아들 완안종필完顔宗弼)을 쫓아내고 오랑캐를 평정했으며, 유예劉豫[91]를 격파했는데, 강을 건넘에 믿는 바가 있어 두려워하지 않았다. 다른 때에 화의론이 갑자기 대두해서 100가지 책략으로 (위공을) 중상했지만 고종高宗은 오히려, "짐은 위공을 더욱 후하게 대우할 것이니 떠도는 말에 미혹되지 말라"라고 했다. 그러나 위공은 그날로 표를 올려 대죄하고, 다음 날 상소해서 물러가기를 청했으니 공명을 탐할 마음이 없었던 것이다.[92]

---

89 소광(疏廣)이 태자태부(太子太傅)가 되었는데 (…) 또한 옳지 않은가"라고 했다:『소학(小學)』(권6, 선행善行 외편外篇)에 나오는 말이다.

90 송나라의 석수신(石守信)은 (…) 또한 지혜로웠다: 석수신(石守信)은 송나라 초기의 재상이다. 송나라 태조가 도에 넘치는 총애를 보이자 곧 병을 평계로 병권을 내려놓았다.『송사(宋史)』권250, 열전 석수신.

91 유예(劉豫): 송나라의 관리로 1128년 금나라에 항복했고, 1130년 금에 의해 제(齊)나라 황제로 책봉되었으며, 이후 금나라 군대를 유인해 남송을 침략했다.

92 장위공(張魏公)은 (…) 공명을 탐할 마음이 없었던 것이다:『고금원류지론후집』(권6, 전공

대관臺官[93]

먼저 위엄과 명망을 얻고 탄핵은 그다음에 한다

대관은 마땅히 위엄과 명망을 우선으로 하고 탄핵은 그다음에 해야 한다. 왜냐하면 위엄과 명망이 있는 사람은 비록 종일토록 말하지 않아도 사람들이 스스로 두려워 복종할 것이요, 위엄과 명망이 없는 사람은 비록 날마다 100번씩 임금에게 아뢰어도 사람들이 더욱 두려워하지 않을 것이기 때문이다. 강직한 뜻과 곧은 지조는 본래 사람의 마음에 익숙하지 못한데, 한갓 탄핵하는 권한만을 가지고 여러 신하가 떨고 숙연하게 해서 조정과 지방을 맑고 바르게 하고자 하면 기강이 미처 떨치기 전에 원망과 비방이 먼저 일어날까 두렵다.[94]

어사부는 마땅히 높아야 한다

어사부가 높으면 천자도 높아진다. 어사부는 조정의 기강을 잡는 직책이니, 공상公相 이하의 대신들이 모두 가슴을 졸이고 숨을 죽이며 어사부에 나와 옳고 그름을 판단받게 된다. 오부烏府(어사부의 별칭)는 천자의 이목이요 천자의 조정이니, 이목이 총명하지 못하고 조정이 준엄하지 않으면

신)에 나오는 말이다.

93 대관(臺官): 관리들을 감찰하고 탄핵하는 업무를 담당하는 관직이다. 한나라에서 처음으로 어사대(御史臺)를 설치했고, 당나라에서 어사대라는 명칭을 다시 사용함에 따라 대관이라는 이름이 붙었다. 『경제문감』 대관편은 주나라 관제의 어사에서 시작해서 원나라까지 중국 역대 왕조와 고려, 조선 초 대관의 연혁을 약술한 다음 대관과 관련된 격언을 나열했으나, 이 책에서는 연혁은 생략하고 격언만 번역해서 실었다.

94 대관은 마땅히 위엄과 명망을 우선으로 하고 (…) 일어날까 두렵다: 『군서고색속집』에서 인용했다(권36, 관제문 대간臺諫).

천자가 높아지지 못한다.[95]

어사의 영예가 가장 무겁다

어사는 재상을 뛰어넘는다. 벼슬을 함에 세 가지 영예가 있는데, 정권을 잡고 요직에 있으면서 국정을 총괄하며 하늘 대신 만물을 다스리고 조정에 앉아 백관을 나오게도 하고 물러나게도 하는 것은 재상의 영예이고, 영주瀛洲에 뽑혀서[96] 금란전金鑾殿(당나라 때 관리들이 황제의 조명詔命을 기다리던 전각)에서 부름에 응하여 천자의 조칙을 쓰는 것은 한림翰林의 영예이며, 오부烏府(어사부의 별칭)의 엄중함과 치관豸冠(법관이 쓰는 관)의 위엄으로 기강을 진작시키고 몸가짐을 일깨우는 것이 어사의 영예이다. 이 세 가지 영예의 경중을 따져보면 어사의 영예가 가장 무거우니, 어째서인가? 말이 천자에 관계되면 천자가 얼굴빛을 고치고, 일이 조정에 관계되면 재상이 죄를 얻으므로 권한이 단지 백관을 진퇴시키는 데만 있는 것이 아니니, 비록 재상의 영예가 무겁다 해도 어찌 이에 미치겠는가. 적봉赤棒(의장을 선도할 때 사용하는 붉은색 막대기)으로 가리키면 높은 사람인지 낮은 사람인지를 따지지 않고, 탄핵하는 글 앞에 서면 간사한 무리의 기가 꺾이니, 천자의 이목이 미치는 바가 매우 넓어져서 그저 조칙을 대신 짓는 데 그치는 것이 아니니 비록 한림의 귀함으로도 어찌 이에 미치겠는가.[97]

---

95 어사부가 높으면 천자도 높아진다 (…) 천자가 높아지지 못한다: 『군서고색속집』에서 인용했다(권36, 관제문 대간). 당나라의 재상인 서원여(舒元輿, 791~835)가 지은 『어사대신조중서원기(御史臺新造中書院記)』에 나오는 말이다.

96 영주(瀛洲)에 뽑혀서: 영주는 신선이 산다는 전설상의 산으로, 선비가 선경(仙境)에 들어간 것처럼 특별한 영예를 얻는 것을 비유하는 말이다.

97 어사는 재상을 뛰어넘는다 (…) 한림의 귀함으로도 어찌 이에 미치겠는가: 『군서고색속집』에서 인용했다(권36, 관제문 대간). 남송 때인 1199년 특주(特奏) 과거에서 장원으로 급제한 사조(謝藻)의 글에 나오는 말이다.

일을 말함에는 용감해야 한다

소과경蕭果卿[98]이 어사에 처음 제수된 것은 우승상虞丞相(우윤문虞允文)의 뜻이었다. 사람들이 이를 축하하니 소과경이 한숨을 지으면서 말하기를 "그가 보기에 내가 어리석어 말을 잘하지 못할 것 같아 이 자리를 내게 준 것이니, 나를 업신여김이 심하구나"라고 했다. 며칠 안 있어 제일 먼저 그의 무리를 논박하고 마침내 그를 공격하니, 의논하는 사람들이 그의 용기에 탄복했다고 한다.[99]

어사는 다른 사람을 문책하되 자신도 문책해야 한다

남을 문책하기는 어렵지 않으나, 자신을 문책하기는 어렵다. 어사는 다른 사람을 문책하는 사람이니, 장수와 재상·대신이 마땅한 사람이 아니거나, 백관과 담당 관청이 제 직분을 잃거나, 천하에 법을 무너뜨리고 기강을 어지럽히며 참소에 넘어가고 그 사특함을 끌어모으는 자가 있으면 어사가 이를 모두 문책할 수 있다. 그렇다면 어사는 홀로 문책을 받지 않는가? 어사의 지위에 있으면서 모르는 것이 있거나, 알면서도 말하지 않는 것이 있거나, 말을 하고도 행하지 않는 것이 있거나, 행하지 않아서 간쟁하지 않는 것이 있다면 군자는 원망하고 소인은 요행으로 여길 것이니, 이는 어사의 책임이다. 어사가 자신을 문책하지 않더라도 천하가 알고 문책할 것이다. 자신을 문책하는 것을 어렵게 여기지 않아야 남을 문책하는 일을 함에 있어 그 책임을 다할 수 있다.[100]

---

98 소과경(蕭果卿): 남송의 관료인 소지민(蕭之敏)이다. 1172년 전중시어사로 있으면서 좌승상 우윤문이 권력을 함부로 행사한다고 탄핵했다.

99 일을 말함에는 용감해야 한다 (…) 그의 용기에 탄복했다고 한다: 『군서고색별집』에서 인용했다(권18, 인신문 대간). 주희가 장원선(張元善)에게 보낸 글 가운데 나오는 말이다.

100 어사는 다른 사람을 문책하되 자신도 문책해야 한다 (…) 그 책임을 다할 수 있다: 『군서고

어사御史

임금이 한가하게 놀며 덕을 잃거나, 정의를 어겨 무도하거나, 정사를 어지럽히고 간쟁을 받아들이지 않거나, 충성스러운 사람을 내쫓고 어진 이를 업신여기면 어사의 관청에서 간언해서 문책할 수 있다. 재상이 우물쭈물하며 임금의 뜻에만 순종하거나, 위로 임금의 총명을 가리고 아래로 백성을 속이거나, 임금의 총애를 탐하여 간언할 것을 잊거나, 관직을 마음대로 주고 위세를 부리면 어사의 관청에서 규찰해서 바로잡을 수 있다. 장수가 흉악하고 사나워서 (임금의) 명을 따르지 않거나, 무력을 믿고 함부로 해치거나, 군사를 함부로 사용하고 전투는 버려두거나, 폭리를 취하고 백성에게 해독을 끼치면 어사의 관청에서 탄핵할 수 있다. 임금은 지극히 존엄하고 재상과 장수는 지극히 귀하지만 또한 간언하고 문책하며 규찰하고 탄핵할 수 있으니 나머지는 가히 알 수 있다.[101]

어사대의 무거움

강직하고 시류를 따르지 않으며, 바른말을 꺼리지 않고 남에게 얽매이지 않으며, 바른말과 곧은 기개로 권세가를 두려워하지 않는 사람을 어사로 삼아야 한다. 그리하면 어사대의 명망은 족히 사방의 본보기가 되며, 어사대의 위엄은 족히 백관을 바로잡을 수 있으며, 어사대의 관속은 족히 만사를 떨칠 수 있으며, 어사대의 귀함은 족히 조정을 무겁게 할 수가 있다. 그러므로 국가에 큰 좀벌레가 있으면 제거할 수 있고, 지방에 큰 간신이 있

색별집』에서 인용했다(권18, 인신문 대간). 송나라 때 사람인 증조(曾肇, 1047~1107)가 지은 「중수어사대기(重修御史臺記)」에 나오는 말이다(『곡부집曲阜集』 권3).

101 어사(御史) (…) 나머지는 가히 알 수 있다: 『군서고색별집』에서 인용했다(권18, 인신문 대간). 송나라 때 사람인 석개(石介)의 「상공중승서(上孔中丞書)」에 나오는 말이다(『조래집徂徠集』 권13).

으면 자세히 조사할 수 있으며, 천하의 커다란 이익과 손실, 백성의 평안함
과 근심, 관청의 폐지와 설치, 관리의 등용과 퇴출을 모두 감독하고 살펴서
탄핵하고 아뢸 수 있는 것이다.[102]

간관諫官[103]

옛날에는 간관에 정원이 없어서 언로가 더 넓었다

옛날에는 간관에 정원이 없어서 언로가 더 넓었으나, 후세에 간관으로
정해진 관직이 생기면서 언로가 점차 막혔다.

옛날에는 악공樂工이 잠언을 읊어 간언했으니 백공百工(모든 장인匠人)이
간언할 수 있었던 것이고, 고瞽(눈먼 악인樂人)가 시를 읊어 간언했으니 맹인
도 간언할 수 있었던 것이고, 공경公卿이 가까이서 간언했으니 조정에 있
는 사람들이 모두 간언할 수 있었던 것이고, 사士가 전해 들은 이야기로 간
언했으니 서인庶人과 사가 간언할 수 있었던 것이고, 서인은 길에서 비방
하고 장사꾼은 시장에서 원망했으니 서인과 장사꾼도 간언할 수 있었던
것이다. 위로는 공경 대부에서 아래로는 사와 서인, 장사꾼, 백공의 비천
한 자들까지 간언하지 못하는 사람이 없었으므로 천하가 모두 간쟁했다.
진실로 간관의 직위에 있고 나서야 간언한 것이 아니었으니, 옛날에는 간
관에 정원이 없어서 언로가 더 넓었던 것이 아니겠는가? 후세에는 그렇지

---

102 어사대의 무거움 (…) 탄핵하고 아뢸 수 있는 것이다: 『군서고색별집』에서 인용했다(권18,
인신문 대간).

103 간관(諫官): 임금에게 간쟁(諫爭: 옳지 못한 처사나 잘못된 행동을 지적하고 바로잡는 일)하
는 업무를 담당하는 관직이다. 『경제문감』 간관편은 요·순으로부터 원나라까지 중국 역대
왕조와 고려 및 조선 초의 간관의 연혁을 약술한 다음 간관과 관련된 격언을 나열했으나, 이
책에서는 연혁은 생략하고 격언만 번역해서 실었다.

못하여, 간관의 직위에 있으면서 간언을 요구해도 간쟁하는 길을 알지 못하니, 도리어 이로 말미암아 (언로가) 막혔다. 무릇 간대부諫大夫는 이른바 간관이고, 습유拾遺·보궐補闕도 이른바 간관이니, 간관이 된 자는 간언할 수 있으나 간관이 되지 못한 자는 간언할 수 없게 되었다. 간관이 이미 간언하는 것을 직분으로 삼았으므로 이 직위에 있지 않은 자는 간언할 수 없게 되었고, 간언을 하면 직책을 침범했다고 하거나 분수를 어겼다고 하고, 말이 천자에게 미치면 군주의 언행을 지적해서 거론한다고 하고, 말이 조정에 관계되면 조정을 비방한다고 하니, 그렇게 된 것이 모두 간관에 정해진 직책이 생겼기 때문이다.[104]

간관은 재상과 대등하다

구경九卿[105]과 모든 관리는 각기 맡은 일이 있다. 이부吏部의 관리가 병부兵部를 다스릴 수 없고, 홍로시鴻臚寺의 경卿이 광록시光祿寺를 다스릴 수 없으니, 각자 그 지키는 바가 있는 것이다. 천하가 잘되고 잘못되는 것과 백성들의 이로움과 해로움, 사직의 큰 계책과 같이 오직 보고 아뢸 뿐 관청의 업무에 관계되지 않는 일은 오직 재상만이 행할 수 있고, 간관만이 말할 수 있을 뿐이니, 간관은 비록 지위가 낮지만 재상과 대등하다. 천자가 "안 된다"라고 해도 재상은 "됩니다"라고 하고, 천자가 "그렇다"라고 해도 재상은 "그렇지 않습니다"라고 하니, 묘당의 위에 앉아서 천자와 더불

---

104 옛날에는 간관에 정원이 없어서 언로가 더 넓었다 (…) 간관에 정해진 직책이 생겼기 때문이다.『군서고색속집』에서 인용했다(권36, 관제문 대간).

105 구경(九卿): '아홉 명의 대신'이라는 뜻으로 시대에 따라 구성원이 달랐다.『주례』에서는 소사(小師)·소부(少傅)·소보(少保)·총재(冢宰)·사도(司徒)·사공(司空)·사마(司馬)·사구(司寇)·종백(宗伯)을 구경이라 했고, 한나라에서는 태상(太常)·광록훈(光祿勳)·위위(衛尉)·태복(太僕)·정위(廷尉)·대홍려(大鴻臚)·종정(宗正)·대사농(大司農)·소부(小府)를 구경이라 했다.

어 되고 안 됨을 가리는 사람이 재상이다. 천자가 "옳다"라고 해도 간관은 "옳지 않습니다"라고 하고 천자가 "꼭 해야 한다"라고 해도 간관은 "반드시 해서는 안 됩니다"라고 할 수 있으니, 궁궐의 섬돌 앞에 서서 천자와 더불어 옳고 그름을 다투는 사람이 간관이다. 재상은 오로지 도를 행하고 간관은 오로지 말을 행하니, 말이 행해지면 도도 역시 행해진다. 구경과 모든 관리처럼 하나의 관직을 지키는 사람은 한가지 직책을 맡지만 재상과 간관은 천하의 일에 관계되므로 천하의 책임을 맡는 것이다.[106]

간언하는 신하를 내쫓는 것은 좋은 일이 아니다

충성스러운 사대부가 말을 했다가 내쫓김을 당하는 것은 국가의 좋은 일이 아니요, 숨어 있는 어진 사람이 스스로 나오는 것을 어렵게 만들 뿐이다.[107]

몸의 허물을 간언하는 것이 마음의 허물을 간언하는 것만 못하다

임금의 허물을 간언하는 것은 신하의 하책下策(낮은 계책)이다. 옛날부터 성스러운 군주, 명철한 임금은 간언하는 신하에게 의지하지 않고도 허물을 털어버렸으니, 지금 임금의 허물을 간언하는 것을 신하의 하책이라고 한 것이 충성스러운 신하의 입을 막고 의로운 선비의 혀를 묶어서 윗사람으로 하여금 잘못을 얼버무리고 간언을 막게 하려는 것인가? 그렇지 않다. 허물은 본래 임금이 피하지 못하고 간언은 신하가 마땅히 해야 할 일이다.

---

106 간관은 재상과 대등하다 (…) 천하의 책임을 맡는 것이다: 구양수(歐陽修)의 「상범사간서(上范司諫書)」에서 인용했다(『문충집文忠集』 권66, 외집外集16).

107 간언하는 신하를 내쫓는 것은 좋은 일이 아니다 (…) 스스로 나오는 것을 어렵게 만들 뿐이다: 『군서고색별집』에서 인용했다(권18, 인신문 대간). 주자의 「답임택지서(答林擇之書)」에 나오는 말이다(『회암집』 권43).

하지만 물이 하늘까지 넘친 뒤에 막는 것보다 조금씩 흐르는 초기에 막는 것이 어떠하며, 불이 들판에서 타오를 때 끄는 것보다 반짝거리는 초기에 끄는 것이 어떠하겠는가? 후세의 간언하는 신하들은 임금의 몸의 허물을 간언할 줄은 알았지만 마음의 허물을 간언할 줄은 몰랐다. 무릇 몸이 잘못하는 허물은 마음의 잘못에서 비롯되는 허물이니, 병세가 미미할 때 침을 놓으면 쉽지만 병세가 드러나기에 이르면 약을 써도 어렵다. 고요皐陶와 기夔가 "그렇지 않습니다"라고 하고 이윤伊尹과 부열傅說이 임금을 경계함에 있어서 임금의 허물이 밖으로 드러나기를 기다린 뒤에 말한 적이 없었으니, 나무의 가지와 뿌리에서 움트는 싹을 잘라서 자라지 못하게 한 것이었다. 사람들은 도덕과 의리가 있어서 그것으로 마음을 채우고, 예의와 법도가 있어서 그것으로 몸을 통제하므로, 이렇게 하면 임금의 수레바퀴를 더럽히는 수고[108]나 임금의 옷자락을 당기는 간쟁[109]이나 궁궐 난간을 부러뜨리는 부르짖음[110]이 없어도 임금의 허물이 은연중에 잠기고 사라져버렸다. 후세의 임금들은 당우唐虞와 삼대의 임금에게 굳이 뜻을 가졌지만 임금으로서의 몸을 바르게 할 줄만 알고 임금으로서의 마음을 바르게 할 줄은 몰랐으며, 어진 임금의 정사만 알고 어진 임금의 덕은 알지 못했다.

---

108 임금의 수레바퀴를 더럽히는 수고: 한나라 무제 때 강직한 어사대부 설광덕(薛廣德)의 고사이다. 황제가 종묘에서 제사를 지낸 뒤 편문(便門)으로 나와 배를 타려고 하자 설광덕이 수레를 타고 다리를 건너야 한다고 간언하면서, 자신의 말을 듣지 않으면 스스로 목을 베어 수레바퀴를 더럽힐 것이라고 했다. 『한서(漢書)』 권71, 열전 설광덕.

109 임금의 옷자락을 당기는 간쟁: 삼국시대 위나라 문제 때의 재상 신비(辛毗)의 고사이다. 문제가 기주(冀州)의 사가(士家, 직업군인) 10만 호를 하남(河南)으로 옮기려 하자 신비가 홀로 간언했는데, 황제가 듣지 않고 일어나자 따라가서 황제의 옷자락을 잡았다. 황제가 이를 뿌리치고 가버렸지만 결국은 반만 이주하게 했다. 『삼국지』 권25, 위지(魏志) 열전 신비.

110 궁궐 난간을 부러뜨리는 부르짖음: 한나라 성제 때 직언을 한 주운(朱雲)의 고사이다. 성제가 장우(張禹)를 제사(帝師)로 삼고 특별히 대우하자, 주운은 그가 대신으로서 제 역할을 하지 못한다며 비판했고, 성제가 화를 내고 끌어내리게 하자 전각의 난간을 붙잡아 난간이 부러졌다. 성제는 부러진 난간을 고치지 않고 그대로 두게 해서 직신(直臣)을 표창했다. 『한서』 권67, 열전 주운.

그 때문에 임금의 명령이 어긋나고 상벌이 잘못되며 형벌이 가혹한 일이 나라 안팎에 나타난 뒤에야 떠들썩하게 말솜씨를 다투어 탄핵하는 글이 수십 문장에 이르고 임금에게 올리는 글이 수천마디에 이르렀으니, 아! 이미 늦은 것이다.[111]

간신諫臣은 재상을 억제한다

양성陽城이 백마白麻(황제의 조서)를 찢으려 하니 덕종德宗이 배연령裴延齡을 재상으로 삼지 않았고,[112] 이감李甘이 조서를 찢으려 하니 문종文宗이 정주鄭注를 재상으로 삼지 않았다.[113·114]

간신諫臣은 측근에 있어야 한다

천자가 존경하며 경청하는 사람은 재상이지만, 만나는 때가 정해져 있어 며칠 동안 오래도록 만날 수 없는 경우도 있다. 오직 간신만은 재상을 따라 들어가 일을 아뢰되, 아뢰고 나서 재상은 물러나 중서성으로 돌아가

---

111 몸의 허물을 간언하는 것이 마음의 허물을 간언하는 것만 못하다 (…) 이미 늦은 것이다: 『군서고색별집』에서 인용했다(권18, 인신문 대간).

112 양성(陽城)이 백마(白麻)를 찢으려 하니 덕종(德宗)이 배연령(裴延齡)을 재상으로 삼지 않았고: 양성은 당나라의 유명한 간신(諫臣)이다. 덕종이 배연령을 재상으로 삼으려 하자 양성이 간의대부로 있다가 "혹시라도 배연령을 재상으로 삼는다면 제가 그 백마를 찢어버리겠습니다"라고 하며 저지했다. 『신당서』 권194, 열전 양성.

113 이감(李甘)이 조서를 찢으려 하니 문종(文宗)이 정주(鄭注)를 재상으로 삼지 않았다: 이감은 당나라의 유명한 간신(諫臣)이다. 문종 때 정주가 재상이 되려고 하자, 시어사(侍御史)로 있던 이감이 반대하면서 조서가 내려오면 찢어버리겠다고 했고, 정주는 끝내 재상이 되지 못했다. 『신당서』 권118, 열전 이감.

114 간신(諫臣)은 재상을 억제한다 (…) 재상으로 삼지 않았다: 『군서고색별집』에서 인용했다(권18, 인신문 대간). 송나라의 학자 양만리(楊萬里)의 『성재역전(誠齋易傳)』에 나오는 말이다(권16, 소과小過).

지만 간관은 출입과 언행이 아침부터 저녁까지 임금과 가까이 있어서 물러난다는 말을 들어보지 못했다. 이와 같으므로 일의 잘잘못이 이른 아침에 생각나면 저녁까지 기다리지 않고 말할 수 있고, 저녁에 생각나면 하룻밤을 넘기지 않고 말할 수 있으며, 임금이 대답하지 않으면 힘껏 따질 수 있다. 여러 차례 나아가 아뢰므로 상세하고 충실하기가 이만한 것이 없으니, 비록 간사한 사람과 변변치 못한 사람이 있더라도 틈을 찾을 수가 없었다. 지금은 간관이 보이지만 틈 또한 있어서 궁궐 안에서 임금과 함께 사는 것이 부녀자뿐이고, 그렇지 않으면 환관뿐이니, 변변치 못한 사람이나 간사한 사람이 은연중에 의논할 때 그 틈에서 행하는 것이 어찌 쉽지 않겠는가? 이와 같으니, 우리가 오늘날 양부兩府와 간관의 위태로움을 보고, 국가와 천하의 편안함을 보지 못하는 것이다.[115]

시신侍臣과 간신諫臣

자하탁紫荷橐(조복朝服의 어깨 위에 매다는 자주색 주머니)을 어깨에 매달고 옥황향안玉皇香案[116]을 양옆에 끼고서 한가하게 천자의 물음에 대비하는 사람이 천자의 시신侍臣이고, 해치관獬豸冠(법을 맡은 관리가 쓰는 관)을 쓰고 천자의 뜻을 거스르며 천하의 담력과 안목을 늘리는 사람이 천자의 간신諫臣이다. 조정이 맑고 밝으며 공도公道가 떨쳐 서면 모든 정사가 잘되는지 잘못되는지를 간신만이 말할 수 있는 것이 아니라 시신 또한 말할 수 있고, 모든 인사가 합당한지 부당한지를 간신만이 간쟁할 수 있는 것이 아니라

---

115 간신(諫臣)은 측근에 있어야 한다 (…) 국가와 천하의 편안함을 보지 못하는 것이다: 『군서고색별집』에서 인용했다(권18, 인신문 대간). 송나라의 문장가 증공(曾鞏)의 「상채학사서(上蔡學士書)」에 나오는 말이다(『원풍유고元豊類藁』 권15).

116 옥황향안(玉皇香案): 옥황상제의 향안(향로를 얹는 탁자)이라는 뜻으로, 임금 곁을 떠나 있음을 비유하는 말로 쓰이지만, 여기서는 천자의 자문에 대비하면서 한가하게 지내는 것을 뜻한다.

시신 또한 간쟁할 수 있다.[117]

간관諫官과 어사御史는 하는 일이 조금 다르다

간관과 어사는 모두 말하는 책임을 맡은 신하이다. 하지만 하는 일은 각각 다르다. 간관은 헌체獻替(임금에게 옳은 일을 권하고 그른 일을 못 하게 함)를 관장함으로써 임금을 바르게 하고, 어사는 규찰糾察을 관장함으로써 백관을 다스린다. 그러므로 임금에게 허물이 있으면 간관이 임금에게 아뢰고, 신하가 법을 어기면 어사가 임금에게 아뢴다. ○간관의 직무를 구별하고 어사의 임무를 바르게 하려면 헌체하는 일은 간관에게 맡기고 규찰하는 일은 어사에게 맡기되, 신중하고 바르고 상황에 맞춰 임기응변해서 큰 도리를 세울 수 있는 사람을 뽑아 간의대부諫議大夫(간관의 대표적인 관직)로 삼고, 위엄 있고 강직하고 옛날부터 전해오는 일의 내력에 지식이 있어 나라의 제도를 잘 아는 사람을 뽑아 어사중승御史中丞(어사의 대표적인 관직)으로 삼아야 한다. 조정에 법령이 온전치 않거나, 교화가 갖춰지지 않거나, 예악이 닦이지 않거나, 명령이 분명하지 않거나, 의론이 결정되지 않거나, 제도를 고치는 것이 합당치 않거나, 음양의 조화가 깨져 재앙이 일어나거나, 천지에 변괴가 생기거나, 임금이 기뻐서 주기를 지나치게 하고 노해서 빼앗기를 지나치게 하면 마땅히 간관에게 책임을 지워 그 잘못을 말하게 해야 한다. 사대부 가운데 간사하고 바르지 않거나, 교만하고 사치해서 자기 마음대로 하거나, 아첨해서 윗사람의 비위를 맞추거나, 다른 사람을 참소해서 임금의 귀를 어지럽히거나, 권력이 있는 자가 법을 우롱하거나, 임금의 총애를 받는 자가 권세를 훔치거나, 탐욕스러워 염치를 닦지 않거나, 속임수로 충성과 신의에 힘쓰지 않거나, 대신으로서 중간에 서서 눈치만 살피거

---

117 시신(侍臣)과 간신(諫臣) (⋯) 시신 또한 간쟁할 수 있다:『군서고색별집』에서 인용했다(권 18, 인신문 대간).

나, 하급 관리가 해이하고 태만하여 직분을 무너뜨리면 마땅히 어사에게 책임을 지워 그 죄를 탄핵하게 해야 한다.[118]

천하의 일류 인재를 써야 한다

오늘날에는 이른바 굳고 큰 기개를 지녔다는 자가 붓 하나를 앞세워 한쪽으로 치우치지 않게만 판단하면 (대간에) 도달할 수 있어서 4, 5류에 불과한 사람들이 기개와 도량이 변변치 못한데도 대간으로 늘어서 있으니 어떻게 일이 이루어질 수가 있겠는가. 그러므로 말하기를, 성명이 아직 드러나지 않았어도 안팎에서는 그 사람들이 천하에서 일류가 아님을 이미 안다고 한다.[119]

옳고 그름을 과감하게 말하지 않고 있다

무릇 사물의 이치에는 하나의 옳고 그름이 있을 뿐인데, 오늘날 조정에서는 옳고 그름을 과감하게 가리려고 하지 않아서 재상이라면 굳이 임금의 뜻을 거역하려 하지 않고, 대간 역시 재상의 뜻을 거스르려 하지 않는다. 지금은 천하에서 옳고 그름을 과감하게 말하지 않는 자들만 조정에 있고, 또 과감하게 말하지 않는 것이 심한 사람을 뽑아서 대간으로 삼는 것이 거듭되어 풍조를 이루었으니, 어떻게 감당할 수 있겠는가.[120]

---

118 간관(諫官)과 어사(御史)는 하는 일이 조금 다르다. (…) 그 죄를 탄핵하게 해야 한다: 『군서고색속집』에서 인용했다(권36, 관제문 대간). 『군서고색속집』에서는 출처를 사마유(四馬攸)의 글이라고 밝혀놓았는데, 사마유는 송나라의 문장가이다.

119 천하의 일류 인재를 써야 한다 (…) 이미 안다고 한다: 『군서고색별집』에서 인용했다(권18, 인신문 대간). 『군서고색별집』에서는 출처를 『문공어록(文公語錄)』이라고 밝혀놓았다.

120 옳고 그름을 과감하게 말하지 않고 있다 (…) 어떻게 감당할 수 있겠는가: 『군서고색별집』에서 인용했다(권18, 인신문 대간). 『군서고색별집』에서는 출처를 『문공어록』이라고 밝혀놓았다.

대간은 굳세고 강직했다

한나라·당나라 때는 어사가 탄핵하는데 사람들의 항의가 많으면 전상殿 上에서 직접 그 죄를 열거했고, 또 어떤 사람을 탄핵하려면 먼저 문하성에 방榜을 붙여 직접 그 이름을 지적하고 조정에 나오지 못하도록 했다. 이 일 은 모름지기 이와 같이해야 하지만, 오늘날에는 한가지 일을 말하려 하거 나 한 사람을 내치려고 하면 수없이 사정을 살피고 여러 가지로 계획한 뒤 에야 겨우 말하는데, 말하는 것조차도 극진하지 못하다.[121]

대간을 중히 여긴다

옛사람이 관직을 설치하면서 반드시 대간의 권한을 무겁게 한 것은 대 간을 중히 여겨서가 아니다. 대간을 중히 여긴 것은 조정을 중히 여기기 때 문이었다. 후한 광무제 때는 (대간을) 다른 관리들과 따로 앉게 하는 일이 있어서 당시 '독좌자獨坐者(홀로 앉는 사람)'라고 불렀고, 당나라 헌종 때는 다른 관리들이 길을 피하게 하는 일이 있어서 당시 '총가자寵街者(황제의 은 총으로 길을 차지한 사람)'라고 불렀다. (조정에) 들어가서는 다른 관리들로 하 여금 따로 앉게 하고, 나와서는 다른 관리들로 하여금 길을 피하게 했으니 이것이 과연 무슨 뜻인가? 대간의 권한을 무겁게 해서 사람들로 하여금 두 려움을 갖게 하기 위해서가 아니겠는가.[122]

---

121 대간은 굳세고 강직했다 (…) 극진하지 못하다: 『군서고색별집』에서 인용했다(권18, 인신문 대간). 『군서고색별집』에서는 출처를 「문공어록」이라고 밝혀놓았다.
122 대간을 중히 여긴다 (…) 두려움을 갖게 하기 위해서가 아니겠는가: 『군서고색별집』에서 인 용했다(권18, 인신문 대간).

대간의 권한이 가벼우면 사람들이 두려워하지 않는다

오늘날 의지할 것은 천하 간웅의 마음을 꺾을 사람이 늘 있다는 것이니 그 권한을 가볍게 해서 사람들로 하여금 두려워하는 마음이 없어지게 해서는 안 된다. 사람들이 두려워하는 바가 없어지면 또 어떤 지경엔들 이르지 않겠는가? 무릇 조정이 스스로 편하고자 하여 대간을 장원長員(꼭 필요하지 않은 관원)으로 만들고, 관원들이 거리끼는 바가 없어 대간을 문구文具(문방용구, 즉 여기서는 겉치레로 두는 것을 말함)로 만드니 어떻게 대간의 일을 하겠는가? 옛날에는 나무라고 꾸짖는 권한이 대간에게 있었으나 후세에는 대간을 진퇴시키는 권한이 권귀權貴(지위가 높고 권세가 있는 사람)에게 있으니, 사람들 가운데 끌어당김을 받아 승진하고자 하는 자들은 분주해서 겨를이 없다. 말하고자 하는 바가 있으면 대관의 중함을 빌려 말하고, 물러나게 하고자 하는 바가 있으면 대간의 권한을 빌려 물러나게 하며, 일이 권귀에게 관계되면 기꺼이 장마仗馬(의장용儀仗用 말) 노릇을 할 따름이다. 심지어는 오늘 표장表章을 한번 올리고, 내일 소疏를 한차례 올리지만 자잘한 일로 온 세상 선비들을 겨우 문책하고, 각박한 탄핵으로 온 세상 아전들을 겁주는 데 불과하며, 부녀자의 자잘한 사고나 시골 마을의 미미한 잘못같이 번잡스럽고 자질구레한 일로 헛되이 사람들의 귀를 시끄럽게 하고 있다. 이로써 (대간이) 말하는 것은 모두 권귀들이 지시하는 것이고 물러나게 하는 것은 모두 권귀들이 꺼리는 사람들이다. 전 왕조에 어떤 대간이 있었는데 천자가 그에게 말하기를 "짐은 대간이 재상의 뜻을 따르지 않았으면 좋겠다"라고 하자, 대답하기를 "신은 재상의 뜻을 따르려고 하지 않을 뿐 아니라, 폐하의 뜻도 따르려고 하지 않을 것입니다"라고 했다. 장하다, 그 말이여! 대간이 모두 이 사람만 같다면 대간의 기강이 떨치지 않을 리가 없다.[123]

---

[123] 대간의 권한이 가벼우면 사람들이 두려워하지 않는다 (…) 기강이 떨치지 않을 리가 없다: 『군서고색별집』에서 인용했다(권18, 인신문 대간).

위병衛兵[124]

옛날부터 나라를 다스리는 사람은 문文으로써 태평을 이루고 무武로써 난리를 평정했으니, 이 두가지는 사람의 양팔과 같아서 어느 한쪽을 버려서는 안 된다. 우리나라에는 (문반의) 여러 관청이 이미 있는 데다가 또 (무반의) 여러 위衛와 영領이 있으니, 문무의 관직을 갖춘 것이다. 하지만 부병府兵의 제도는 대체로 전조前朝(고려)의 옛 제도를 계승한 것인데, 전조가 융성하던 시기에는 부병이 자못 당나라 제도의 참뜻을 얻었으므로 볼 만한 것이 있었으나, 오래되다 보니 제도가 크게 무너져 마침내 나라를 잃기에 이르렀다. 전하께서 천명을 받아 즉위하고 분발하심이 있어 마땅히 구폐를 개혁하고 국가의 기세를 무겁게 함으로써 유신維新의 다스림에 이르러야 할 것이나, 사람들의 생각이 옛것에 익숙하여 쌓이고 쌓인 폐단을 혁파하기가 어려웠다. 옛날에 왕이 된 사람들이 하늘의 명을 받아 즉위하면 반드시 복색服色(관복의 색깔)을 바꾸고 휘호徽號(국가를 상징하는 휘장이나 존호)를 고친 것은 보고 듣는 것을 하나로 통일해서 옛것을 개혁하고 새것을 세우기 위함이었다. 이 때문에 송나라 태종은 아름다운 명칭으로 금군禁軍의 옛 이름을 바꾸어 사기를 새롭게 진작시켰던 것이다. 지금 우리 전하께서 이미 동반東班(문반)의 관직명을 모두 고쳐 정하고 명칭에 따라 직분을 맡겨서 모든 관리가 일을 처리하고 공을 세우게 되었지만 부위府衛의 명칭만큼은 그대로 남아 있어 오래된 폐단이 여전하니, 신이 삼군三軍을 관장하는 자리에 있으면서[125] 염려하지 않을 수 없다. 이제 10위衛를 시위사

---

124 위병(衛兵): 궁궐과 도성을 지키는 중앙군을 말한다.『경제문감』위병편은 주나라부터 송나라까지 중국 역대 제도를 약술한 다음 조선 초에 개편한 군제에 대해서 비교적 자세하게 서술하고, 말미에는 1394년(태조 3) 2월 29일에 자신이 올린 군제 개정에 대한 상서(上書)를 실어놓았다. 이 책에서는 연혁은 생략하고 말미의 상서만 번역해서 실었다.

125 삼군(三軍)을 관장하는 자리에 있으면서: 이 글을 쓸 때 정도전의 관직이 의흥삼군부의 최고 책임자인 판의흥삼군부사(判義興三軍府事)였다. 의흥삼군부는 조선 건국 직후인

侍衛司와 순위사巡衛司로 나누려 하니 대체로 한나라의 남북군南北軍 제도를 모방한 것이다. 한나라에서 남군은 궁궐 문을 지키는 일을 담당하고 북군은 도성都城을 순찰하는 일을 담당했으니, 이렇게 안팎에서 서로 제어해서 오랫동안 다스려지고 태평하며 재앙과 환난이 일어나지 않았음이 이미 분명하게 밝혀졌다. 이제 의흥위義興衛·충좌위忠佐衛·웅무위雄武衛·신무위神武衛를 시위사侍衛司로 삼아 중군中軍에 속하게 하고, 인신사해일寅申巳亥日[126]에 도위사都尉使와 도위첨사都尉簽事[127]가 각각 그 영領을 통솔하고 사마司馬(장군) 이하가 궁궐 안을 번갈아 시위하도록 해서 한나라 남군의 제도를 본떴다. 용양위龍驤衛·용기위龍騎衛·용무위龍武衛 및 호분위虎賁衛·호익위虎翼衛·호용위虎勇衛를 순위사巡衛司로 삼아 좌군과 우군에 속하게 하며, 도위사와 도위첨사가 영領을 지휘하고 사마 이하가 사대문의 통행이 많은 곳을 지키되 번갈아 당직을 서고 순찰하도록 해서 한나라 북군의 제도를 본떴다. 당번이 된 각사의 도위사 이하에게는 의흥삼군부가 시각을 알려서 어기는 일이 없도록 하고, 당직을 서는 사람이 까닭 없이 드나드는 것을 허락하지 않으며, 어기는 자는 죄를 준다.[128]

　　　1393년(태조 2) 9월에 창설되었으며, 태조의 친위부대인 의흥친군 좌·우위를 비롯한 10위(衛)를 중군, 좌군, 우군으로 편제한 다음 이를 총괄하였다.

126　인신사해일(寅申巳亥日): 날짜를 12간지로 표시할 때 인(寅), 신(申), 사(巳), 해(亥)가 들어간 날을 말한다. 한달을 삼등분할 때 첫 열흘이 되며, 초일(初日)이라고도 한다. 이 밖에 자오묘유일(子午卯酉日)을 중일(中日), 진술축미일(辰戌丑未日)을 종일(終日)이라고 한다.

127　도위사(都尉使)와 도위첨사(都尉簽事): 도위사는 그때까지의 상장군을 고친 것이고, 도위첨사는 대장군을 고친 것이다.

128　옛날부터 나라를 다스리는 사람은 (…) 어기는 자는 죄를 준다: 1394년(태조 3) 판의흥삼군부사 정도전의 상서를 축약한 것이다(『태조실록』 권5, 태조 3년 2월 29일). 정도전의 이 건의는 다음 해인 1395년(태조 4) 서반 군제를 개편할 때 현실화되었다(『태조실록』 권7, 태조 4년 2월 13일).

감사監司[129]

감사는 마땅한 사람을 뽑아야 한다

사자使者(임금의 명을 받고 파견된 관리)가 익부益部(익주益州. 지금 중국의 쓰촨성 일대)에 부임하자 하늘에서 별자리가 움직였고,[130] 사자의 수레가 서주徐州(지금 중국의 장쑤성 일대)에 머물자 단비가 내렸다.[131] 감사의 임무가 관계되는 바가 이와 같으니 어찌 가벼이 아무에게나 줄 수 있겠는가? 반드시 정신이 굳세고 정직해서 세력 있고 난폭한 자를 두려워하지 않는 사람이라야 그 직책을 맡을 수 있고, 풍채가 좋고 분발해서 하는 일이 뛰어난 사람이라야 그 권위를 떨칠 수 있으니, 반드시 청렴하고 곧으며 치우치지 않고 올바른 사람을 천거해야 하고, 성질이 모질고 꼼꼼하거나 과격한 사람을 써서는 안 된다. 그러므로 감사를 선발하는 데 공정·총명의 과科와, 강방剛方(강직하고 방정함)·개제愷悌(용모와 기상이 단정함)의 목目이 있어서 재주 없는 사람이 감사들 틈에 끼는 것을 용납하지 않았다.[132]

---

129 감사(監司): 지방에 파견되어 지방 수령들을 감찰하는 관리를 말한다. 조선에서는 관찰사(觀察使)라는 이름으로 각 도의 장관이 되었지만, 본래는 행정을 직접 담당하지 않고 지방관들을 감찰하는 것이 업무였다. 『경제문감』 감사편에서는 주나라부터 송나라까지 중국 역대 왕조와 고려 및 조선 초까지 감사 제도의 연혁을 약술하고, 감사와 관련된 격언을 나열한 다음 감사가 수령을 평가하는 고과법(考課法)의 연혁을 기록했는데, 이 책에서는 격언만 번역해서 실었다.

130 사자(使者)가 익부(益部)에 부임하자 하늘에서 별자리가 움직였고: 후한 화제(和帝) 때 사자 두 사람이 미복 차림으로 익주(益州)에 갔는데 이합(李郃)이 그들을 알아보았으므로 그 이유를 묻자 "두 별이 익주 분야(分野)로 향하고 있어 알았습니다"라고 대답했다는 고사를 말한다. 『후한서』 권72, 열전 이합.

131 사자의 수레가 서주(徐州)에 머물자 단비가 내렸다: 후한 때 백리숭(百里嵩)이 서주자사로 부임했는데, 가는 곳마다 단비가 내렸다는 고사를 말한다. 이 고사는 범엽(范曄)의 『후한서』에는 나오지 않고, 『태평어람(太平御覽)』(권10, 천부天部 우상雨上)에서 지금은 전하지 않는 사승(謝承)의 『후한서』를 인용해서 기록했다.

132 사자(使者) 익부(益部)에 부임하자 (⋯) 감사들 틈에 끼는 것을 용납하지 않았다: 『군서고색

감사는 마땅히 그 직분을 다해야 한다

황화皇華(천자)가 보내는 사자는 오로지 자방咨訪[133]하는 데 힘썼고, 수의 사자繡衣使者[134]는 여러 성城을 감화시켰으니, 감사가 어찌 덮어 감추고 그 럭저럭 편안히 넘길 자리인가? 보신하고 편안하게 살면서 자중自重하는 것이라고 하고, 하루하루 날짜만 쌓으면서 품계가 오르는 것을 세고, 옛것 만을 따라 답습하면서 때를 안다고 하고, 입을 다물고 침묵하면서 계책을 얻었다고 하고, 간사한 짓을 용납하면서 관대한 것이라고 하고, 감사의 직 책을 다하는 것을 번거롭고 까다롭다고 하고, 이로운 일을 일으키고 해로 운 일을 없애는 것을 일만 만드는 짓이라고 하고, 탁함을 헤쳐내고 맑음을 드높이는 것을 항알抗訐(억지로 들추어내는 것)이라고 한다.[135] 이는 모두 그 직분을 다하지 못하는 것이다. 아! 조정에 서서 임금의 명을 받으면서 어 찌 그 직분을 다하지 않을 것을 생각할 수 있는가. 그래서 '감사는 마땅히 그 직분을 다해야 한다'고 한 것이다.

감사는 마땅히 모두 들추어서 탄핵해야 한다

감사가 군현郡縣에서 두려워하고 감히 탄핵하지 못하는 사람이 있으니,

속집』에서 인용했다(권37, 관제문 감사).

133 자방(咨訪): 『군서고색속집』의 원문에는 자추(咨諏)로 되어 있다. 자추와 자방은 모두 찾아 다니며 묻는다는 뜻이다. 『시경』 소아(小雅) 「황황자화(皇皇者華)」에 "두루 자추한다"라는 구절이 있는데, 이에 대해 정자(程子)는 "자방은 사신의 큰 임무이다"라고 했다.

134 수의사자(繡衣使者): 한나라 무제 때 지방의 도적을 토벌하기 위해 파견한 관리로, 수의(繡 衣, 비단옷)를 입었기 때문에 이런 이름이 붙었다. 뒤에는 지방에 파견된 어사를 가리키는 말이 되었다.

135 감사는 마땅히 그 직분을 다해야 한다 (…) 항알(抗訐)이라고 한다: 『군서고색속집』에서 인 용했다(권37, 관제문 감사). 원문에는 "감사가 그 직분을 다하지 않는다"라고 되어 있는데 『경제문감』에서 "감사는 그 직분을 다해야 한다"라고 고치고, 고친 이유를 밝혀놓았다.

어떤 군의 수령이 일찍이 시종侍從(임금을 곁에서 모시는 관리)을 지낸 적이 있으면 (그가) 다시 시종이 되어 구할 것이 있기를 바라고, 일찍이 대간을 지낸 적이 있으면 (그가) 다시 대간이 되어 탄핵할까 두려워한다. 지방의 토호나 교활한 아전이 범죄를 저지르면 조정에 인척이나 친구가 있을 것이라 생각하여 모두 불문에 붙인다. 그러므로 불쌍한 백성이 수령이나 토호·아전에게 해침을 당해서 분한 마음을 참지 못하고 감사에게 호소하면, 감사는 그것을 불문에 부치거나 심지어 그 소장을 뜯지 않은 채로 돌려보내고, 수령의 위세와 토호·아전의 세력에 의탁해서 불쌍한 백성을 원수처럼 보니 불쌍한 백성의 피해가 오히려 전보다 더해진다. 후에 비록 원통한 일이 있다 한들 누가 이를 고소하겠는가.[136] 아! 감사가 된 사람이 모두 들추어서 탄핵하는 것을 직책으로 삼지 않아서야 되겠는가.

감사는 지나치게 관대해서는 안 된다

지금 한 노로路에 주州와 현縣이 몇 개나 있는지 알지 못하고 주·현에 관리가 몇이나 있는지 알지 못하지만, 주에는 수守와 쉬倅(수守의 다음 관직)가 있고 현에는 영令과 승丞이 있는데 천하 사람이 모두 무능하거나 모두 어리석을 수는 없다. 아무개는 어떤 사람인가 하면, 인仁함은 백성을 다스릴 만하고 재능은 일을 잘 처리할 만하고 청렴함은 풍속을 이끌 만하니 내가 이 사람을 천거하면 우리 임금께서 쓰실 텐데 어찌 추천하지 않겠는가. 아무개는 어떤 사람인가 하면, 탐오하고 무능하며, 백성에게서 많이 거두어 윗사람에게 바치고, 간교함으로 권세가에게 아부하니 내가 이 사람을 탄핵하면 우리 임금께서 내쫓으실 텐데 어찌 경계하지 않겠는가. 한마디 말

---

136 감사는 마땅히 모두 들추어서 탄핵해야 한다 (…) 누가 이를 고소하겠는가: 『군서고색속집』에서 인용했다(권37, 관제문 감사). 원문에는 "감사가 감히 들추어서 탄핵하지 않는다"라고 되어 있는데 『경제문감』에서 "감사는 마땅히 모두 들추어서 탄핵해야 한다"로 고쳤다.

로 사람을 추천하고, 한마디 말로 사람을 경계했으니, 이렇게 함으로써 평판을 수집하는 임무를 저버림이 없었다. 그런데 지금은 그렇지 않아서, 천거된 사람이 누구는 친척이고 누구는 권세 있는 사람이다. 한해 동안 나가서 살핀 것이 며칠이나 되고, 돌아다닌 주·현은 몇이나 되겠는가. 산만하여 일일이 살필 수 없는 장부와 중요하지 않은 소송 문서를 앞에 어지럽게 펴놓으면 마음속으로는 아전이 불법을 저지른 줄 알면서도 탄핵할 때가 되면 "아무개는 누구의 자제이고, 아무개는 누구의 친구이고, 아무개는 누구의 청탁을 받은 적이 있으니 내 어찌 차마 탄핵할 수가 있겠는가"라고 하고, 그러면 사람들이 덩달아 칭송하기를, "이 사람은 관대하고 어른스러워서 감사가 되었구나"라고 한다. 무릇 관대하고 어른스럽다는 것은 진실로 사대부의 명예인데, 평판을 수집하는 임무에 어찌 이런 사람을 쓸 것인가.[137]

감사는 먼 곳까지 몸소 돌아보아야 한다

백성은 궁벽한 고을에 살고 있는데 영토는 넓고 멀어서 감사가 드물게 오고 궁궐은 만리나 떨어져 있으니 달려가 호소해도 미치지 못한다.[138] 이런 곳의 수령 중에 탐오한 자가 욕심대로 자행하면, 백성 중에 몰락한 자가 그 하소연을 하지 못하고, 뇌물이 공공연히 행해져 민생이 피폐해지며, 억울함을 펼 길이 없어져 백성의 사정이 답답해지니, 감사가 한번이라도 와서 그 억울함을 살피고 풀어주기만을 밤낮으로 고대하게 된다. 감사가 된 사람이 어찌 변방의 먼 곳이라 하여 가지 않아서야 되겠는가.

---

137 감사는 지나치게 관대해서는 안 된다 (…) 어찌 이런 사람을 쓸 것인가: 『군서고색별집』에서 인용했다(권18, 인신문 감사수령).

138 영토는 넓고 멀어서 안찰하는 관리가 드물게 오고 궁궐은 만리나 떨어져 있으니 달려가 호소해도 미치지 못한다: 이 문장만 『군서고색별집』에서 인용한 것이다(권18, 인신문 감사수령).

주목州牧[139]

군태수郡太守[140]

현령縣令[141]

군수는 백성의 근본이다

손씨孫氏(송나라의 관리 손수孫洙)가 말하기를, "무릇 백성이 나라의 근본이
요, 군수·현령은 백성의 근본이다. 옛날에는 천하를 제패하고 나면 곧바로
천자가 관직과 녹봉을 나누어주었는데, 그것은 신하를 위해서가 아니라
모두 백성을 위해서였다. 그러므로 성인은 한번 움직이거나 한가지 시설
을 만들거나 하나의 명령을 내리거나 한번 법을 제정할 때 반드시 백성에
게 근본을 두었으며, 적절한 사람을 뽑아 백성을 기르게 했고, 직책을 무겁

---

139 주목(州牧): 지방 행정기관인 주(州)의 장관이다. 주는 한나라 무제 때인 기원전 106년 전국
을 13주로 나누면서 처음 설치되었고, 이후 군과 현의 상급 행정기관이 되었다. 우리나라에
서는 통일신라 때 전국을 9주로 나누고 주 밑에 군과 현을 설치했으나, 고려 이후로는 주와
군·현 사이에 통속관계가 없어지고 병렬적으로 존재하게 되었다. 주와 군·현의 장관이 각
각 주목, 군태수(郡太守), 현령(縣令)이었는데, 이 셋은 직급의 차이는 있지만 모두 고을을
직접 맡아 다스리는 지방관으로서 수령(守令) 또는 목민관(牧民官)이라고 불렸다. 『경제문
감』에서는 주목, 군태수, 현령을 독립된 편으로 만들고 각각의 연혁을 기술했으나 수령과 관
련된 격언은 현령편에 몰아서 수록해놓았다. 이 책에서는 주목편과 군태수편의 연혁을 모두
생략했다.

140 위와 같음.

141 현령(縣令): 현의 수령이다. 『경제문감』에서는 주목, 군태수, 현령을 독립된 편으로 만들고
각각의 연혁을 기술했으나 수령과 관련된 격언은 현령편에 몰아서 수록해놓았다. 이 책에서
는 현령편의 격언만 번역해서 실었다.

게 해서 백성을 책임지게 했으며, 권세를 빌려주어 백성을 편안하게 했고, 녹봉을 후하게 해서 백성이 혜택을 입게 했다. 임금이 관리에게 책임을 지우는 것도 백성에 근본을 두고, 관리가 임금에게 보답하는 것도 백성에 근본을 두게 되면 백성이 소중하게 되고, 백성이 소중해지면 군수·현령이 소중해지고, 군수와 현령이 소중해지면 천하 국가가 소중해진다. 그러므로 군수와 현령을 가볍게 여기는 것은 백성을 가볍게 여기는 것이고, 백성이 가볍게 여겨지면 천하 국가가 가볍게 여겨지는 것이니 삼가지 않을 수 있겠는가. 옛날 한나라에서 군현제도를 만들 때는 중요한 바를 알았다고 할 수 있으니, 군수가 들어와 삼공三公이 되고, 낭관郎官이 나가서 사방 100리의 작은 고을을 다스리기도 했다. 또 간대부諫大夫를 내보내서 군리郡吏의 일을 맡기되 성과가 좋은 사람에게는 황제의 명으로 장려하며 금품을 하사하고 관품을 높여주었지만 쉽게 다른 자리로 옮기지 않았으며, 공경公卿에 결원이 생기면 그중에서 특이한 자를 뽑아 충원했다. 그랬으므로 한나라에 어진 관리들이 많았으니, 참으로 그 중요한 바를 안 것이다. 위나라와 진나라 이후로는 풍속이 때 묻고 무너져서 조정에 머무는 것을 요직要職이라고 하고, 지방으로 나가서 군현을 다스리는 것을 좌천되었다고 했으니, 관리들이 탐욕스러워지고 풍속이 날로 무너진 것은 그 중요한 바를 잃은 것이다. 당나라의 실책도 또한 내직內職을 중히 여기고 외직外職을 가벼이 여긴 것이다. 그래서 내직은 항상 자주 옮기게 되고 외관은 항상 선발이 지체되었다. 하지만 300년 동안 수령들이 기풍을 심어 내려온 것이 근거가 분명하여 말할 만했다.[142]

우리나라(송나라)는 초기에 방진方鎭을 없애거나 줄이고 군·현 수령의 직

---

142 무릇 백성이 나라의 근본이요 (…) 근거가 분명하여 말할 만했다: 손수(孫洙)의 이 말은 『정관정요(貞觀政要)』의 정관 11년(637) 기사에 세주(細註)로 실려 있다(권3, 택관擇官7). 『경제문감』에는 『정관정요』의 문장 일부가 생략되고 어떤 문장은 새로 추가되기도 했으므로 다른 출처가 있었던 것으로 보이는데 확인되지 않는다.

분을 무겁게 했으므로 백성이 자못 휴식을 얻었다. 태조께서는 군수를 선임할 때마다 불러보고 위로한 다음 파견하셨고, 태종께서는 친히 순리循吏(법을 잘 지키고 도리를 따르는 관리)를 선택해서 군현에 나누어 보내 다스리게 하고 또 항상 손수 가는 글씨로 편지를 써서 어전에서 30여통을 찍어내 지방의 수령들에게 내려주셨으며, 선제先帝께서는 정신을 가다듬고 정사를 다스리면서 일명一命(가장 낮은 관직) 이상을 모두 조정으로 불러올려 직접 보고 일일이 가르침을 주면서 간곡하게 경계하여 그들로 하여금 스스로 중요함을 알게 하셨다. 이는 조종께서 외직을 중히 여기고 내직을 가볍게 여겨서 백성을 염려하여 관리를 가려 뽑은 지극한 은혜이다"라고 하였다.

○여씨呂氏가 말하기를, "선대 황제 때에는 지주知州(주州의 장관인 지사知事)를 친히 뽑았을 뿐 아니라 미관말직과 삼반三班의 미천한 관직143에 이르기까지 관직을 주거나 관리 후보를 황제께 적어올리는 일을 가까운 신하들에게 맡겼지만, 모두 편전으로 불러 대면하고 직접 평대平臺에 납시어 그 인물이 합당한지 아닌지를 살폈다. 혹 권세 있는 사람의 친척이면 특별히 억눌러 물리치고 혹 나이가 너무 많은 사람이면 산관散官(실직實職이 없는 관직)에 두었는데, 하물며 사방 천리의 큰 고을을 맡아 다스리는 소임은 어떠했겠는가. 신종神宗께서 하루는 문언박文彦博 등을 자정전資政殿에서 대면하고 지주知州를 맡기는 데 좋은 방법을 아직 얻지 못했다고 하면서 이르시기를, "선대 황제들께서 100번의 전쟁 끝에 천하를 얻었는데 지금 온 고을의 백성을 변변치 못한 자에게 맡기게 되니 항상 마음이 아프다. 경들은 어떻게 하면 좋겠다고 생각하는가?"라고 하셨다. 이것을 미뤄보면 역대 황제들이 모두 수령을 중히 여겼으니, 어찌 태종 때만 특별히 이와 같았겠는가. 그러나 태종께서는 심관원審官院(관리 인사를 담당하는 관청)을 설치하

---

143 삼반(三班)의 미천한 관직: 삼반이란 송나라에서 관직을 동반(문반)·서반(무반)과 횡반(橫班)으로 나눈 것을 말하는데, 여기서는 횡반의 낮은 관직을 가리킨다.

고 근신들로 하여금 주관하게 하거나 전임 재상을 임명해서 주관하게 했으며, (심관원에서) 후보자를 올리면 인재를 정선한 뒤 직접 불러 만나셨다. 임금이 직접 질문하고 그 가부를 살피는 것은 진종께서도 선조의 제도를 좇았다. 천성天聖(송나라 인종의 연호) 초에는 장헌황후가 수렴청정을 하고 인종이 어렸으므로 옛 제도가 해이해졌다가 5, 6년이 지나자 (인종이) 다시 불러 만나고 여러 관청의 업무를 몸소 살피셨지만, 담당 관청에서 명차격법名次格法(서열에 따라 관리를 임명하는 법)에 따라 전례를 들고 조문을 인용해서 관리 후보자를 올렸으니, 담당 관청이 이전 황제 때처럼 인재를 정선하지 못했을 뿐 아니라 황제가 직접 만나 질문하는 것도 그 가부를 살핀대로 출척할 수 없게 되었다. 그래서 부필富弼 등이 말하기를 '재상도 직접 지주知州를 선발하지 않고 심관원에 맡기고, 심관원 역시 선발하지 않고 서열에 따라 사람을 파견하니 천하의 주·군이 대부분 다스려지지 않는다'라고 했다. 신종께서 주·목의 폐단을 살펴보시고 보좌하는 신하들에게 하문하니, 여러 사람이 의논하여 관리 인사의 법을 세우고자 했지만 이미 법으로 담당 관청에 맡겨놓았으므로 (황제가) 친히 선택할 수 없게 되어 인재를 구하려는 뜻을 더욱 잃고 말았다.

지금 군수들 가운데 비록 당제堂除[144] 된 자가 많으나 조정에서 인사에 대한 책임을 지지 않으니 그 사이에 변변치 못하고 재목이 되지 못하는 자가 이미 지주가 될 수 있는 품계에 올랐거나 혹은 그런 품계가 아니라도 감사監司나 대성臺省 이상을 지낸 사람을 군수에 임명하는 것이 상례였으니, 가부를 결정하지 못하고 우물쭈물하며 관직을 줄 수밖에 없는 것은 대신들이 조종의 전례와 고사를 인용해서 직접 불러 만나보고 출척黜陟(관직에서 내치거나 승진시키는 일)하는 것을 못 하고 있기 때문이다. 지금은 강회江淮(장강과 회수 사이 지역)의 여러 주가 적과 대치하고 있고, 민광閩廣(복건성과

---

144   당제(堂除): 송나라에서 특별한 공로가 있는 사람에게 이부(吏部)를 거치지 않고 정사당(政事堂)에서 황제에게 아뢰어 관직을 주던 제도.

광둥성) 지방이 비록 멀더라도 간혹 도적이 일어날 우려가 있어 군수軍需를 조달하는 일에 이르기까지 강단 있고 재간 있는 인물이 서로 도우며 함께 다스려야 할 것인데 어찌 함부로 임용해서 재목이 아닌 사람을 비호할 수 있겠는가. 신은 바라건대, 조정에서 수령을 선발하고 임명하는 데는 마땅히 조종의 제도를 본받아야 한다"라고 하였다.

영장令長¹⁴⁵은 백성과 가장 친밀하다

이씨李氏(남송의 학자 이심전李心傳)가 말하기를, "주현州縣에서 백성과 가장 가깝기로는 영장令長이 가장 먼저이다"¹⁴⁶라고 했다. 그러나 직임이 가장 번잡하고 어렵기로 또 영장보다 더한 것이 없다. 한나라·당나라 이래로 모두 그 선을 엄중히 하고자 했으나 적합한 사람을 얻기가 어려웠다. 당시의 뭇 신하들 가운데 위사립韋嗣立이나 장구령張九齡 같은 사람의 주장이 매우 상세하므로 자세히 살펴볼 만하다. 장사長史¹⁴⁷가 된 사람도 어찌 일하기가 쉽겠는가. 세금 거두는 일은 많고, 회기를 맞추기는 촉박하며, 형벌과 재판은 복잡하고, 장부와 문서는 어수선한데 모두 자기 힘으로 처리해야만 그 일이 대략이나마 이루어진다. 이익과 손해가 더할 수 없이 절박하고 일의 힘들고 쉬운 정도가 고르지 못하며, 감독받는 부담이 무겁지 않은 것이 아니어서 실로 다른 관직과 아주 다르지만 조정의 규칙에 그들을 대우하는 데 처음부터 특별한 은전이나 다른 예우로써 승진시키는 법이 없었다. 이 때문에 관리 가운데 재능이 있어서 번잡한 사무를 수습하고 처리할 수 있는 사람은 모두 조정에 있기를 희망하거나, 혹은 막부幕府로 몸을 숨

---

145 영장(令長): 현령(縣令)을 가리킨다. 한나라에서 1만호 이상 되는 현의 수령을 영(令), 1만호 미만 현의 수령을 장(長)이라고 했다.

146 이심전(李心傳)이 지은 『건염이래계년요록(建炎以來繫年要錄)』에 나오는 말이다(권94).

147 장사(長史): 당나라 때 주(州)의 자사(刺史) 아래 있던 관직이다.

기거나, 혹은 학교에 적을 둠으로써 넉넉하고 한가함을 몰래 즐기며 편안해지고자 한다. 녹봉과 벼슬자리가 넉넉한 것은 법에 따라 당연히 그렇게 되는 것이지, 가난하다고 녹봉을 탐하여 이익을 좇고 요행을 바란다고 되는 것이 아니다.

백성에게 가장 가깝다

여씨呂氏(송나라의 학자 여원呂源)가 말하기를, "백리百里(하나의 현이 관할하는 땅)의 고을에 나가서 다스리는 관리가 백성과 가장 가깝다. 선대 황제들은 백성의 어려움을 살피는 데 힘썼으므로 현령을 상세하게 선발했으니 반드시 불러 만나보고 재능이 있는지를 친히 살펴본 다음에 임명했다. 비록 일명一命(가장 낮은 관직)이나 처음 벼슬하는 자일지라도 친히 만나 질문했는데, 하물며 현령 같은 중책은 어떻게 했겠는가?"라고 하였다.[148]

선정이 감응시키는 것

정치의 선하고 악함이 자연을 감동시키는 것이 있고, 사람을 감동시키는 것이 있다. 황충蝗虫이 중모中牟를 피하고,[149] 봉황이 영천潁川에 모이고,[150]

---

148 여씨(呂氏)가 말하기를 (…) 라고 하였다: 송나라 태종 태평흥국(太平興國) 6년(981)에 조서를 내려 제로전운사(諸路轉運使) 아래 소속된 주의 장리(長吏) 가운데 능력 있는 사람을 선발해서 현령으로 임명하기로 했다는 기사에 대한 여원(呂源)의 찬(讚)이다.『송사전문(宋史全文)』권3, 태평흥국 6년 춘정월 을사.

149 황충(蝗虫)이 중모(中牟)를 피하고: 후한 장제(章帝) 때 노공(魯恭)이 중모현(中牟縣)의 현령이 되었는데 온 나라가 황충의 피해를 입었으나 유독 중모현만 피해를 입지 않은 것을 두고 평소 노공의 덕치 때문이라는 칭송이 있었다.『후한서』권25, 열전 노공.

150 봉황이 영천(潁川)에 모이고: 한나라 선제(宣帝) 때 온 나라에 봉황이 모여들었는데 황패(黃霸)가 태수로 있던 영천에 가장 많이 모였으므로 황제가 황패의 선정을 칭찬했다.『한서』권89, 열전 순리(循吏) 황패.

구강九江이 인재를 얻자 사나운 호랑이가 물러가고,¹⁵¹ 조양潮陽이 인재를
얻자 악어가 물러난 것¹⁵²은 선정이 자연을 감응시킨 것이요, 왕환王渙 때
문에 쌀이 융통되고,¹⁵³ 이현李峴 때문에 곡식이 흔해지고,¹⁵⁴ 이면李勉이 있
어서 오랑캐 배가 오고,¹⁵⁵ 설공薛公이 있어서 물고기와 소금이 들어온 것¹⁵⁶
은 선정이 사람을 감응시킨 것이다.¹⁵⁷

이천석二千石¹⁵⁸의 선정

내가 듣기에 '바람이 위로 지나가면 물결이 일어난다'고 했으니 이것은

---

151 구강(九江)이 인재를 얻자 사나운 호랑이가 물러가고: 후한 광무제 때 구강에 호랑이가 많
았는데, 태수로 있던 송균(宋均)이 잔혹한 관리들을 물리치자 호랑이가 모두 사라졌다.『후
한서』권41, 열전 송균.

152 조양(潮陽)이 인재를 얻자 악어가 물러난 것: 당나라 헌종(憲宗) 원화(元和) 14년(819)에 한
유(韓愈)가 조주태수(潮州太守)로 좌천되었는데 마침 조주에서 악어로 인한 피해가 발생했
으므로 돼지와 양을 악어가 있는 계곡에 던지고 축문을 읽자 물이 마르고 악어가 모두 사라
졌다.『구당서』권160, 열전 한유.

153 왕환(王渙) 때문에 쌀이 융통되고: 후한 화제(和帝) 때 왕환(王渙)이 낙양령(洛陽令)으로
있다가 죽어서 장례를 치르는데, 홍농(弘農)이란 곳을 지날 때 백성들이 길에 상을 차려 놓
고 있어 그 까닭을 물으니, "우리가 평소 쌀을 가지고 낙양에 도착하면 군사들에게 절반을
빼앗겼는데, 왕환이 낙양령이 된 뒤로는 그런 일이 없었기에 이제 은혜를 갚고자 하는 것입
니다"라고 대답했다.『후한서』권76, 열전 왕환.

154 이현(李峴) 때문에 곡식이 흔해지고: 당나라 현종 때 이현(李峴)이 경조윤(京兆尹)으로 있
으면서 선정을 베풀어 곡식이 많았는데, 재신 양국충(楊國忠)의 미움을 사서 영릉태수(零陵
太守)로 좌천되자 경조부의 곡식값이 뛰었으므로 백성들이 노래하기를 "곡식을 흔하게 하
려면 이현을 따르라"라고 했다.『신당서』권130, 열전 이현.

155 이면(李勉)이 있어서 오랑캐 배가 오고: 당나라 대종 대력(大曆) 2년(767)에 이면(李勉)
이 광주자사(廣州刺史)로 부임해서 해적을 토벌하고 선박의 검열을 폐지하자 1년에 겨우
4~5척 오던 서역(西域)의 배가 나중에는 40척에 이르렀다.『구당서』권131, 열전 이면.

156 설공(薛公)이 있어서 물고기와 소금이 들어온 것: 당나라 태종 때 설대정(薛大鼎)이 창주자
사(滄州刺史)로 부임해서 수나라 때 폐한 무체하(無棣河)를 다시 통하게 하고 바다로부터
물고기와 소금이 바로 들어오게 하자 백성이 그 편리함을 칭송했다.『구당서』권185, 열전
설대정.

157 선정이 감응시키는 것 (…) 사람을 감응시킨 것이다.『군서고색별집』에서 인용했다(권18,
인신문 감사수령).

천하의 훌륭한 문장이요, '인仁이 마음에 드러나면 백성이 복종한다'고 했으니 이것은 천하를 잘 교화한 것이다. 어찌 많은 명령을 내려 백성이 게으른 것을 책망하고, 스스로 험한 일을 만들어 백성이 속이는 것을 책망하겠는가. 아홉번 정련해서 단약丹藥을 만들고 쇳덩이를 다루어 황금을 만드는 것이니, 전한과 후한의 순리循吏(법을 잘 지키고 도리를 따르는 관리)들은 완악한 백성들을 교화시켜 인仁을 이루었다. 내가 간단하고 쉽게 하자 백성들이 공경하고 내가 까다롭지 않게 하자 백성이 친근하게 생각하여, 사사로이 싸울 때 쓰던 칼을 팔아 소를 장만하고 귀신에게 제사 지낼 때 쓰던 제기로 부모를 봉양하는 것을 부끄럽게 여기게 되었으니, 비록 태평한 세월에 임금의 은혜를 입었더라도 군수가 사람들을 잘 돌보았기 때문이 아니겠는가.[159]

선정은 한나라의 순리循吏들처럼 해야 한다

무릇 엄격하면서도 선량한 사람을 해치지 않고, 관대하면서도 간사한 도둑을 키우지 말아야 한다. 전한과 후한의 순리循吏들도 이보다 더하지 않았으니, 평향萍鄉(지금 중국 장시성에 있던 고을)에서 올빼미가 봉황이 되고 강아지풀이 모두 변하여 곡식이 되었다.[160]

---

158 이천석(二千石): 군수(郡守) 또는 군태수의 별칭. 한나라 때 군수의 1년 녹봉이 2,000석이었던 데서 비롯된 말이다.

159 이천석(二千石)의 선정 (…) 때문이 아니겠는가: 『군서고색별집』에서 인용했다(권18, 인신문 감사수령). 송나라 때 학자인 황정견(黃庭堅)의 「강서도원부(江西道院賦)」에 나오는 말이다(『산곡집山谷集』 권1).

160 선정은 한나라의 순리(循吏)들처럼 해야 한다 (…) 곡식이 되었다: 『군서고색별집』에서 인용했다(권18, 인신문 감사수령). 황정견의 「서평향현청벽(書萍鄉縣廳壁)」에 나오는 말이다(『산곡집』 권20).

수령이 책임을 지지 않는다

남이 주는 음식을 먹는 자는 그들에게 책임을 져야 하고, 남이 주는 옷을 입는 자는 그들의 근심을 품어야 한다. 조정에서 10만호를 군수에게 맡기고 사방 100리의 땅을 현령에게 맡겼으니, 모든 백성의 편안함과 근심이 달려 있고 한때의 풍족함과 부족함이 달려 있다. 그런데 그것을 두려워할 줄 모르고 권세가에 연줄을 대고 간사한 짓을 하니 아무 생각이 없는 것이다. 또 관청을 설치하고 관리를 둔 것은 본래 백성을 위함인데 지금은 백성의 부모가 되어서 도리어 백성을 좀먹고 있으니 백성이 누구를 바라보겠는가. 선비들이 벼슬하기 직전에는 조그만 녹이나마 얻기를 바라고 무언가를 하지만, 세월이 지나 집이 따뜻해지고 먹는 것이 풍족해지면 평소 뜻한 바를 하나같이 잊어버리니, 아! 한탄할 일이다.[161]

관리는 백성의 유모요 목자이다

해가 가물고 흉년이 들어서 백성이 원망하면 안정시키고 무마하기에도 일이 많을까 걱정인데 혹시 탐학한 관리들이 쫓아가서 빼앗는다면 이는 어린아이가 막 배고파 울어서 젖을 먹이는데 모진 자가 먹을 것을 빼앗고, 소가 막 달리다가 숨이 차서 쉬고 있는데 사나운 자가 채찍질을 하는 격이니, (어린아이가) 더욱 쇠약해지고 (소가) 격동하여 치받게 되는 것은 필연적인 일이다. 임금이 백성을 보호하기를 자식을 보호하듯 하고, 백성을 사랑하기를 소를 아끼는 것보다 두텁게 하여 젖을 주고 길러주는 일을 여러 관리에게 맡긴 것이다.[162]

---

161 수령이 책임을 지지 않는다 (…) 아! 한탄할 일이다: 『군서고색별집』에서 인용했다(권18, 인
   신문 감사수령).
162 관리는 백성의 유모요 목자이다 (…) 여러 관리에게 맡긴 것이다: 『군서고색별집』에서 인용

양리良吏(좋은 관리)와 탐리貪吏(탐욕스런 관리)

좋은 관리가 고을에 나가 덕성德星(덕 있는 사람이 나타날 때 뜨는 별)이 되면 비록 제齊나라의 한해 농사가 어려웠어도 백성은 부모를 그리워하는 마음을 품었고, 탐욕스러운 정사를 방자하게 해서 석서碩鼠(큰 쥐. 탐관오리)가 되면 비록 위魏나라의 보리가 먹을 만했어도 백성은 떠날 생각을 했다.[163]

장리贓吏(재물을 탐하는 관리)

장리라는 것은 마음 속의 큰 좀이니, 뿌리를 뽑아서 넝쿨이 뻗지 못하게 하고 가지를 쳐서 싹이 트지 못하게 해야 군현에 가득 포진한 사람들이 모두 고양소사羔羊素絲[164]의 절도를 지키고, 백성을 돌보고 기르는 사람들이 가정맹호苛政猛虎[165]의 혐의가 없게 된다.[166]

관리의 폐해

서릿발같이 준엄하게 논평하는 것을 반드시 두려워하지 않고, 아침저녁으로 가렴주구하는 것을 태연하게 여기며, 탐욕 부리기를 사나운 이리처

했다(권18, 인신문 감사수령).

163 양리(良吏)와 탐리(貪吏) (…) 떠날 생각을 했다: 『군서고색별집』에서 인용했다(권18, 인신문 감사수령).

164 고양소사(羔羊素絲): 관리가 청렴한 것을 칭송하는 말이다. 고양羔羊은 어린 양이란 뜻으로, 문왕의 덕화에 힘입어 소남국(召南國)의 관리들이 검약하고 정직하여 마치 어린 양과 같다고 한 데서 유래했다. 소사(素絲)는 흰 실이란 뜻으로, 흰 실로 어린 양의 가죽을 기웠다는 고사에서 유래해서 청렴한 관리를 가리킨다. 『시경』 국풍(國風) 「고양(羔羊)」에 "고양의 가죽이여, 소사로 다섯곳을 꿰맸도다"라는 구절이 있다.

165 가정맹호(苛政猛虎): 가혹한 정치가 호랑이보다 사납다는 뜻이다.

166 장리(贓吏) (…) 혐의가 없게 된다: 『군서고색별집』에서 인용했다(권18, 인신문 감사수령).

럼 하고, 미워하며 다투기를 사나운 맹금처럼 한다. ○탐욕스럽고 포악한 독기를 함부로 부리고, 고자질하는 풍조를 조장하며, 재판을 이익 늘리는 방편으로 삼고, 감옥을 재물 흥정하는 곳간으로 삼는다. ○정해진 형벌 외에 마음 내키는 대로 처벌하고, 정해진 세금보다 더 거두어 가로채며, 자상하고 온화하게 처리하는 것을 지나친 관용이라고 하고, 각박하고 잔인하게 처리하는 것을 정당한 판결이라고 하여 의론이나 풍습이 날로 각박한 데로 치닫게 된다. 맑고 밝으며 성스러운 시대에는 당연히 있어서는 안 될 일이다.[167]

경제문감후서 經濟文鑑後序[168]

도전道傳(정도전)이 일찍이 틈나는 날에 전대前代의 전적을 고찰하고 연구하여 그중에서 통치 체제와 관계된 것을 모았는데, 재상부터 수령까지 그 명칭과 직위의 연혁, 직임職任의 잘되고 잘못된 것, 인물의 어질고 어질지 못한 것을 갖추어 기재하지 않은 것이 없다. 당우唐虞(요순 시대)부터 시작한 것은 문적이 일어났기 때문이고, 본조本朝까지 이른 것은 이목이 미치기 때문이다. 무릇 임금이 머리이고, 재상은 임금을 위해 가부를 결정하니 임금의 가슴과 배이고, 대간과 감사는 임금을 위해 규찰하니 임금의 눈과 귀이며, 부위府衛가 호위하는 것과 수령이 왕의 교화를 널리 전파하는 것은 임금의 조아爪牙(손톱과 어금니)요 손발이 아니겠는가? 사람이 그 신체에서 하나를 폐하면 사람이 되지 못하고, 나라가 그 관청에서 하나를 폐하

---

167 관리의 폐해 (…) 있어서는 안 될 일이다: 『군서고색별집』에서 인용했다(권18, 인신문 감사 수령).

168 경제문감후서(經濟文鑑後序): 『삼봉집』에는 별도의 제목 없이 『경제문감』 말미에 수록되어 있지만, 글의 내용으로 보아 서문에 해당하므로 '후서'라고 부른다.

면 나라가 되지 못한다. 고대의 어진 임금들이 어질고 유능한 선비를 널리 구해 중외에 벌려놓은 것 역시 그 관직을 닦게 해서 나라를 보존하고자 함이었다. 『시경』에, "내 아름다운 덕을 구하여, 온 나라에 펼치니, 우리 임금이 보살피네"[169]라고 한 것은 이것을 말함이다.

재상이 된 자는 식견이 있어야 능히 사물의 옳고 그름을 판단하여 미혹되는 바가 없고, 도량이 있어야 능히 사물의 번잡하고 많은 것을 받아들여 빠뜨리는 바가 없으며, 덕이 있어야 능히 위아래 사람들을 심복시켜 잃는 바가 없을 것이다. 대간과 감사에 이르러서는, 마땅히 풍채를 중히 여기고 기개와 절조를 숭상할 것이니, 풍채가 좋으면 사람들이 공경하고, 기개와 절조가 높으면 사람들이 두려워하며, 사람들이 공경하고 두려워할 줄 알면 권세나 간사함을 부리는 마음이 막히고, 법을 굽히고 정사를 어지럽히려는 싹이 끊어질 것이다. 지혜롭고 용맹하며 충성스럽고 의로운 선비를 얻어 숙위에 충원해서 궁궐의 호위가 존엄해지면 간사한 사람의 마음을 꺾어서 틈을 엿보려는 욕망을 막을 것이요, 법을 지키고 어질며 공정한 선비를 얻어 수령으로 삼아서 백성이 숨 돌리고 쉬게 되면 마침내 상생하는 즐거움을 이루어 흩어지고 한탄하는 소리가 없어질 것이다.

그러나 인재란 우매함과 현명함, 강함과 약함이 같지 않고, 세상의 도리는 두터움과 경박함, 성함과 쇠함이 간혹 차이가 있으므로 어리석고 못난 자가 그 사이에 끼어들기도 하고, 어질고 지혜로운 자가 능력을 펼치지 못하기도 하니 직분이 수행되지 못하는 바가 있고 헛되이 관직만 차지하고 있다는 탄식이 일어나게 된다. 또한 재상이 적임자가 아니면 빨리 어진 사람을 구해서 그 자리에 둘 것이며, 대간이 그 직분을 잃으면 역시 유능한 사람을 구해서 그 직책을 맡길 것이니, 어찌 한 사람 때문에 재상의 권위를 가볍게 만들고 풍습과 기강을 맡은 관직을 없앨 것인가. 부위府衛와 감사·

---

169 『시경』 주송(周頌) 「시매(時邁)」에 나온다.

수령 같은 것들도 모두 그렇지 않은 것이 없다. 이것을 사람에 비유하면, 마음의 직책은 생각하는 것이요, 귀는 듣는 일을 맡고 눈은 보는 일을 맡는 데, 마음이 생각하는 일을 하지 못하면 당연히 그 마음을 다스려 더욱 맑고 밝게 해서 반드시 그 생각을 얻는 데 끝까지 힘쓸 것이요, 귀가 듣지 못하는 것이 있고 눈이 보지 못하는 것이 있으면 역시 그 귀와 눈을 다스려 더욱 총명하게 해서 반드시 듣고 보는 실상을 얻는 데까지 힘써야 한다. 어찌 생각하지 않는다는 이유로 마음의 직책을 없애고, 듣지 않고 보지 않는다는 이유로 귀와 눈의 총명을 없앨 것인가. 이 또한 알지 않으면 안 될 것이기에 아울러 논했다.

경제문감서 經濟文鑑序[170]

『경제문감』은 판삼사사 봉화백 정공鄭公(정도전)의 저술이다. 공은 어려서부터 학문을 좋아하고 경학을 깊이 연구했으며, 재주를 지니고 도덕을 품고 있었다. 대범하게 경제經濟(경세제민經世濟民, 세상을 다스리고 백성을 구제함)에 뜻이 있었는데, 우리 전하께서 천명을 받아 새 나라를 일으키심에 이르러 공은 어려운 문제를 해결하고 계책을 세워서 성대하게 원훈元勳이 되었다. 문무의 지략으로 장수와 재상의 소임을 겸했으며, 국가의 정사에 있어 옛 법을 인용하고 시기에 맞게 참작해서 이로움을 일으키고 해로움을 없애 백성이 그 은택을 입었으니 세상을 다스리고 백성을 구제함이 컸다. 옛사람을 평론하고 역대 이래 관직의 잘되고 잘못된 것, 인물의 어질고 어질지 못한 것을 널리 수집해서 책으로 썼다. 선유先儒의 논설을 인용하고

---

170 경제문감서(經濟文鑑序): 정총(鄭摠)이 지은 『경제문감』의 서문이다. 『삼봉집』에는 별도의 제목 없이 정도전의 후서(後序) 뒤에 연이어 수록되었으나 정총의 문집인 『복재집(復齋集)』 (권하)에 '경제문감서'라는 제목으로 실려 있다.

사이사이에 자신의 견해를 붙인 것은 더 식별하지 않아도 간명하되 소략하지 않고 상세하되 번잡하지 않으니 가히 본받을 만하고 경계로 삼을 만하다. 장차 세상의 관직에 있는 사람들로 하여금 모두 그 맡은 바 책임이 쉽지 않음을 알아서 면면勉勉(싫증을 내지 않고 부지런히 일함)하고 순순循循(법도를 따름)하지 않음이 없고 그 직분을 다하는 바를 생각하게 했으니 세상에 도움되는 것이 또한 크다.

내가 이 책을 보니, 상업相業(재상의 업무)을 첫머리로 한 것은 재상의 소임이 도를 논하고 나라를 경륜하며 음양을 조화롭게 하는 것으로, 관계하는 것이 지극히 중요하여 다른 관직과 비할 바가 아니기 때문이다. 옛날에 능히 그 직분을 다한 사람이 몇이나 되겠는가. 삼대三代 이전에는 기夔, 고요皐陶, 후직后稷, 설契, 이윤伊尹, 부열傅說, 주공周公, 소공召公을 들 수 있고, 삼대 이후로는 한나라의 소하蕭何, 조참曹參, 병길丙吉, 위상魏相과 당나라의 방현령房玄齡, 두여회杜如晦, 요숭姚崇, 송경宋璟, 송나라의 한기韓琦, 부필富弼, 왕증王曾, 범중엄范仲淹, 사마광司馬光을 들 수 있을 뿐이니, 아! 재상의 업무가 역시 어려운 일이 아니겠는가. 그러므로 임금은 마땅히 재상을 가려 뽑는 것을 우선으로 하고, 재상이 된 자 또한 그 직분을 다할 것을 생각해야 옳을 것이다. 그다음을 대간으로 한 것은, 대관臺官은 풍속의 나쁜 점을 규찰하여 금지하고, 간관諫官은 임금의 잘못을 논하여 아뢰니 실로 국가의 소중한 직분이기 때문이다. 이 직위에 있는 자가 어찌 공손하게 임금의 뜻을 따르거나 일을 게을리해서 그 관직을 병들게 할 수가 있겠는가? 또한 부위府衛의 병사는 훈련하고 양성함에 있으니, 일이 없을 때는 궁중에서 숙위하며 비상시의 환란에 대비하고, 유사시에는 밖에서 싸워 위급함으로부터 난리를 평정하므로 중요하게 여기지 않을 수 없다. 감사監司의 소임은 맑고 깨끗하게 하는 데 있으니, 힘있고 간사한 무리를 징계해서 원통하고 억울한 일을 다스리며, 백성의 고통을 구휼하고 어진 인재를 천거하므로 삼가지 않을 수 없다. 주목州牧·군수郡守·현령縣令은 임금과 더불어 나라를 함께 다스리는 자이니, 사람됨이 어질면 백성이 복을 받을 것이요 어질지 못하다면 백성이 재앙을 받을 것인즉, 그 사람됨을 가리지 않고 관직을 내려서야 되겠는가. 이것이 또한 서로 이어져서 그다음에 있는 이유이다. 그러니 부병府兵이 되거나 감사가 되거나 주목·수령이 된 자는 그 직분을 다할 것을 생각지 않겠는가. 나라를 위한 요체는 이 몇 가지를 벗어나지 않으므로 진실로 각자가 직분을 다할 수만 있다면 비록 천하를 경륜하더라도 어렵지 않겠거늘 하물며 한 나라이겠는가. 여기서 공의 학문에 연원이 있음을 보겠으며, 공의 재주가 쓰기에 적합한 것임을 보겠다.

어느 손님이 내게 이른 말이 있다. "대저 옛사람의 저서란, 뜻을 가지고 있으면서도 일을 행할 처지에 있지 않은 사람이 쓴 것이다. 정공鄭公(정도전)은 성군聖君을 만나 재상의 지위에 올랐으니 불우한 때라고 말할 수도 없고, 도道를 행하지 못했다고도 말할 수 없는데 무슨 저서를 쓴단 말인가"라고 하기에, 내가 말하기를 "공의 마음은 틀림없이 요순처럼 백성을 다스리고 난 뒤에 그만두는 것이었으니, 그 도를 행함에 터럭만큼이라도 다하지 못하면 그 가운데 실로 부끄러움이 있을 것이다. 이것이 공이 책을 지은 뜻이다"라고 했다.

창룡蒼龍 을해乙亥(1395, 태조 4) 후 9월 하한下澣(하순)에 순충좌명개국공신純忠佐命開國功臣 자헌대부資憲大夫 예문춘추관대학사藝文春秋館大學士 동판도평의사사사同判都評議使司事 세자우빈객世子右賓客 서원군西原君 정총鄭摠이 서문을 씀.

경제문감별집서經濟文鑑別集序[1]

　삼봉 선생이 처음 『경제문감經濟文鑑』을 편찬할 때 상업相業(재상의 업무)
으로부터 시작하고 군도君道(임금의 도리)에 미치지 않은 것은 아마 (임금
을) 정중히 여겨 감히 말하지 못한 것이리라. 글이 완성되자 선생이 말하
기를, "임금의 마음은 정사가 나오는 근원인데, 경제經濟(경세제민經世濟民, 세
상을 다스리고 백성을 구제함)를 논하면서 임금의 마음에 근본을 두지 않는다면
이야말로 물이 맑기를 바라면서 그 근원을 맑게 하지 않는 것과 마찬가지
니 될 일인가?"라고 하고는 (임금이) 본받을 만한 일과 경계할 만한 일을
논하여 열거하되, 당우唐虞(요임금과 순임금)로부터 송나라와 원나라에 이르
기까지 했다. 그중에 참칭僭稱한 나라와 분열된 나라를 생략한 것은 정통

1　경제문감별집서(經濟文鑑別集序): 1395년(태조 4)에 권근(權近)이 지은 『경제문감별집』 서
　　문이다. 『삼봉집』에는 별도의 제목 없이 서두에 수록되었으나 이 책에서는 제목을 붙였다.
　　권근은 정도전과 동시대를 살았던 학자·관료로서 정치적으로는 대립 관계에 있었으나 사적
　　인 친분을 유지했고, 『삼봉집』을 비롯해서 정도전의 저술에 서문을 많이 썼다.

을 존중해서이고, 전조前朝 왕씨 30대 동안의 잘잘못을 또한 모두 논하여 편저한 것은 듣고 보고 한 것이기 때문이다. 또 경전에 있는 성현들의 격언을 모아 그 뒤에 붙였는데, 임금의 마음을 바로잡고 임금의 덕을 바르게 하는 바와 역대의 치란 및 정치의 본말을 거론하지 않은 것이 없으며, 간략하면서도 자세하고 간결하면서도 절실하게 되었으니, 실로 임금의 귀감이라 하겠다.

생각건대, 우리 전하께서 성스러운 덕과 신령한 공으로 천명을 받아 나라를 세우고 유신維新의 정치를 일으켜 만세의 터전을 이룩하셨는데, 선생은 성리의 학문과 경제의 재능으로 광보匡輔(바로잡고 도움)하고 찬양贊襄(도와서 성취시킴)하여 강령을 세우고 기율을 만들었으니 정치와 교화의 융성함이 지극하다 하겠다. 그러나 이 책에 정성을 다한 것이 어찌 한때를 다스리는 것으로 혼자 만족하려는 것이겠는가. 장차 교훈을 세우고 규범을 남겨서 만세 자손에게 한없는 복이 되게 하려는 것이다. 그러므로 이미 『경국전經國典』을 저술하고 또 이 책을 편찬했으니 그 충성이 크다 하겠고, 그 배려가 원대하다 하겠다.

근近(권근)이 재주가 없으면서 공의 명을 받아 거듭 교정하고 영원히 이름을 붙이게 되었으므로 행운이 이보다 클 수 없다. 그러므로 선생의 저술한 뜻을 대강 서술하여 책머리에 적는다.

홍무洪武 30년(1397, 태조 6) 7월 상한上澣(상순)에 자헌대부資憲大夫 화산군花山君 권근權近이 서문을 씀.

군도君道[2]

의론議論【이 편은『주역』괘卦의 오효伍爻에 대한 정자程子의 전설傳說을 편집한 것이다[3]**】**

임금의 덕은 만물 중에서 으뜸으로 나온다

건괘乾卦(첫번째 괘,☰)의 단사象辭[4]에, "만물 중에서 으뜸으로 나오니 만국이 모두 편안하다首出庶物 萬國咸寧"했다.

하늘은 만물의 원조이고 임금은 만국의 종주이니, 건도乾道가 만물에서 으뜸으로 나오매 만물이 형통하고, 군도君道가 천위天位에 높이 임하매 사해四海가 따르니, 왕자王者가 천도를 체현하면 만국이 다 편안하다.

---

2   군도(君道):『경제문감별집』은 군도(君道)와 의론(議論) 2편으로 구성되어 있다. 군도편은 요임금부터 원나라에 이르기까지 중국의 역대 황제들과 고려 국왕들의 잘하고 잘못한 점을 평가하는 내용이고, 의론편은 임금의 도리에 관련된 격언을 모아놓은 것이다. 이 책에서는 군도편은 생략하고 의론편만 번역해서 실었다.

3   『주역』괘(卦)의 오효(五爻)에 대한 정자(程子)의 전설(傳說)을 편집한 것이다:『주역』에는 64개의 괘가 있고, 모든 괘는 여섯개의 효(爻)로 이루어져 있다. 효의 명칭은 아래부터 초(初), 이(二), 삼(三), 사(四), 오(五), 상(上)이라고 하고, 양효(陽爻)에는 구(九), 음효(陰爻)에는 육(六)을 붙인다. 오효란 아래에서 다섯번째 효를 말하며, 양효이면 구오(九五), 음효이면 육오(六五)가 된다. 오효가 임금의 자리를 상징하므로 임금의 도리에 관한 격언으로 제시한 것이다.『주역』에 대한 해설로는 공영달(孔穎達)의『주역정의(周易正義)』와 정자의『주역전의(周易傳義)』두 계열이 있는데,『경제문감별집』에서는『주역전의』의 해당 부분을 그대로 옮겨놓았다.

4   단사(象辭): 64괘 각각의 뜻을 풀어서 설명한 글. 괘사(卦辭)라고도 한다.

임금은 지성으로 어진 이에게 맡겨서 그 공을 이룬다

몽괘蒙卦(네번째 괘, ䷃)의 육오 효사爻辭[5]에, "동몽童蒙이니, 길하다〔童蒙吉〕"했다.

오五는 유순함으로써 군위君位에 거하여 아래로 이二와 응하니, 유순함으로 중정中正을 삼는 덕이 있으면서 강명剛明한 인재에게 맡기면 족히 천하의 몽매함을 다스릴 수 있다. 그러므로 길한 것이다. 임금이 된 자가 지성으로 어진 이에게 맡겨서 그 공을 이룬다면 자기에게서 나온 것과 무엇이 다르겠는가.

왕자王者가 친비親比(가까이하며 의지함)하는 도를 분명하게 드러내면 천하가 저절로 와서 친비하게 된다.

비괘比卦(여덟번째 괘, ䷇)의 구오九五 효사에, "친비함을 드러나게 한다〔顯比〕"했다.

임금이 천하를 친비親比하는 도는 마땅히 그 친비하는 도를 분명하게 드러낼 뿐이니, 만일 성의로 남을 대하고 자기 마음을 미루어 남에게 미치며 훌륭한 정사를 펴고 인정을 베풀어 천하로 하여금 그 혜택을 입게 한다면 이것이 임금이 천하를 친비하는 도이다. 이와 같이 하면 천하에 그 누가 임금에게 친비하지 않겠는가. 만일 조그마한 인仁을 드러내고 도를 어겨 가며 명예를 구하면서 아랫사람이 친비하기를 구하려 한다면, 그 도가 또한 협소한 것이다. 왕자王者가 친비하는 도를 분명하게 드러내면 천하가 자연히 와서 친비할 것이니, 오는 자를 어루만질 뿐이며 진실로 작은 은혜를 베풀면서 남에게 친비하기를 구하지 않는다. 이것이 왕도王道의 위대함이니,

---

5   효사(爻辭): 괘를 이루는 여섯개의 효(爻)에 대하여 각각의 뜻을 풀어서 설명한 글.

그 때문에 백성이 스스로 만족해하면서 (임금이) 어떻게 했는지를 알지 못하는 것이다. 성인이 지공무사至公無私함으로 천하를 다스린 것을 친비함을 드러낸 데서 볼 수 있다.

성인은 일찍이 천하의 의론을 다 받아들이지 않은 적이 없다

이괘履卦(열번째 괘, ䷉)의 구오九五 효사에, "결夬[6]하게 행함이니, 정貞[7]하더라도 위태로우리라(夬履貞厲)" 했다.

옛 성인이 천하의 높은 지위에 있으면서 명석함은 족히 비출 수 있고 강단짐은 족히 결단할 수 있으며 세력은 족히 마음대로 할 수 있었으나, 일찍이 천하의 의론을 다 받아들이지 않은 적이 없어서 아무리 꼴 베고 나무하는 미천한 자라도 반드시 그 의견을 받아들였으니, 이것이 성인이 된 이유이다. 만약 강단지고 명석한 것을 자임하여 결행하고 돌아보지 않는다면, 비록 정正을 얻었다 하더라도 위험한 방도이니, 굳게 지킬 수 있겠는가. 강단지고 명석한 재주가 있더라도 자임하기를 마음대로 하면 오히려 위험한 방도가 되는데, 하물며 강단과 명석함이 부족한 자는 어떻겠는가.

천하의 비색否塞함(운수가 꽉 막힌 것)을 그치게 한다

비괘否卦(열두번째 괘, ䷋) 구오九五 효사에, "비색함을 그치게 하는지라 대인의 길함이니, 망할까 망할까 하고 두려워해야 우거지게 자란 뽕나무에 매어놓듯이 편안하리라(休否 大人吉 其亡其亡 繫于苞桑)" 했다.

---

6   결(夬): 결(決)과 통용된다. 『주역전의』에서는 강결(剛決), 즉 '의지가 굳고 결단력이 있다'라고 풀이했다.

7   정(貞): 바르고 단단해서 변하지 않는다는 뜻이다. 『주역』에서는 원(元)·형(亨)·이(利)·정(貞)을 사덕(四德, 네가지 덕)이라고 하는데, 원은 '큼'이고 형은 '통함'이고 이는 '마땅함'이고 정은 '곧음'이다. 『주역전의』 건괘(乾卦) 괘사.

오五는 양강陽剛하고 중정中正한 덕으로 높은 자리에 거했다. 그러므로 천하의 비색함을 그치게 할 수 있으니, 대인大人의 길함이다. 대인이 지위를 담당하여 도道로써 천하의 비색함을 종식시켜 태泰에 점차 이르게 하나[8] 아직 비색함에서 벗어나지 못했으므로 '망할까' 하는 경계가 있는 것이다. 비색함이 종식되어 점차 태泰로 돌아와도 곧바로 편안히 여기고 마음을 놓아서는 안 되고, 마땅히 깊이 생각하고 멀리 경계하여 항상 비색함이 다시 오지 않을까 염려하면서 '망할까 망할까' 하여야 한다. 우거지게 자란 뽕나무에 매어놓는다는 것은 편안하고 튼튼하게 하는 도道가 우거지게 자란 뽕나무에 매어놓은 것 같음을 말한다.

임금은 믿음으로 아랫사람을 대하고 또 위엄이 있어 두려움이 있게 해야 한다

대유괘大有卦(열네번째 괘, ䷌)의 육오六五 효사에, "그 믿음이 서로 사귀니, 위엄이 있으면 길하리라[厥孚交如 威如吉]"했다.

임금이 유순함을 잡고 중中을 지키며 믿음으로 아랫사람을 대하면 아랫사람 또한 정성과 믿음을 다해 윗사람을 섬길 것이니, 이는 상하가 믿으면서 서로 사귀는 것이다. 유순함으로 높은 자리에 거했으니, 대유大有[9]의 때를 당하여 사람들의 마음이 안이해지는데 만약 유순함만을 숭상하면 능멸하고 업신여기는 일이 생긴다. 그러므로 반드시 '위여威如'해야 길하니, '위여'란 위엄이 있음을 말하는 것이다. 이미 유화柔和와 믿음으로 아랫사람을 대하여 사람들이 마음으로 기쁘게 따르는데, 또 위엄이 있어서 두려움이 있게 하면 (대유에) 잘 처하는 것이니, 길함을 알 수 있다.

---

8 태(泰)에 점차 이르게 하나: 태(泰)는 비괘 바로 앞에 있는 괘이다. 정자(程子)는 태를 '통(通)'으로 풀이하고, 통함과 막힘이 반복되는 것이 이치라고 했다.

9 대유(大有): 대유괘는 '크게 선하여 형통하다'라는 의미를 가지고 있다.

위덕威德이 함께 드러나야 한다

겸괘謙卦(열다섯번째 괘. ䷎)의 육오六五 효사에, "부유하지 않으면서도 이웃을 얻으니, 침벌侵伐함이 이로우니,[10] 이롭지 않음이 없으리라〔不富以其隣 利用侵伐 無不利〕"했다.

임금 자리의 높음으로 겸순謙順함을 잡아서 아랫사람을 대하니, 사람들이 귀의하는 바이다. 그러므로 부유하지 않으면서도 그 이웃을 소유한 것이다. 그러나 군도君道는 오로지 겸유謙柔만을 숭상해서는 안 되고, 반드시 위엄과 무력으로 서로 구제한 뒤에야 천하를 회유하여 복종시킬 수 있다. 그러므로 위엄과 덕이 (겸유와) 함께 드러난 뒤에야 군도의 마땅함을 다하여 이롭지 않음이 없는 것이다.

자신의 지혜만을 스스로 믿어서는 안 된다

임괘臨卦(열아홉번째 괘, ䷒)의 육오六五 효사에, "지혜로 임臨함이니, 대군大君의 마땅함이니 길하다〔知臨 大君之宜吉〕"했다.

한 사람의 몸으로 넓은 천하에 군림하면서 만약 졸렬하게 스스로 도맡아 하려고 한다면 어찌 만사에 두루 미치겠는가. 그러므로 자신의 지혜만을 스스로 믿는 자는 지혜롭지 못하게 되기에 꼭 알맞다. 오직 천하의 선善을 취하고 천하의 총명한 사람에게 맡기면 두루 미치지 않음이 없으니, 자신의 지혜만을 스스로 믿지 않으면 그 지혜가 큰 것이다. 오五는 강중剛中한 현자에게 순응하여 그에게 맡기고 아래에 임하니, 이는 자신이 밝은 지혜로써 천하에 임하는 것이다. 이는 대군이 마땅히 할 일이니, 길함을 알 수 있다.

---

10   침벌(侵伐)함이 이로우니: 덕과 겸손함으로 복종시킬 수 없는 자를 정벌하는 것을 말한다.

악을 방지하는 도는 그 근본을 알고 요령을 얻는 데 있을 뿐이다

대축괘大畜卦(스물여섯번째 괘, ䷙)의 육오六五 효사에, "멧돼지를 거세하여 어금니를 쓰지 못하게 함이니, 길하다[豶豕之牙 吉]"했다.

육오六五[11]가 임금의 자리에 있으면서 천하의 사악함을 저지하니, 억조나 되는 많은 사람이 사악한 욕심을 부리려는 마음을 발하매 임금이 힘으로 이것을 제지하려고 하면 비록 법을 치밀하게 하고 형벌을 엄격하게 하더라도 감당할 수가 없다. 대체로 사물에는 중심이 되어 처리하는 것이 있고 일에는 기미와 시기가 있으니, 성인이 조종함에 있어서 그 요령을 얻어 많은 사람의 마음을 보기를 마치 한 사람의 마음을 보는 것처럼 해서 인도하면 따라오고 금지하면 그치게 되므로 수고롭지 않고도 다스려지니, 그 쓰임이 멧돼지를 거세하여 어금니를 쓰지 못하게 하는 것과 같다. 멧돼지는 굳세고 조급한 짐승으로 어금니가 사납고 날카로우니, 만약 억지로 그 어금니를 제어하면 힘만 수고롭게 쓰고 그 조급하고 사나움은 막지 못하여 비록 묶고 동여매더라도 변하게 할 수 없으나, 만약 거세해버리면 비록 어금니가 있더라도 굳세고 조급함이 저절로 그쳐지니, 그 쓰임이 이와 같기 때문에 길한 것이다. 또한 도둑질을 막는 것도 마찬가지이다. 인민들은 욕심이 있어서 이익을 보면 마음이 움직이는데 만약 성인의 가르침을 알지 못하고 배고픔과 추위가 절박하면 비록 형벌로 죽이기를 날마다 시행하더라도 억조나 되는 많은 사람의 이익을 탐하는 마음을 감당할 수가 있겠는가. 성인은 이것을 방지할 수 있는 방도를 알아서 위엄과 형벌을 숭상하지 않고 정사와 교화를 닦아서, 농사짓고 누에치는 생업을 갖게 하고 염치의 도리를 알게 해서 비록 상을 준다 해도 도둑질을 하지 않게 했다. 그러므로 악을 방지하는 도는 그 근본을 알고 요령을 얻는 데 있을 뿐이다.

---

11   육오(六五): 본문에는 육(六)이라고만 되어 있지만 『주역전의』 원문에 따라 육오(六五)로 정정했다.

저기서 엄한 형벌을 가하지 않고서도 여기서 정사를 닦는 것은 마치 멧돼지의 어금니가 날카로운 것을 걱정하면서 그 어금니를 제어하지 않고 (멧돼지를) 거세하는 것과 같다.

다른 사람이 자신을 길러주는 데 의지하여 천하를 구제한다

이괘頤卦(스물일곱번째 괘, ䷚)의 육오六五 효사에, "바른 도리에 어긋나나 바름에 거처하면 길하다[拂經居貞 吉]"했다.

육오六五는 이괘의 때에 임금의 자리에 있으니 천하를 기르는 자이다. 그러나 유약한 음陰의 재질로서 재주가 천하를 기를 수 없고, 위에 굳센 양陽의 현인이 있으므로 그에게 순종하고 자기를 길러주는 것에 의지해서 천하를 구제한다. 임금은 사람을 기르는 자인데 도리어 다른 사람이 길러주는 데 의지하게 되니 바른 도리에 어긋나지만, 자기가 부족하기 때문에 어진 사부에게 순종하는 것이다. 위의 상효上爻(여섯번째 효)는 사부의 자리이니, 반드시 정고貞固함을 지키면서 (사부에게) 맡기고 신임하기를 돈독하게 하면, 그 자신을 보필하여 천하에 은택이 미치므로 길한 것이다.

천하의 뜻에 통하고, 다시는 자신의 밝음을 믿지 말아야 한다

진괘晉卦(서른다섯번째 괘, ䷢)의 육오六五 효사에, "후회가 없으면 잃고 얻음을 근심하지 말 것이니, 가는 것이 길하여 이롭지 않음이 없으리라[悔亡 失得勿恤 往吉 無不利]"했다.

육六은 유순함으로 높은 자리에 있으므로 본래는 후회가 있어야 하는데 크게 밝아서 아랫사람들이 모두 순종하여 따르기 때문에 후회가 없는 것이다. 아랫사람들이 이미 같은 덕으로 순종하여 따르면 마땅히 성의를 다해 위임하여 사람들이 재주를 다하게 하고 천하의 뜻이 통하게 해야 하며,

다시는 자신의 밝음을 믿어 잃고 얻음을 근심하지 말아야 한다. 이와 같이 하면, 가면 길하고 이롭지 않음이 없다. 육오六五는 크게 밝은 임금이니, 밝게 비추지 못하는 것을 근심하지 말고 그 밝음을 쓰는 것이 지나쳐서 살피고 또 살피다가 위임하는 도를 잃는 것을 근심해야 한다. 그러므로 잃고 얻음을 근심하지 말라고 경계한 것이다. 무릇 사사로운 생각으로 치우치게 맡기고 살피지 않으면 가려지는 데가 있으니, 천하의 공정을 다한다면 어찌 다시 사사로이 살필 것이 있겠는가?

가정家庭을 둔 도가 지극해지면 근심하고 수고롭지 않아도 천하가 다스려진다

가인괘家人卦(서른일곱번째 괘, ䷤)의 구오九五 효사에, "왕이 가정을 둔 도를 지극하게 함이니, 근심하지 않아도 길하리라(王假[12]有家 勿恤吉)" 했다.

왕자王者의 도는 자기 몸을 닦음으로써 가정家庭을 가지런히 하는 것이니, 가정이 바르게 되면 천하가 다스려진다. 예로부터 성인들은 자기 몸을 공손히 하지 않은 이가 없었으니, 근심하지 않아도 길하게 되는 것이다.[13]

천하의 어려움을 구제한 것은 성현聖賢한 신하가 군주를 위해 도와준데서 말미암지 않은 적이 없다

건괘蹇卦(서른아홉번째 괘, ䷦)의 구오九五 효사에, "크게 어려울 때 벗이 옴이로다(大蹇朋來)" 했다.

---

12 假: '이르다' 또는 '지극하다'라는 뜻으로, '지(至)'와 같다. '격'으로 읽는다.
13 예로부터 성인들은 자기 몸을 (…) 길하게 되는 것이다: 『주역전의』에서 "예로부터 성인들은 자기 몸을 공손히 하고 가정을 바르게 하는 것을 근본으로 삼지 않은 적이 없었다. 그러므로 가정을 둔 도가 이미 지극해지면 근심하고 수고롭지 않고도 천하가 다스려졌으니, 이것이 근심하지 않아도 길한 것이다"라고 한 것을 축약한 것이다.

강양剛陽하고 중정中正한 임금이지만 한창 크게 어려운 가운데 있으니, 강양하고 중정한 신하의 도움을 얻지 못하면 천하의 어려움을 구제할 수 없다. 예로부터 성왕이 천하의 어려움을 구제할 때 성스럽고 어진 신하가 군주를 위해 도와준 데서 말미암지 않은 적이 없으니, 탕왕과 무왕이 이윤伊尹과 여상呂尙을 얻은 것이 이것이다. 중간 정도의 보통 임금이 강명剛明한 신하를 얻어 큰 어려움을 구제한 경우도 있으니, 유선劉禪의 공명孔明과, 당나라 숙종의 곽자의郭子儀, 덕종德宗의 이성李晟이 그것이다. 비록 현명한 임금이라도 그런 신하가 없으면 어려움을 구제할 수 없다. 신하가 임금보다 어질면 임금을 보필하되 그 임금이 하지 못하는 것을 보필하지만, 신하가 임금에 미치지 못하면 (임금을) 도와 협조할 뿐이니, 큰 공을 이룰 수 없다.

임금은 마음을 비우고 스스로 덜어내어 아래 있는 어진 이에게 순종할 수 있어야 한다

손괘損卦(마흔한번째 괘, ䷨)의 육오六五 효사에, "혹 보탤 일이 있으면 여럿이 도와주는지라, 거북도〔或益之十朋之 龜〕(내용 없음)"[14] 했다.

육오六五가 덜어내는 시기에 중순中順함으로 높은 자리에 있으면서 그 마음을 비우고 구이九二의 굳센 양과 호응하니, 이는 임금이 마음을 비우고 스스로 덜어내어 아래 있는 어진 이에게 순종하는 것이다. 이같이 할 수 있으면 천하에 누가 스스로 덜기를 극진히 하여 보태지 않겠는가. 혹 보탤 일이 있으면 여럿이 도와줄 것이다.

---

14   『주역』의 원문은 "혹 보탤 일이 있으면 여럿이 도와주는지라, 거북도 어기지 못할 것이니 크게 길하다〔或益之十朋之 龜弗克違 元吉〕"라고 되어 있다. 뒷문장이 누락되었다.

지성으로 천하를 유익하게 하면, 천하가 그 큰 복을 받게 된다

익괘益卦(마흔두번째 괘, ䷩)의 구오九五 효사에, "은혜로운 마음에 믿음이 있으니, 묻지 않아도 크게 길하다. 믿음이 있어서 나의 덕을 은혜롭게 여길 것이다〔有孚惠心 勿問元吉 有孚惠我德〕"했다.

임금이 이룰 수 있는 자리에 있고 이룰 수 있는 권세를 잡아서 진실로 지극한 정성으로 천하를 유익하게 하면 천하가 그 큰 복을 받을 것이니, 크게 길할 것은 말할 필요가 없다. '믿음이 있어서 나의 덕을 은혜롭게 여긴다'고 함은 임금이 지성으로 천하를 유익하게 하면 천하 사람들이 지성으로 사랑하고 추대하지 않는 자가 없어서 임금의 덕택을 은혜로 여긴다는 것이다.

임금이 지성스럽게 몸을 낮추고 중정한 도로 천하에서 구하면 어진 이를 만나지 못한 적이 없다

구괘姤卦(마흔네번째 괘, ䷫)의 구오九五 효사에, "박달나무 잎으로 오이를 싸니, 아름다움을 머금으면 하늘에서 떨어짐이 있으리라〔以杞包瓜 含章 有隕自天〕"했다.

구오九五가 존귀한 임금의 자리에 있으면서 아래로 어진 인재를 구하니, 지극히 높은 이로서 지극히 낮은 이를 구하는 것은 마치 박달나무 잎으로 오이를 싸는 것과 같다. 스스로 낮추고 굽히기를 이같이 하고, 또 그 안에 중정中正한 덕을 쌓고 충실하고 아름답게 해야 하니, 임금이 이같이 한다면 구하는 자를 만나지 못하는 일이 없을 것이다. 비록 몸을 굽혀 어진 이를 구하더라도 만약 그 덕이 바르지 못하면 어진 이가 좋게 여기지 않는다. 그러므로 반드시 아름다움을 함축하여 안에 지극한 정성을 쌓으면 하늘에서 떨어짐이 있을 것이다. '하늘에서 내려온다'고 한 것은 반드시 언는다는 말이다. 예로부터 임금이 지성스럽게 몸을 낮추고 중정中正한 도로 천하에서 구하면 어진 이를 만나지 못한 적이 없었다. 고종高宗이 꿈속에 감응한 것[15]과 문왕文王이 낚시질하는 데서 만난 것[16]이 모두 이 도리에서 말미암은 것이다.

천하를 모으는 도는 마땅히 그 자리를 바르게 하고 그 덕을 닦는 것이다

췌괘萃卦(마흔다섯번째 괘, ䷬)의 구오九五 효사에, "모임에 지위를 보유하고 허물이 없으나, 믿지 않거든 크고 길고 곧게 하면 후회가 없게 되리라〔萃有位無咎 匪孚 元永貞 悔亡〕"했다.

천하의 높은 자리에 있으면서 천하의 무리를 모아 군림하니, 마땅히 그 자리를 바르게 하고 그 덕을 닦아야 한다. 양강陽剛으로 높은 자리에 있으면서 그 자리를 소유하고 중정中正한 도를 얻었으니 허물이 없다. 이렇게 하는데도 믿지 않아 귀의하지 않는 자가 있으면, 마땅히 스스로 반성하여 크고〔元〕 길고〔永〕 곧은〔貞〕 덕을 닦으면, 복종하지 않겠다고 생각하는 자가 없어서 후회가 없을 것이다. '크고 길고 곧다'는 것은 임금의 덕이니 사람들이 귀의하는 바이다. 그러므로 천하를 친비親比하는 도와 천하를 모으는 도가 모두 이 세가지에 달려 있다. 왕자王者가 이미 그 자리를 보유하고 또 그러한 덕이 있어서 중정中正하여 허물이 없는데도 천하에 믿고 복종하여 귀의하지 않는 자가 있다면, 그 도가 아직 밝고 크지 못하며 크고 길고 곧은 도가 지극하지 못하기 때문이니, 덕을 닦아 귀의하게 하는 데 달려 있

15　고종(高宗)이 꿈속에 감응한 것: 은나라 고종이 꿈에서 본 사람을 두루 찾게 해서 부열(傅說)을 얻었다는 고사를 말한다. 『서경』 상서(商書) 「열명상(說命上)」.

16　문왕(文王)이 낚시질하는 데서 만난 것: 주나라 문왕이 위수(渭水) 북쪽에서 낚시질하고 있던 강태공(姜太公)을 만난 고사를 말한다. 『사기』 「제태공세가(齊太公世家)」.

다. 예를 들어, 묘苗 땅의 백성이 명령을 거역했을 때 제帝(순임금)가 문덕文德을 크게 폈으니,[17] 순임금의 덕이 지극하지 않은 것이 아니었으나 거리의 원근遠近과 자질의 혼명昏明에 차이가 있었기 때문에 귀의함에 선후가 있었던 것이다. 아직 귀의하지 않은 사람이 있다면 마땅히 덕을 닦아야 한다. 이른바 덕이란 것은 크고[元] 길고[永] 곧은[貞] 도인데, 원元은 머리이고 으뜸이니 임금의 덕이 만물 가운데 으뜸으로 나와 여러 생명의 우두머리가 되어 존대尊大하는 뜻과 통솔하는 뜻이 있고, 또 길고 곧으면 신명과 통하고 사해에 빛나서 복종하지 않는 사람이 없을 것이니, 바로 허물이 없고 믿지 않음이 없어서 후회가 없게 되는 것이다.[18]

이 아래로는 권질卷帙이 온전하지 못하게 없어져서 전체 글을 볼 수 없으니 매우 안타깝다.[19]

---

17 묘(苗) 땅의 백성이 명령을 거역했을 때 제(帝)가 문덕(文德)을 크게 폈으니: 『서경』 우서 「대우모」에 나오는 말이다.

18 바로 허물이 없고 믿지 않음이 없어서 후회가 없게 되는 것이다: 『주역전의』 원문에는 "바로 믿지 않음이 없어서 후회가 없게 되는 것이다[乃無匪孚 而其悔亡也]"라고 되어 있다.

19 『주역』에는 췌괘(萃卦) 다음에 열아홉개의 괘가 더 있는데, 『경제문감별집』에서 몇 편의 단사를 더 인용했는지는 알 수 없다.

정달가에게 올리는 글上鄭達可書[1]

이단이 날로 성하고 우리 도[오도吾道, 유교)는 날로 쇠잔해져서 백성을 금수와 같은 지경에 몰아넣고 도탄에 빠뜨렸으며, 온 천하가 그 풍조에 휘말려 끝이 없습니다. 아! 통탄할 일입니다. 그 누가 이를 바르게 하겠습니까? 반드시 학문이 바르고 덕과 지위가 뛰어나 사람들이 믿고 복종할 만한 사람만이 이를 바로잡을 수 있을 것입니다. 또 백성은 혼몽하고 어리석어 받아들일 것과 버릴 것을 알지 못합니다. 만약 한 시대의 뛰어난 사람이 있어서 이단을 배척하면 이단을 버리고, 이단을 제창하면 이단을 신봉하게 되니, 이는 뛰어난 사람을 믿고 복종할 줄만 알았지 도에 사악한 것이 있고 바른 것이 있는 줄은 모르기 때문입니다.

---

1   정달가에게 올리는 글: 달가(達可)는 정몽주의 자(字)이다. 정몽주가 불교를 가까이한다는 소문을 듣고 그러지 말도록 권유한 글이다. 『삼봉집』의 작품 배열 순서로 볼 때 1375년(우왕 1)에 정도전이 유배되기 전, 즉 이십대 후반에서 삼십대 초반 사이에 지은 것으로 추정된다. 젊은 시절 정몽주에 대한 존경과 기대의 심정이 담겨 있으며, 평생 불교와 거리를 두고 배척하는 데 앞장섰던 정도전의 젊은 시절 모습을 엿볼 수 있다.

옛날 맹자는 비록 궁하여 평민의 처지에 있었지만 끝내 양주楊朱와 묵적墨翟을 배척하고 공자를 높였는데 천하가 그를 따른 것은 덕이 뛰어나서 그 덕이 족히 천하에서 믿고 복종할 만했기 때문이며, 소연蕭衍(양 무제梁武帝의 본명)이 비록 혼몽하고 아는 것이 없었지만 끝내 불교를 일으켜 풍속을 바꿨는데 천하가 그를 따른 것은 지위가 높아서 그 지위가 족히 천하에서 믿고 복종할 만했기 때문입니다. 공자가, "군자의 덕은 바람이요 소인의 덕은 풀이니, 풀에 바람이 불면 반드시 쓰러진다"[2]라고 한 것이 옳은 말이 아니겠습니까. 그 뒤로 위에는 어진 임금이 없고 아래에는 참된 선비가 없어서 세상의 가르침이 점점 쇠퇴하고 사악한 주장이 횡행했는데, 덕이 뛰어나 윗자리에 있는 사람들마저 그것을 따르는 데 앞장섰으니, 아! 그 폐해는 이루 다 말할 수가 없습니다. 송나라가 융성하면서 참된 선비들이 번갈아 일어나 남아 있는 경전을 바탕으로 끊어진 도통을 이어서 유교를 보존하고 이단을 물리쳤는데, 학자들이 쏠리듯 따른 것은 덕이 뛰어나 사람들이 믿고 복종하게 되었기 때문입니다. 하지만 애석하게도 덕만 있고 지위가 없어서 세상에 크게 펴서 사악한 주장의 뿌리를 뽑지 못했습니다. 그러나 중국의 학자들은 여전히 그 학설에 의지해서 유교를 보존하고 이단을 배척하는 것을 자기 임무로 삼았으니, 비록 그 폐해가 깊어 갑자기 단절시키지는 못했지만 그래도 유교가 다시 진흥되기를 바랄 수는 있게 되었습니다.

우리나라는 그 폐해가 더욱 심해서 사람들이 모두 이단을 돈독하게 믿고 열심히 받들고 있으며, 대유大儒라 불리는 사람도 도리어 찬송하고 노래 불러서 (이단이) 명성과 위세를 높이는 것을 돕고 세력을 떨치는 것을 고무시키고 있으니, 저 아래 백성의 어리석음으로 뛰어난 사람이 좋아하는 것을 따르기만 하는 것이 어떠하겠습니까? 이에 선왕의 학문은 적막해

---

2   『논어』「안연(顏淵)」에 나오는 말이다.

져서 들리지 않고, 듣고 보는 것은 이단이 아닌 것이 없습니다. 강보에 싸인 어린아이가 처음 말을 배울 때 그 말을 외고, 어릴 때 놀면서도 문득 그 흉내를 냅니다. 그 습관이 성품이 되면 아무렇지도 않게 여기면서 그 그릇됨을 깨닫지 못하고, 삿된 생각이 마음에 배면 굳어져서 깨지지 않으니, 비록 총명한 선비라 하더라도 불교와 도교에 현혹되고, 도리에 어긋난 사람들은 그 화복禍福에 기뻐하고 두려워하며 높여 받들고 따르지 않는 자가 없습니다. 그래서 인륜이 무너지고 천리天理가 없어져 풍속은 쇠퇴했고, 집이 무너지고 재산이 기울어 아비와 아들이 흩어지게 되었으니, 금수의 생활로 돌아가고 도탄에 빠져 고통받는 데 이르지 않았습니까?

다행스럽게도 사람이 타고난 성품은 하늘이 다할 때까지 없어지는 것이 아니어서 비록 어지러운 세파 속에서도 한두명의 명경지사明經之士(경학에 밝은 선비라는 뜻으로 성리학자를 가리킴)가 있어 이단의 폐해를 깊이 깨닫고 가만히 의논하며 통탄하다가 때때로 사람들에게 변론해주면 간혹 들은 바를 믿고 깨닫는 사람이 있으니, 이는 의리의 마음이 사람마다 있기 때문입니다. 그러나 지위가 낮으면 존중받지 못하니, 백성은 끝내 따르지 않습니다. 부처를 위하는 사람과 변론을 하게 되면, 그들도 역시 이런 생각을 가지고 있기 때문에 스스로 그 그름을 알아서 자주 말이 궁해집니다. 그러나 굴복하는 것을 부끄럽게 여겨서 자기가 이기려고 하는데, 높은 관리들이 부처를 높이고 받드는 것과 대유가 부처를 찬양하는 것을 끌어다 변론하는 사람을 힐난하며 말하기를, "의롭지 못한 것을 어찌 그분께서 믿겠는가? 그분의 지위와 덕으로도 이같이 받들고 찬양하는데 그대는 오히려 그르다고 하니, 그대가 그분보다 낫다는 말인가?"라고 합니다. 변론하는 사람이 만일 "지위는 공경이 되었어도 도는 배우지 못했을 수 있고, 대유라 불리어도 학문이 바르지 못할 수 있다. 다만 본심으로 판단해서 사악한지 정직한지를 분별할 따름이지, 어찌 그분 때문에 갑자기 이것이 옳다고 하느냐?"라고 하면 설복시킬 수 있습니다. 하지만 이 말은 아랫사람으로서 윗사람을 비방하는 죄에 해당할 뿐만 아니라, 사람들이 도리어 믿지 않고 미쳤다고 하면서 비웃고 헐뜯으며 받아들이지 않으면 변론한 사람이 잠자코 말이 없게 되고, 그러면 저 부처를 위하는 사람들은 의기양양해서 스스로 '내 주장이 이겼다'고 생각합니다. 이는 이단의 사악함은 말로는 다툴 수 없고, 백성의 미혹함은 의리로 깨우칠 수 없으며, 오직 학문이 바르고 덕과 지위가 뛰어나 사람들이 믿고 복종할 만한 사람이 바로잡을 수 있음을 알려줍니다.

나의 벗 달가達可가 바로 그런 사람입니다. 달가는 비록 그럴 만한 지위는 없지만, 달가의 학문은 학자들이 평소 그 바름에 감복했고, 달가의 덕은 학자들이 평소 그 뛰어남에 감복했습니다. 나처럼 용렬한 사람이 세상의 비웃음을 아랑곳하지 않고 분연히 이단을 배척하는 데 뜻을 두게 된 것역시 달가에게 의지해서입니다. 하늘이 달가를 내신 것은 우리 유교의 복이 아니겠습니까. 그런데 요즘 오가는 말을 듣자니, "달가가 『능엄경楞嚴經』을 보는데, 마치 부처에게 아첨하는 사람 같다"라고 합니다. 나는 "『능엄경』을 보지 않으면 어떻게 그 주장이 사악하다는 것을 알겠는가. 달가가 『능엄경』을 보는 것은 그 병을 알아서 약을 쓰려는 것이지 그 도를 좋아해서 능통하려는 것이 아니다"라고 말했습니다만, 얼마 후 혼잣말로는 "나는 달가가 부처에게 아첨하지 않는다고 보장한다. 그러나 옛날 창려昌黎(당나라의 유학자 한유韓愈의 자字)가 태전太顚(당나라의 승려)과 한번 이야기한 것이 후세에 웃음거리가 되었으니, 달가는 사람들의 믿음과 존경을 받고 있어서 그 행동이 우리 도의 흥폐와 관련되므로 자중하지 않으면 안 된다"라고 했습니다. 또 백성은 혼몽하고 어리석어서 미혹되기는 쉽고 깨우치기는 어렵습니다. 달가는 생각해주시기 바랍니다.

—『삼봉집』 권3, 서書

나주 동루에 올라 부로父老들을 타이르는 글登羅州東樓諭父老書[3]

도전(정도전)이 말하는 일로써 재상의 뜻을 거슬러 회진현會津縣으로 추방되었다. 회진현은 나주羅州의 속현이다. 가는 길에 나주를 거치게 되어 동루東樓에 올랐다. 이리저리 거닐며 사방을 바라보니 산천이 아름답고, 인구가 많고 물산이 풍부한 것이 또한 남쪽 지방의 거진巨鎭 중 하나이다.

나주가 주州로 된 것은 국초부터였으며, 또 공로가 있었다. 우리 태조가 삼한을 통일할 때 군현과 나라가 차례로 평정되었지만, 오직 백제만이 지형이 험하고 먼 것과 군대가 강하고 식량이 많은 것을 믿고서 항복하지 않았는데 나주 사람들은 역과 순을 분명히 알고 솔선해서 귀부했다. 태조가 백제를 차지하고 나주 사람들의 힘이 컸다고 하여 친히 나주에 행차하고 목牧으로 승격시켜【천복天復 계해년(903)에 고려 태조가 금성錦城을 공격하자 금성 사람들이 성을 들어 항복했으므로 금성을 나주라고 고쳤다. 목으로 승격시킨 것은 현종 때의 일이다】남쪽 여러 주현의 으뜸이 되게 했으니, 이는 포상하기 위함이었다. 혜왕惠王(고려의 2대 국왕 혜종)은 몸소 갑옷을 입고 전후좌우에서 공로가 여러 아들 가운데 가장 많았으며【금성 전투에서 혜왕이 태조를 따라 백제를 치면서 용감하게 앞장서서 공이 제일이었다】, 대업이 정해지자 왕위를 이어받아 백성과 사직을 차지했다. 창업을 도운 일이 있고 수성을 지킨 공이 있어 태묘에서 제사를 받는 백세불천百世不遷의 신주가 되었으며, 간절하게 그리워하는 옛 고을에서도 태묘의 제

---

3   「나주 동루에 올라 부로(父老)들을 타이르는 글」부터 「가난(家難)」까지 8편은 정도전이 유배지에서 지은 글이다. 정도전은 우왕이 즉위한 이듬해인 1375년에 이인임 등이 외교정책을 변경하여 친원(親元) 정책을 펴는 데 반대하다가 전라도 나주 회진현의 거평부곡으로 유배되었다. 그곳에서 1377년 7월까지 2년 넘게 유배 생활을 하면서 여러 편의 작품을 지었는데, 『삼봉집』에서 운문은 '금남잡영(錦南雜詠)', 산문은 '금남잡제(錦南雜題)'라고 해서 다른 작품들과 구분해놓았다. 금남잡제는 서(書) 1편, 서(序) 5편, 기(記) 2편, 설(說) 5편, 제발(題跋) 2편, 제문(祭文) 2편, 명(銘) 2편 등 총 19편인데, 이 책에서는 그중 8편을 번역해 실었다.

사를 지냈다.【혜왕의 사당이 홍룡사興龍寺에 있어서 나주 사람들이 제사를 지냈다.】현왕顯王(고려의 8대 국왕 현종)이 남쪽으로 순행하다가 여기에 이르렀고, 마침내 부흥의 공을 이루었다.【현왕 경술년(1010)에 거란을 피해서 남쪽으로 순행하다가 나주에 이르렀다. 거란 군사가 물러가자 서울로 돌아갔고 (나주를) 목으로 승격시켰다.】그리하여 나주에 팔관회八關會의 의례를 하사했는데, 서울의 의례와 같았다.

아! 도전이 두번이나 예부禮部의 낭관郎官(낭중郎中과 원외랑員外郎)이 되어서 태상시太常寺의 관직을 겸하고 종묘와 조회의 일을 관장했는데, 지금 죄를 얻고 앞날을 예측할 수 없게 남쪽으로 내려오게 되었다. 서울에서 멀리 떠나 왔으니 비록 한번만이라도 종묘를 보고 낮은 집사執事의 말석에라도 참여해보려 한들 어찌할 수가 있겠는가만, 그러나 내 마음에 잊은 적이 없었다. 지금 천리 밖의 고을에 있으면서 왕실의 공덕이 성대함을 얻어듣고 누에 올라 사방을 바라보니 산천은 옛날과 다름이 없고, 당시에 천군만마가 그 안에 주둔했다고 생각하고 다시 사당의 빛나는 모습을 우러러보니 외로운 신하의 못 잊어 애타는 가슴을 위로해준다. 이 얼마나 다행한 일인가.

아! 저 나주 사람들이 자기 밭을 갈고 자기 집에 살면서 편안히 생업을 즐긴 지가 지금 벌써 500년이 되었으니, 어찌 모든 것이 국가에서 편히 쉬며 살게 해준 은혜가 아니겠는가. 부로들도 알고 있을 것이다. 그러나 이 고을은 바다와 인접한 변두리로 서울에서 멀리 떨어져 있어 근심되는 것이 왜구보다 더한 것이 없다. 바닷가의 고을들은 포로로 잡혀가거나 이주해서 쓸쓸하게 사람이 없게 되어 토지를 경작하고 세금을 바치지 못하며, 호적과 집, 토지 등을 모두 초목이 우거진 곳이나 여우·토끼가 사는 굴에 내버리고 그 사람들은 여기저기 떠돌아다니다가 죽는데도 구휼하지 못하는데, 모두 왜구 때문이다. 하지만 나주는 그중에 끼어 있으면서도 평상시와 같이 번성하여 상마桑麻(뽕나무와 삼, 즉 옷감의 재료)가 풍부하고 벼가 들에 깔렸으며 백성은 낮에 일하고 밤에는 쉬면서 기뻐하며 그 즐거움을 누린다. 나그네가 이 누에 올라 산천과 들판을 돌아보며 유람의 즐거움을 한껏 즐기고, 인구가 번창하고 물자가 풍부하여 임금의 덕을 우러르며 유풍遺風을 노래하느라 여행의 고달픔과 유배의 감회도 알지 못하게 되었다.

나주가 사방에 황폐하고 백성이 뿔뿔이 흩어진 고을들 가운데 있으면서 혹독한 왜구의 침략을 받으면서도 편안히 홀로 온전한 것은, 마치 만 길 언덕이 거센 물결을 가로막아서 아무리 심한 파도가 출렁이고 부딪쳐도 끄떡없이 서 있는 것과도 같으니 백성이 믿고 두려워하지 않는 것이 어찌 조종의 은덕이 사람들에게 들어간 것이 깊어서가 아니겠는가. 다른 고을 백성이 항산恒産(일정한 재산과 생업)이 없어서 항심恒心(항상 가지고 있는 선한 마음)이 없는 것과 비할 바가 아니니, 어찌 수령이 적격자여서 능히 덕을 베풀어 민심을 모으고 흩어지지 않게 한 것이 아니겠는가. 또한 평소에 부로들의 가르침이 있어서 백성이 의를 향할 줄 알아서이니, 아! 가상하다고 하겠다. 그러나 요사이 왜구가 더욱 날뛰어 그 세력이 날로 더해지고 쇠하지 않으니 부로들은 지금까지 무사했던 것에 젖지 말고 젊은이들을 격려해서 무기를 수리하고 봉화를 삼가고 주와 현을 지켜서 국가에서 남쪽을 걱정하지 않도록 하라. 도전이 비록 죄를 진 것이 몹시 중하지만 지금부터 생애가 끝날 때까지 편안히 살고 여유 있게 먹을 수 있는 데는 나주 사람들의 은덕이 크지 않겠는가.

—『삼봉집』권3, 서書

석정기石亭記

신창보申昌父 공公은 절개가 특출한 사람으로 지조가 확고하여 빼앗지 못하는 것이 있다. 일찍이 조정에 벼슬하여 높은 지위에 있었는데 강직하고 굴하지 않아서 끝내 권신의 미움을 받고 관직에서 물러나 시골로 돌아왔다. 성품이 돌을 사랑해서 밖에 나갔다가 조금 색다른 돌을 보면 모두 집으로 가져왔는데, 큰 것은 수레에 싣고 그다음 크기는 말에 싣고 또 그다음 크기는 종에게 지거나 겨드랑이에 끼고 오게 해서 힘으로 가져올 수 있는 것은 버려두지 않았다. 모난 돌, 뾰족한 돌, 넓적한 돌, 길쭉한 돌이 여기저기 흩어져서 섞여 있는데, 단정하고 단단하며 수려하고 의젓하기가 덕 있는 군자의 모습 같은 것도 있고, 기기괴괴하게 생겨서 고요한 산속의 선비와 같은 것도 있으며, 악악諤諤(거리낌 없이 바른말을 하는 모습)·익익翼翼(공경하고 삼가는 모습)하여 충신이 정색하고 조정에 서서 옳고 그름을 따지는 모습 같은 것도 있다. 그 밖에도 우뚝하고 가팔라서 호랑이와 표범을 잡을 듯한 것, 뛰어오르거나 넘어지면서 양 떼가 장난하는 모습 같은 것, 오밀조밀하게 머리를 맞대고 꼬리를 이어서 물고기가 떼를 이룬 모습 같은 것이 있는데 이런 것들은 이루 다 적기가 어렵다.

공은 돌을 모아놓고 정자 이름을 석정石亭이라 하고는 날마다 그 사이에서 노니는데, 여름 바람이 맑게 불고 가을 달이 밝게 비치는 것이나 화초가 더 곱고 서리와 눈이 더 찬 것이 모두 돌이 도와서이다. 그러나 사람들은 공이 돌을 즐기는 것만 알고 돌을 즐기는 까닭은 알지 못한다. 『주역』에 이르기를, "절개가 돌과 같아서 결단하기를 하루가 다할 때까지 기다리지 않으니, 바르고 길하다"[4]라고 했다. 공의 지조가 확고하여 빼앗지 못하는 것이 있는 것은, 권세에 굴하지 않았으니 그 절개가 돌과 같은 것이 아니겠는가. 관직에서 물러나 시골로 돌아왔으니 결단하기를 하루가 다할 때까지 기다리지 않은 것이 아니겠는가. 도道로써 스스로 즐겨서 뜻밖의 불측한 화가 없었으니 바르고 길한 것이 아니겠는가. 아마도 공이 돌을 즐기는 것은 여기서 나온 것이므로 적어둘 만하다.

—『삼봉집』 권4, 기記

4　『주역』 예괘(豫卦) 육이효(六二爻)의 효사(爻辭)이다. 절개가 굳으면 어떤 일을 결단하는 데 오래 걸리지 않는다는 뜻이다.

소재동기 消災洞記

도전이 소재동消災洞 황연黃延의 집에 세 들어 살았다. 그 마을은 나주羅州에 속한 거평부곡居平部曲 땅으로, 소재사消災寺란 절이 있어 마을 이름으로 삼은 것이다. 마을 주위가 모두 산이고 북동쪽에는 중첩된 봉우리와 고개들이 서로 잇달았으며, 서남쪽에는 봉우리가 낮고 작아서 멀리까지 바라볼 수 있다. 또 그 남쪽은 들판이 평평하며 숲속에 연기 나는 초가집 10여호가 있다. 이 회진현會津縣에서 유명한 산수는 금성산錦城山인데, 단정하고 의젓한 모습으로 동북쪽에 자리잡고 있으니 나주의 진산鎭山이다. 월출산月出山은 청수하게 우뚝 솟아 동남쪽을 막고 있으니 영암군靈巖郡과의 경계이다. 금강錦江은 나주의 동남쪽으로부터 나와서 회진현 남쪽을 지나 서쪽 바다로 흘러간다. 마을에서 바다까지 거리는 수십리이다. 산의 아지랑이 같은 기운과 바다의 축축한 기운이 사람의 살 속에 침입해서 아무 때나 병을 일으키기도 하지만 아침저녁으로 어둡고 밝을 적에 기상이 천만가지로 변화하니 그 또한 구경할 만하다.

마을에는 다른 초목은 없고 누런 띠풀과 가늘고 긴 대나무가 소나무와 녹나무 사이에 있다. 민가의 문과 울타리는 이따금 대나무를 목재 대신 썼는데, 그 시원하고 맑은 모습이 먼 데서 온 사람을 즐거이 살게 만든다. 마을 사람들은 순박하고 꾸밈이 없으며 힘써 농사짓는 것을 업으로 삼는데, 그중에서도 황연은 더욱 그러했다. 그의 집에서는 술을 잘 빚었고 황연이 또 술 마시기를 좋아해서 매번 술이 익으면 반드시 내게 먼저 술을 권했으며, 객이 도착하면 언제나 술을 내어 대접하는데 날이 지날수록 더욱 공손했다. 또 김성길金成吉이란 사람이 있는데 문자를 제법 알았고, 그 아우 천天은 이야기를 잘했는데 모두가 술을 좋아했고 형제가 한집에 살았다. 또 서안길徐安吉이란 사람이 있는데 많은 나이에 중이 되어 (법명을) 안심安心이라고 했다. 코가 높고 얼굴이 길고 용모와 행동이 남달랐으며, 온갖 사투리와 속된 이야기 그리고 항간에 떠도는 소문까지 모르는 것이 없었다. 또 김천부金千富라는 사람과 조송曹松이란 사람이 있는데, 그들도 술 마시는 것이 김성길·황연과 비슷했다. 날마다 나를 찾아와 놀고, 철마다 이곳에서 나는 음식이 생기면 반드시 술과 마실 것을 가지고 와서 한껏 즐기다가 돌아갔다.

나는 추울 때 갖옷 한벌, 더울 때 거친 베옷 한벌로 지내면서 일찍 자고 늦게 일어나며 행동에 구속받지 않았고 음식도 마음대로 먹었다. 그 두세 학자들과 강론하다가는 개울을 따라 산골짜기를 오르내리는데, 힘들면 쉬고 흥이 나면 가고, 경치 좋은 곳을 만나면 이리저리 둘러보며 시를 읊느라 돌아올 줄을 몰랐다. 농사꾼이나 시골 늙은이를 만나면 자리를 깔고 앉아서 서로 안부를 묻는데 마치 친구인 것처럼 했다.

하루는 뒷산에 올라가서 사방을 바라보다가 서쪽 한곳이 좀 평평하고 그 아래로 넓은 들이 펼쳐져 있는 것이 좋아서 종에게 시켜 오래된 나무들을 베어내게 하고 두칸짜리 집을 지었다. 풀을 베어내지도 않고 나무를 깎지도 않은 채 흙을 쌓아 계단을 만들고 갈대를 엮어 울타리를 만드니 일이 간단하고 힘이 적게 들기는 했지만 마을 사람들이 모두 와서 도와주었으므로 며칠 만에 완성되었다. 편액을 '초사草舍'라고 붙이고 그곳에 거처했다.

아! 두자미杜子(당나라의 시인 두보杜甫)가 성도成都에 있을 적에 초당草堂을 짓고 산 것이 겨우 한해를 넘겼을 뿐인데 초당의 이름은 천년 동안 전한다. 내가 이 초사에서 얼마나 살지, 내가 떠난 뒤에 초사가 비바람을 맞아 무너지고 말지, 들불에 타거나 썩어 흙덩이가 되고 말지, 아니면 후세에 알려질지 알려지지 않을지 모두 알 수 없는 일이다. 다만 내가 찬찬하지 못하고 너무 고지식해서 세상의 버림을 받고 쫓겨나 멀리 와 있는데도 마을 사람들이 나를 대접하기를 이렇듯 후하게 하니, 어쩌면 궁한 것을 불쌍히 여겨 거두어주는 것일까? 아니면 그들이 먼 지방에서 나고 자라 당시의 의론을 듣지 못해 내가 죄 있는 줄 몰라서인가? 아무튼 모두 후대가 지극했다.

내가 한편으로는 부끄럽고 한편으로는 감동이 되므로 이 일을 처음부터 끝까지 적어서 나의 뜻을 표한다.

—『삼봉집』권4, 기記

무열산인이 지은 극복루기에 대한 후설無說山人克復樓記後說

여황현餘艎縣【여황은 나주의 속현인데 지금은 없어졌다】에 사는 조박趙璞이 극복루克復樓의 기문을 가지고 와서 내게 보이며 말하기를, "이 기문은 무열산인無說山人이 지었고, 극복루는 용진사湧珍寺에 있습니다. 사람들이 누의 경관을 귀하게 여기는 것은 높은 데 올라서 먼 데를 바라봄으로써 정신을 집중해 한껏 멀리 보면서 경치를 감상하고 풍월을 읊으며 놀이의 즐거움으로 삼는 데 있을 뿐 학문과는 아무런 관계도 없는데, 지금 이 누를 극복克復[5]이라고 이름한 것이 어찌 누에서 취할 것입니까?"라고 했다.

나는 말하기를, "아니다. 그렇지 않다. 사람의 근심과 즐거움은 마음에 달려있어서 그 만나는 장소에 따라서 달라진다. 마음이 근심에 매여 있게 되면 아무리 훌륭한 자연과 아름다운 경치를 만나더라도 슬픈 감정을 만들기에 알맞다. 영릉산零陵山은 남쪽 지방에서 가장 수려하지만 귀양 간 신하는 감옥이라고 생각했고, 악양루岳陽樓는 천하의 장관인데도 좌천된 사람은 슬퍼했다. 만일 그 본심을 잃는다면 어디를 가나 서럽고 슬프지 않은 데가 없을 것이니, 비록 누의 경치가 있더라도 어찌 즐길 수가 있겠는가? 만일 사욕私慾을 이겨 없애고 천리天理를 회복한다면[6] 그 마음이 시원하게

---

5   극복(克復): 극기복례(克己復禮)의 준말로, 자기 욕심을 버리고 예(禮)로 돌아간다는 뜻이다. 안연이 공자에게 인에 대해서 묻자 "극기복례가 인이다"라고 대답했다(『논어』「안연」).

6   사욕(私慾)을 이겨 없애고 천리(天理)를 회복한다면: 극기복례를 풀이한 말이다. 주자가 『논어집주』에서 "예로 돌아간다"라는 구절에 "예란 천리의 절문(節文, 규정)이다"라는 주석을 달았는데, 정도전이 이것을 인용한 것이다.

터져서 천지와 더불어 그 큰 것을 함께 하고 만물과 더불어 화합을 함께 하여 호호탕탕浩浩蕩蕩(물이 한없이 넓게 흐르는 모양)하게 만나는 것마다 모두 즐길 것이다. 그러므로 대그릇에 밥 먹고 표주박에 물 마시며 누추한 시골에 살면서도 그 즐거움을 고치지 않은 이가 있으니, 안자顔子의 극복克復이 그것이다. 요컨대, 오직 인仁한 뒤에야 그 즐거움을 즐길 수 있으니, 극복으로 누의 이름을 붙인 것은 그 근본을 얻은 것이다"라고 했다.

—『삼봉집』 권4, 설說

경렴정명에 대한 후설 景濂亭銘後說

겸부謙夫 탁 선생(탁광무卓光茂)이 광주光州 별장에 못을 파서 연꽃을 심었는데, 못 가운데 흙을 쌓아 작은 섬을 만들고 그 위에 정자를 지어 날마다 오르는 것으로 즐거움을 삼았다. 익재益齋 이문충공李文忠公(이제현李齊賢)이 그 정자를 경렴景濂이라고 명명했으니, 염계濂溪(주돈이周敦頤)의 연꽃을 사랑하는 뜻을 취하여 그를 경모景慕(우러르고 사모함)하고자 한 것이리라.

어떤 물건을 보면 어떤 사람을 생각하고 그 사람을 생각하면 반드시 그 물건의 뜻에 이르게 되니, 느낌이 깊고 두텁기가 지극한 것이다. 일찍이 "옛사람에게는 각기 사랑하는 화초가 있다"라는 말이 있는데, 굴원屈原의 난초, 도연명陶淵明의 국화, 염계의 연꽃이 그것이다. 각각 그 마음속에 간직하고 있는 것을 물건에 부쳤으니, 그 뜻이 겉으로 드러나지 않는다. 그러나 난초에는 향기로운 덕이 있고, 국화에는 은일隱逸(세상을 피해서 숨어 사는 사람)의 고고함이 있어서 두 분의 뜻을 볼 수 있다. 또 염계의 말에, "연꽃은 꽃 가운데 군자이다"라고 했고, 또 "연꽃을 나처럼 사랑하는 이가 누구일까"라고 했는데,[7] 자기가 즐기는 것을 다른 사람들과 함께한 것은 성현의 마음 씀이었다. 당시 사람들이 자기를 알아주지 않는 것을 탄식하면서 뒤에 끝없이 올 것을 기다렸으니, 연꽃이 군자임을 안다면 염계의 즐거움을 거의 얻게 될 것이다. 그러나 물건으로 인하여 성현의 즐거움을 아는 것이 어찌 쉬운 일이겠는가?

황노직黃魯直(송나라의 시인 황정견黃庭堅)은 "주무숙茂叔(주돈이)의 가슴속은 쇄락灑落(개운하고 깨끗함)하여 맑은 바람, 비 그친 달과 같다"[8]라고 했고, 정자程子는 "주무숙을 본 뒤로 매번 중니仲尼(공자)와 안자顏子의 즐기는 곳과 즐기는 바가 무엇인지를 찾게 되었다. 그 뒤로는 풍월을 읊으면서 '나는 증점曾點을 허여한다'라는 뜻이 있는 데로 돌아간다"[9]라고 했다. 도전이 혼자 생각건대, 염계를 경모하는 방법이 있으니 모름지기 쇄락灑落한 기상을 알아내서 얻고, 증점을 허여하는 뜻이 있은 연후에야 그 경지에 이른다고 할 것이다. 문충공文忠公(이제현)이 명銘하여 "발 걷고 꿇어앉으니, 풍월이 가없이 아름답네"라고 한 이 한 구절이 옛사람의 공안公案(불교에서 선종의 조사가 남긴 본보기를 가리키는 말)을 뛰어넘는다. 어떻게 하면 그 정자에 한 번 올라 겸부謙夫와 동참할 수 있을 것인가.

—『삼봉집』 권4, 설說

---

7   "연꽃은 꽃 가운데 군자이다" "연꽃을 나처럼 사랑하는 이가 누구일까": 주돈이의 『애련설 (愛蓮說)』에 나오는 말이다.

8   주자의 『근사록(近思錄)』에 인용되어 있고(권14), 그것이 진덕수의 『서산독서기(西山讀書 記)』에 다시 인용되어 있다(권32).

9   "매번 중니(仲尼)와 안자(顏子)의 즐기는 곳과 즐기는 바가 무엇인지를 찾게 되었다"는 『논 어집주』 옹야(雍也)에 나오는 말이고, "그 뒤로는 풍월을 읊으며 '나는 증점(曾點)을 허여한 다'라는 뜻이 있는 것으로 돌아간다"는 정자의 다른 저술에 나오는 말로 『근사록』을 비롯해 서 여러 책에 인용되어 있다. 주자의 『이락연원록(伊洛淵源錄)』에는 이 두 문장이 하나로 합 쳐져 있는데(권1), 정도전이 이것을 인용한 것으로 보인다. '증점을 허여한다'는 『논어집주』 「선진(先進)」에 나오는 말로, 공자가 증점을 높이 평가했다는 뜻이다.

농부에게 답함答田父

내가 살고 있는 집은 낮고 기울고 좁고 누추하다. 마음이 답답해서 하루는 들에 나가 노닐다가 전보田父(농부) 한 사람을 만났는데, 거친 눈썹 흰 머리에 등에는 진흙이 묻었으며 손에 호미를 들고 김을 매고 있었다. 내가 그 옆에 다가서서 "노인장 수고하십니다"라고 했더니 농부는 한참 만에야 나를 보고는 호미를 밭이랑에 두고 언덕으로 걸어 올라와 두 손을 무릎에 얹고 앉으며 턱을 끄덕여 가까이 오라고 했다. 나는 그가 늙었으므로 허리를 굽히고 얼른 가서 두 손을 모으고 섰다. 농부가 묻기를, "그대는 무엇 하는 사람이오? 그대의 옷이 비록 해지기는 했으나 옷자락이 길고 소매가 넓으며 행동거지가 의젓하니 혹시 공부하는 사람이 아니오? 손발에 굳은살이 없고 얼굴이 통통하며 배가 나왔으니 조정의 벼슬아치가 아니오? 무슨 일로 여기에 오셨소? 나는 늙은이고, 여기서 태어나 여기서 늙었으므로 거친 들, 장기瘴氣(축축하고 더운 곳에서 생기는 나쁜 기운) 가득한 궁벽한 시골에서 도깨비와 더불어 살고 물고기·새우와 더불어 살고 있지만, 조정의 벼슬아치라면 죄를 짓고 추방된 것이 아니고는 여기에 오질 않는데, 그대는 죄를 지은 사람이오?"라고 했다. 내가 "그렇습니다"라고 대답하자 말하기를, "무슨 죄요? 배를 채우고 처자를 부양하며 수레와 집을 장만하는 일 때문에 불의를 돌아보지 않고 한없이 욕심을 부리다가 죄를 얻은 것이오? 아니면 벼슬은 꼭 해야겠는데 스스로 할 능력은 없으니 권세가에게 붙어서 수레 먼지와 말발굽 사이를 분주히 뛰어다니며 마시다 남은 술과 다 식은 고기를 얻어먹고, 어깨를 오그리면서 아첨을 떨어 구차한 모습으로 기쁨을 얻고 어쩌다가 한 등급 승진했더니 여러 사람이 모두 화를 내서 하루아침에 형세가 바뀌게 되어 결국 이렇게 죄를 얻게 된 것이오?"라고 물었다. "그런 게 아닙니다"라고 하자, "그러면 혹시 말을 단정하게 하고 얼굴빛을 바르게 하여 겉으로는 겸손하게 사양하는 척해서 헛된 이름을 훔치고, 밤이 되면 분주하게 돌아다니면서 사람의 어깨에 앉은 새처럼 불쌍하게 보여 동정을 사고 바르지 않게 종횡으로 결탁하고 관직을 낚아서 관리의 직책에 있건 언관의 책임을 맡건 간에 녹만 먹고 그 직책은 돌아보지 않으며, 국가의 안위와 백성의 편함과 근심, 정치의 잘되고 잘못됨, 풍속의 좋고 나쁨에는 전혀 뜻을 두지 않아서 진秦나라 사람이 월越나라 사람의 살찌고 여윈 것 보듯 하며,[10] 자기 몸만 온전히 하고 처자를 보전하는 계책으로 세월을 보내다가 혹시 충성스럽고 의로운 사람이 자기 몸을 돌보지 않고 국가의 급한 일에 나아가 직분을 지켜 바른말을 하고 곧은 도를 행해서 화를 당하게 되는 것을 보면, 속으로는 그 명성을 시기하면서 겉으로는 그가 패한 것을 다행으로 여겨 비방하고 비웃으며 스스로 계책을 얻었다고 생각하다가 공론이 비등하고 하늘의 뜻이 밝혀져서 거짓이 드러나고 죄가 발각되어 이 지경에 이르게 된 것이오?"라고 했다. "그런 것도 아닙니다"라고 하자, "그렇다면 혹시 장수가 되어서 널리 당파를 심어서 앞에서 몰고 뒤에서 에워싸며, 평화롭게 아무 일이 없을 때는 큰소리로 공갈을 쳐서 왕의 총애와 관록官祿과 작상爵賞을 바라면서 오로지 제멋대로 할 생각만 해서 뜻을 이루고 기운이 왕성해져 조정의 신하들을 경멸하다가, 적군을 만나게 되면 가죽은 비록 호랑이처럼 아름답지만 본질은 양처럼 겁이 많아 교전이 일어날 때까지 기다리지도 않고 적군이 일으키는 먼지만 보고 먼저 달아나 백성의 목숨을 적의 칼날에 버리고 국가의 대사를 그르쳤소? 아니면 혹시 재상이 되어서 괴팍하게 고집을 세우고 남의 말은 듣지 않으며, 자기에게 아첨하는 이는 좋아하고 자기에게 붙는 이를 승진시키며, 곧은 선비가 거스르는 말을 하면 화를 내고 바른 선비가 도를 지키면 배척하며,

---

10 진(秦)나라 사람이 월(越)나라 사람의 살찌고 여윈 것 보듯 하여: 진(秦)나라와 월(越)나라의 거리가 매우 멀었으므로 아무런 관심이 없음을 비유한 말이다. 한유(韓愈)의 『쟁신록(諍臣錄)』에 나오는데, 원문에는 "월나라 사람이 진나라 사람의 살찌고 여윈 것 보듯 한다"라고 되어 있다.

임금의 작록爵祿을 훔쳐 자기의 사사로운 은혜로 만들고, 국가의 형전刑典을 제 마음대로 해서 사사로이 쓰다가 악행이 쌓이자 화가 이르러 이러한 죄에 걸린 것이 아니오?"라고 했다. "그것도 아닙니다"라고 하자, "그렇다면 그대의 죄를 내가 알겠소. 자기 힘이 부족한 것을 헤아리지 않고 큰소리치기를 좋아하고, 때가 아님을 알지 못하고 곧은 말 하기를 좋아하며, 지금 세상에 살면서 옛사람을 사모하고 아래에 있으면서 윗사람을 거슬렀으니 이것이 혹시 죄를 얻은 원인이 아니오? 옛날 가의賈誼(한나라 때의 학자)가 큰소리치기를 좋아했고, 굴원屈原(전국시대의 강직한 신하)이 곧은 말 하기를 좋아했고, 한유韓愈(당나라 때의 학자)가 옛사람을 좋아했고, 관용방關龍逢(하나라 때의 충신)이 윗사람을 거스르기를 좋아했는데, 이 네 분은 모두 도道가 있는 선비였는데도 혹은 폄직貶職되고 혹은 죽어서 자기 몸을 보전하지 못했거늘, 지금 그대는 한 몸으로 몇 가지 금기를 범했는데도 겨우 유배만 보내서 목숨은 보전하게 했으니 내 비록 시골 사람이지만 국가의 은전이 너그러움을 알 수 있겠소. 그대는 지금부터라도 조심하면 화를 면할 것이오"라고 했다.

나는 이 말을 듣고 그가 도가 있는 선비임을 알고는, "노인장께서는 은군자隱君子(숨어 지내며 부귀공명을 구하지 않는 군자)이십니다. 집에 모시고 가르침을 받고자 합니다"라고 청했다. 그러자 노인이 말하기를, "나는 대대로 농사짓는 사람이오. 밭을 갈아서 국가에 세금을 내고 나머지로 처자를 양육하니, 그 밖의 것은 내가 아는 바가 아니오. 그대는 물러가서 나를 어지럽히지 마시오"라고 하고는 다시는 말하지 않았다. 나는 물러나 탄식하며 "저 노인이 장저長沮·걸닉桀溺[11] 같은 사람이겠구나"라고 했다.

—『삼봉집』 권4, 설說

---

[11]　장저(長沮)·걸닉(桀溺): 장저와 걸닉은 초나라의 은자들이다. 『논어』 「미자(微子)」에 공자와 두 사람의 대화가 나온다.

금남야인錦南野人

유가儒家의 부류인 담은談隱 선생이 금남錦南에 살았다. 하루는 금남에 사는 야인野人(시골 사람)으로 유儒란 말을 들어보지 못한 사람이 선생을 뵙기를 청하며 종자從者에게 말하기를, "나는 야인이라 비루하여 멀리 볼 수 있는 식견은 없습니다. 그러나 내가 들으니 위에 있으면서 국정을 다스리면 경대부卿大夫라고 하고, 아래 있으면서 밭을 다스리면 농農, 기계를 다스리면 공工, 재물을 다스리면 상고商賈(상인)라고 한다는데, 다만 유儒라고 하는 것이 있는 줄은 몰랐습니다. 어느 날 우리 고을 사람들이 떠들썩하게 '유자儒者가 왔다, 유자가 왔다'고 해서 보니 바로 선생이었습니다. 선생은 무슨 일을 하시기에 사람들이 유라고 하는지 모르겠습니다"라고 했다.

종자가 말하기를, "하시는 일이 광범합니다. 학문이 천지를 포괄해서 음양의 변화와 오행五行의 분포, 일월성신日月星辰이 비추는 것을 관찰하고, 산과 강·바다가 흐르고 솟은 것과 초목이 성장하고 시드는 것까지 살펴서 귀신의 정情과 유명幽明(이승과 저승)의 이치까지 통달하고, 윤리를 밝힘에 있어서는 군신 간에 의리가 있고, 부자간에 은혜가 있고, 부부간에 분별이 있고, 장유長幼와 친구 간에는 서열과 믿음이 있는 것을 알아서, 임금을 공경하고 부자간에 친애하고 부부간에 경계를 긋고 장유의 서열을 지키고 친구 간에 믿음을 갖습니다. 고금을 통달함에 있어서는 처음 문자가 있던 시초부터 지금에 이르도록 세상의 도덕과 의리가 좋아지고 나빠지는 것, 풍속이 아름답고 추한 것, 밝은 임금과 어두운 임금, 간신과 충신, 말과 행동의 옳고 그름, 예악禮樂과 형정刑政의 연혁과 잘잘못, 현인군자의 출처出處(세상에 나가고 물러나는 것)와 거취 등을 꿰뚫지 않는 것이 없습니다. 지향하는 것이 바름에 있어서는 사람의 본성이 천명에 근본하여 사단四端[12]·오전

---

12   사단(四端): '사람의 본성에서 우러나는 네가지 마음씨'라는 뜻으로, 인(仁)·의(義)·예(禮)·지(智)로부터 각각 우러나는 측은지심(惻隱之心)·수오지심(羞惡之心)·사양지심(辭讓之

五典[13]과 온갖 일, 온갖 사물의 이치가 그중에 통합되어 있지 않은 것이 없음을 알아서 (불교의) '공空'이라고 하는 것을 꾸짖고, 도道가 사람이 사는 일상 생활에 모두 갖추어져 천지의 모든 형체를 포괄하고 있음을 알아서 (도가의) '무無'라고 하는 것을 꾸짖습니다. 그리하여 불교와 도교의 사악한 폐해를 분별함으로써 100대에 걸친 무지한 의혹을 열어젖히고, 한때 유행한 공리설功利說[14]을 꺾음으로써 도덕의 바름으로 돌아가게 했으니, 임금이 그를 쓰면 윗사람이 편안해지고 아랫사람이 의지하며, 젊은이들이 그를 따르면 덕이 높아지고 학업이 진취될 것이지만, 궁하여 때를 만나지 못하면 글로 써서 후세에 전할 것입니다. 그 자신을 독실히 함에 있어서는 차라리 세속에서 비방을 당할지언정 성인이 가르치신 뜻을 저버리지 않으며, 차라리 그 몸이 굶주리고 곤경과 재앙에 빠질지언정 불의를 범하여 마음을 부끄럽게 하지 않습니다. 이것이 유자가 하는 일이며, 선생님께서 하시고자 하는 바입니다"라고 했다.

야인이 말하기를, "그 말은 과분합니다. 너무 과장된 것 아닙니까? 내가 우리 동네 어른에게 듣기를, 실상이 없으면서 이름만 있으면 귀신이 미워하고, 실상이 있더라도 스스로 밖에 드러내면 사람들이 노여워하니, 고로 자신이 어질다고 자처하면서 남을 대하면 남들이 인정하지 않고, 자신이 지혜롭다고 자처하면서 남을 대하면 남들이 도와주지 않는다고 했습니다. 그래서 군자는 그것을 삼가는데, 그대가 선생을 좇아 공부하면서 말하는 것이 이러하니 그 선생을 알 만합니다. 그는 귀신이 미워하지 않더라도 반드시 다른 사람들의 노여움을 살 것입니다. 아! 선생은 위태하겠으니 나

心)·시비지심(是非之心)을 말한다. 『맹자』「공손추상」.

13 오전(五典): 사람이 지켜야 할 다섯가지 도리로, 부자유친(父子有親)·군신유의(君臣有義)·
     부부유별(夫婦有別)·장유유서(長幼有序)·붕우유신(朋友有信)이다. 오륜(五倫)과 같은 말
     이다.
14 공리설(功利說): 학문을 함에 있어 성과와 이익을 중시하는 주장을 말한다. 구체적으로는
     남송에서 성리학과 함께 일어난 사공학(事功學)을 가리킨다.

는 만나고 싶지 않습니다. 두렵습니다"라고 하고는 소매를 휘두르며 가버렸다.

―『삼봉집』권4, 설說

가난家難

내가 죄를 지어 남쪽 변방으로 유배된 뒤부터 비방이 벌 떼처럼 일어나고 헐뜯는 말이 터무니없이 퍼졌다. 화가 또 언제 닥쳐올지 예측할 수 없게 되자 아내가 두려워하며 사람을 보내 내게 말하기를, "당신은 평소에 부지런히 글을 읽느라 아침, 저녁밥이 떨어져도 알지 못하고, 집안 형편은 경쇠만 덩그러니 걸어놓은 것처럼 한섬의 곡식도 남아 있지 않은데, 아이들은 방에 가득해서 춥고 배고프다고 울었습니다. 제가 끼니를 맡아 그때그때 꾸려나가면서, 당신이 독실하게 공부하시니 훗날 입신양명하여 처자들이 우러러 의지하고 가문에는 영광이 되리라 생각했습니다. 그런데 도리어 법에 저촉되어 이름이 욕되고 행적이 깎이며, 몸은 남쪽 변방으로 쫓겨나 독한 기운이나 마시고, 형제들은 쓰러지고 가문은 뿔뿔이 흩어져 세상 사람의 웃음거리가 된 것이 이 지경에 이르렀으니, 현인군자가 진정 이런 것입니까?"라고 했다.

내가 답장하기를, "당신 말이 옳소. 나에게 친구가 있어 정이 형제보다 나았는데 내가 패하는 것을 보고는 뜬구름처럼 흩어지니, 그들이 나를 걱정해주지 않는 것은 형세 때문이지 인정 때문이 아니오. 부부의 도리는 한번 결혼하면 끝까지 가는 것이니 당신이 나를 책망하는 것도 사랑해서이지 미워서가 아닐 것이오. 또 부인이 남편을 섬기는 것은 신하가 임금을 섬기는 것과 같으니, 이 이치는 망령되지 않으며 다 같이 하늘에서 얻은 것이오. 당신이 집을 걱정하고 내가 나라를 걱정하는 것이 어찌 다름이 있겠소.

각기 그 직분을 다할 뿐이며, 그 성패와 길흉, 영욕과 득실은 하늘에 달렸지 사람에게 있는 것이 아닌데 무엇을 근심하겠소"라고 했다.

—『삼봉집』 권4, 설說

공양왕에게 올리는 상소문上恭讓王疏[15]

신이 엎드려 교서를 읽어보니 위로는 천문의 이변을 삼가고 아래로는 신하들의 직언을 구하면서 여덟가지 일로 스스로 자책하셨습니다. 신은 이것을 두번, 세번 읽고 감탄을 금치 못했습니다. 전하께서는 하늘이 꾸짖고 경고하는 것을 자기 탓으로 돌리고 널리 언로言路를 열어 무엇을 잘못했는지 듣기를 원하셨으니, 비록 옛날의 현명한 왕이라도 (전하의 뜻을) 넘어서지 못할 것입니다. 신이 감히 재상이 되어 바로잡거나 보좌하지 못하여 임금께 근심을 끼치고 마침내 간절하게 직언을 구하는 교서를 내리는 번거로움에 이르게 했으니, 신은 참으로 부끄럽습니다. 일찍이 이르기를, '임금은 머리가 되고 신하는 팔다리가 된다'라고 했으니, 사람의 몸에

15 　공양왕에게 올리는 상소문: 1391년 5월에 정도전이 공양왕에게 올린 상소문이다. 이보다 앞서 4월 26일에 공양왕이 성변(星變, 별의 위치가 달라지는 현상)을 이유로 신하들에게 구언(求言)교서를 내리자 여러 사람이 상소문을 올렸는데, 그중 하나이다. 당시 공양왕이 이성계와 대립하며 왕권을 강화하려 했고, 또 연복사의 탑을 다시 쌓는 등 불교를 숭상하는 정책을 펴고 있었으므로 이성계파에서 공양왕의 숭불(崇佛)을 비판하면서 공양왕의 부덕함을 공격하는 내용이 주를 이뤘는데, 그중에서도 정도전의 이 상소문이 가장 신랄하게 공양왕을 비판했다. 고려 말에 정도전이 자신의 정치적 견해를 처음 드러낸 글로 평가된다. 『고려사』에 따르면, 이 상소문이 올라갔을 때 공양왕이 기뻐하지 않았고, 그 때문에 정도전이 사직했으나 윤허하지 않았다고 한다. 한편 『삼봉집』에는 상소문 앞에 공양왕의 구언교서가 추가되고 중간중간에 이해를 돕기 위한 해설이 '안(按)'의 형식으로 추가되어 있다. 또 상소문을 올린 시기를 '신미사월(辛未四月)'이라고 해서 신미년(1391, 공양왕 3) 4월로 밝혀놓았지만, 『고려사절요』에 따르면 5월이다. 이 책에서는 『고려사』 열전에 실린 글을 저본으로 번역했다.

비유하자면 참으로 한 몸인 것입니다. 그런 까닭에 임금이 노래하면 신하는 화답하고 신하가 말하면 임금은 듣고서 '맞는다' 혹은 '아니다'라고 말해야만 훌륭한 정치를 기약할 수 있습니다. 그러므로 하늘이 꾸짖고 경고하는 것은 신하들이 하는 바에서 말미암는 것입니다. 옛날에는 재이災異가 발생하면 삼공三公을 면직하고 대신들도 또한 자리에서 물러나 재이를 물리쳤으니, 신을 면직해서 재이가 그치게 하기를 바랍니다. 그러나 제 생각에 옛날의 대신들은 물러나기를 청할 때 반드시 경계하는 말을 남겼는데, 하물며 지금 교서를 받들었으니 어찌 쓸 만한 한가지 일을 올려 만에 하나 채택되기를 바라지 않을 수 있겠습니까.

엎드려 교서를 읽어보니, '내가 덕을 닦지 못하여 상제上帝께서 믿음직스럽게 여기지 않은 것인가? 다스림에 결함이 있어 백성의 여망에 맞지 못한 것인가?'라고 하셨습니다. 신의 어리석은 생각으로는, 덕德이란 '득得'이니 마음에서 얻는[得] 것이고, 정政이란 '정正'이니 그 몸을 바로잡는[正] 것입니다. 그러나 이른바 덕이라고 하는 것은 처음에 타고나며 얻은 사람도 있고 뒤에 수양해서 얻는 사람도 있습니다. 전하께서 도량이 크고 너그러우며 천성이 인자한 것은 처음에 타고나며 얻은 것입니다. 그러나 전하께서는 평소에 책을 읽어 성현의 모범을 깊이 헤아려본 적이 없고 일을 해서 지금 세상에 통용되는 사무를 안 적이 없으니, 어찌 덕을 꼭 닦았다고 할 것이며, 다스림에 결함이 없다고 하겠습니까? 한나라 성제成帝는 조회에 임하여 조용하고 말이 적어 임금의 도량을 갖추었으나 한 왕실이 망할 때 도움이 되지 못했고, 양나라 무제武帝는 사형 집행을 보고 울면서 밥을 먹지 않아 인자하다는 소문이 있었지만 강남의 반란에서 (나라를) 구하지 못했으니, 그저 아름다운 천성만 가지고 있으면서 덕과 정치를 닦지 않았기 때문입니다. 엎드려 바라옵건대, 전하께서는 타고난 천성의 선함을 스스로 믿지 마시고 아직 수양이 이르지 못한 것을 경계하십시오. 그리하면 덕이 닦아지고 정치가 잘 행해질 것입니다.

엎드려 교서를 읽어보니, '사람을 임용하는 것이 혹시 사사로움에 따랐던가? 상 주고 벌주는 것이 올바름에서 벗어났던 적이 있었던가?'라고 하셨습니다. 신의 어리석은 생각으로는, 사람을 임용하는 것이 공公에서 나왔는지, 사私에서 나왔는지는 전하께서 스스로 아실 뿐 신이 어찌 알 수 있겠습니까. 하지만 제목除目(관직을 임명하는 문서)이 내려오면 밖에서 사람들이 보고 '아무개는 (임금의) 오랜 친구이고 아무개는 외척이다'라며 수군거립니다. 바깥의 논의가 이와 같으니, 신은 사사로움에 따른 것이 섞여 있을까 두렵습니다. 상賞이란 공이 있는 사람을 격려하는 것이고, 형刑이란 죄가 있는 사람을 징계하는 것입니다. 상을 천명天命(하늘의 명령)이라고 하고 형을 천토天討(하늘의 징벌)라고 하는 것은 하늘이 상과 형의 권한을 임금에게 부여했다는 말이니, 임금이 된 자는 하늘을 대신해서 이를 행할 뿐입니다. 상과 형이 비록 임금에게서 나온다고 말하지만 임금이 사사로이 행하거나 거둬들일 수 있는 것이 아닙니다. 전하가 즉위하신 뒤로 상이나 형을 받은 사람 가운데 사안이 같은데도 다르게 처리된 경우가 있습니다. 김저金佇의 말은 한가지였는데 극형에 처한 자가 있는가 하면 승진시킨 자도 있습니다. 김종연金宗衍이 감옥에 있다가 달아난 것도 한가지였는데 감시하던 관리 가운데 한 사람은 목을 베고 한 사람은 기용했습니다. (김종연이) 도피해 있으면서 반란을 모의한 것도 한가지였는데 함께 모의하고 숨겨준 사람 가운데 누구는 살고 누구는 죽임을 당했습니다. 신이 어리석어 잘 알지 못하겠습니다만, 형을 받아 죽은 자들에게 죄가 있다면 발탁되고 살아남은 자들은 자기들만 무슨 행운을 누린 것이며, 발탁되고 살아남은 자들에게 죄가 없다면 형을 받아 죽임을 당한 자들은 무슨 잘못으로 자기들만 그렇게 된 것입니까?

우禑(우왕)와 창昌(창왕)은 우리 왕씨의 왕위를 훔쳤으니 실로 조종의 죄인이며 왕씨의 자손과 신하·백성 모두에게 원수가 됩니다. 그 인척과 당여黨與를 처형하지 않을 것이라면 먼 지방에 추방이라도 한 뒤에야 신령들의 마음을 기쁘게 할 것입니다. 옛날 무재인武才人(측천무후)은 고종의 황후로서 자기 아들 중종의 자리를 빼앗았는데, 5왕王[16]이 의거를 일으켜 무후를 쫓아내고 중종을 다시 세웠습니다. 무후는 어머니이고 중종은 아들로, 어머니가 아들의 지위를 빼앗은 것인데도 호씨胡氏(호안국胡安國)는 오히려 5왕이 대의를 들어 그 죄인을 죽이고 종족을 멸하지 못한 것을 비난했습니다. 하물며 우와 창은 왕씨에게 무후 같은 지친도 아닌데 무후와 같은 죄가 있다면 그 인척과 당여는 어찌 무후의 종족만큼만 죄를 주겠습니까? 요즘 대간의 상언에 따라 그들을 외지로 내쫓았으므로 비록 하늘의 벌을 분명히 보이지는 못했어도 조종과 신민의 분노를 조금이나마 씻을 수 있으리라 기대했는데, 몇 달도 지나지 않아 모두 전하의 부름을 받고 서울에 모여들어 거리낌 없이 궁궐에 드나들고 있습니다. 지금 비록 간관의 말에 따라 그중 몇 사람을 쫓아냈지만 전하께서는 이를 마지못해 따르고 그들을 오랫동안 머물게 해서 돌보려는 뜻을 가지고 계시니, 알지 못하겠습니다, 이런 조치가 과연 무슨 뜻입니까?

여러 장수가 회군하여 왕씨를 왕으로 세우기로 의론을 모았으니 이는 하늘이 화를 입힌 것을 후회하고 조상들이 음으로 도와서 왕씨가 부흥할 기회였습니다. 그런데 이 논의를 저지하고 결국 (신우의) 아들 창을 왕으로 세워 왕씨가 다시 일어나지 못하게 한 자가 있고, 신우를 맞아들여 영원히 왕씨를 끊어버리려 한 자가 있으니 그 난적亂賊의 일당이 된 것은 국법이 용서할 수 없는 바입니다. 전하께서 이미 그들의 생명을 보전해주고 먼 지방에 안치시켰으니 그것까지는 좋습니다만, 지금 그들을 모두 불러들여 집으로 돌아가게 하고 위안해주고 계시니 이는 마치 그들의 죄상이 무

---

16 5왕(王): 705년 당나라에서 측천무후를 몰아내고 중종을 복위시킨 장간지(張柬之), 최엽(崔暉), 경회(敬暉), 원서기(袁恕己), 환언범(桓彦範) 다섯 사람을 가리킨다. 정변에 성공한 뒤 왕에 책봉되었으므로 5왕이라 불린다. 하지만 곧 측천무후의 조카인 무삼사(武三思)가 권력을 잡으면서 다섯 사람 모두 죽임을 당했다. 『신당서』 권120, 열전 5왕.

고라고 하는 것과 같습니다. 그들이 왕씨를 가로막고 가짜 창을 왕으로 세운 것은 여러 장수가 모두 아는 바이며, 스스로 자복한 증거가 명백하게 있습니다. 그들이 신우를 맞이하여 왕씨를 끊으려 했음은 김저와 정득후鄭得厚가 앞서 말했고 이림李琳과 이귀생李貴生이 뒤에 자백했으니 증거가 아주 명백합니다. 그런데도 이것을 무고라고 말한다면 천하에 난신적자亂臣賊子를 칠 수 있는 일이 어디 있겠습니까? 무릇 사람의 행위가 공정한 의리에 맞지 않으면 반드시 사사로운 정에 따르게 되는 것입니다. 전하께서 이 조처를 공의에 맞게 생각한다면 우·창 일당은 모두 조종의 죄인이고, 사사로운 정에 따른다면 우·창 일당을 뒷날의 근심거리로 남기게 될 것이니, 윤이尹彝와 이초李初가 (명나라의) 친왕親王에게 천하의 군사를 동원해달라고 요청한 것을 어찌 인정에 치우친 것이라고 하겠습니까? 죄지은 자를 용서하면 은혜가 그보다 큰 것이 없으니 훗날 그 힘을 얻어 인심이 저절로 안정되고 재앙과 난리가 스스로 그칠 것이라고 말하는 사람도 있습니다만, 신의 어리석은 생각으로 형법은 난리를 막는 것이며 그것에 기대서 임금이 높임을 받고 편안해지는 것입니다. 형법이 한번 흔들리면 난리를 막을 수단이 먼저 허물어져서 힘을 얻기도 전에 재앙이 먼저 닥치고 인심이 안정되기도 전에 난리가 그치지 않을 것입니다.

(당나라의) 중종과 무삼사武三思의 일을 가지고 밝혀보겠습니다. 무씨의 일당 가운데 가장 권세를 부린 자가 무삼사였는데, 중종은 그가 어머니의 친조카라 하여 처형하지 않고 매우 후하게 대우했습니다. 지금 살펴보면, 5왕이 무씨의 아들을 황제로 세웠기 때문에 무삼사가 도마 위의 고기 신세에서 벗어났으니, 5왕이 중종에게만 공이 있는 것이 아니라 무삼사에게도 또한 세상에 다시 살려준 은혜가 있었습니다. 그런데 저 무삼사는 이를 생각하지 않고 자기 죄가 세상에서 용서받지 못할 것이라고 스스로 의심하고는 밤낮으로 5왕을 참소하여 말하기를 '권세가 너무 크고 공로를 믿는다'고 해서 중종의 마음을 미혹시켰습니다. 중종은 무삼사가 자기

를 사랑한다고 생각해서 가까이하고 5왕의 권세가 너무 크다고 생각해서 멀리했으므로 5왕은 날로 소원해지고 무삼사는 날로 밀착되었으며, 끝내 5왕은 죽임을 당하고 중종도 시해되었습니다. 중종의 잘못을 단지 '공신을 보존하지 못했을 뿐이다'라고 말하는 데 그친다면, 무삼사의 손에 직접 시해당한 것을 어찌 알겠습니까? (무삼사는) 가깝기로는 어머니의 조카이고, 은혜로는 생명을 구해주었는데도 그 힘을 얻지 못하고 오히려 화를 얻었으니, 참소하는 자로부터 자신을 보존하기가 어려운 것이 이와 같습니다. 참소하는 자의 모략은 처음에는 자기 몸을 보존하는 데 불과할 뿐이지만 악한 짓이 그치지 않고 그 길에 길들면 다른 사람의 몸을 망치고 다른 사람의 집안과 국가를 멸하며 끝내는 자신도 패망하게 됩니다.

무삼사와 같은 자가 어찌 고금에 차이가 있겠습니까? 하늘과 사람 사이에는 털끝만큼의 틈도 없이 길·흉과 재앙·상서가 각각 같은 부류끼리 감응하는 것입니다. 지금 안으로는 모든 관리가 직책을 받고 서민들은 편안하게 생업에 종사하고 있으며, 밖으로는 상국上國(명)과 평화롭게 통하고 섬오랑캐(일본)는 복종하고 있으니 난리가 어디서 생기겠습니까? 참소하는 자가 아래에서 일을 꾸미면 위에서는 근심 걱정할 조짐이 나타납니다. 객성客星이 자미紫微를 범했으니 신은 무삼사 같은 자가 국왕의 곁에 있을까 두려우며, 화요火曜가 여귀輿鬼로 들어갔으니 신은 마침내 무삼사의 재앙이 있을까 두렵습니다. 신 등은 비록 5왕과 같은 피해를 입는다 해도 안타까울 것이 없지만, 왕씨가 이미 이루어놓은 왕업을 위해서는 애석한 일입니다. 만약에 '이런 일은 결코 없으며, 말하는 사람이 망녕된 것이다' 하고 하신다면, 저 중종의 마음속에 어찌 그런 믿음이 없었겠습니까. 그러나 결국 후세 사람들의 비웃음거리로 남게 되었으니, 신은 후세 사람들이 지금 일을 비웃는 것이 지금 우리가 옛날 일을 비웃는 것과 같을까 두렵습니다. 동자董子(동중서董仲舒)가 말하기를, "하늘이 임금을 사랑하여 먼저 재이를 내려 꾸짖는 뜻을 알리니, 이는 두려워하고 반성하게 하려는 것이다"[17]라고 했습니다. 엎드려 바라옵건대, 전하께서는 사람을 쓰거나 형벌에 처할 때 가깝고 먼 것이나 귀하고 천한 것을 따지지 말고 오로지 공과 죄가 있는지 없는지를 보시어 각각 적절하게 처리하고 서로 어지럽지 않도록 하십시오. 그렇게 하면 임용이 공정해지고 상벌이 바르게 되어 인사가 잘되고 천도가 순응할 것입니다.

엎드려 교서를 읽어보니, "민폐가 아직도 제거되지 않고 국가의 재정이 낭비되고 있는가? 백성들의 사정이 전달되지 못하여 원통하고 억울한 일이 풀리지 못하고 있는가? 뛰어난 재주를 가지고도 임용되지 못한 자가 누구인가? 참소하고 아첨하는 무리로서 쫓겨나지 않은 자가 누구인가?"라고 하셨습니다. 신이 듣기에 삼사三司(고려시대에 국가의 회계를 담당하던 관청)의 회계에서 부처와 귀신을 위해 쓴 것이 가장 많았다고 하니, 재정의 낭비가 이만한 것이 없습니다. 그러나 부처와 귀신의 해로움은 예로부터 밝히기 어려운 것이었습니다. 그 무리가 말하기를, '이것은 좋은 일이며 선한 일이다. 우리에게 귀의하면 나라가 부유해지고 백성들은 장수할 수 있다'라고 하니, 임금 된 이는 이 말을 듣고 기꺼이 재력을 쏟아부으며 부처와 귀신에게 아첨하고 섬기게 됩니다. 그것을 말하는 사람이 있으면, '내가 부처를 섬기는데 저들이 비난하니, 나는 선하고 저들은 악하며, 나는 도를 지키지만 저들은 마귀이다. 내가 부처와 귀신을 섬기는 것은 나라를 부유하게 하고 백성이 장수하게 하려는 것이지 나를 위해서가 아니다'라고 하며 이 말을 고집하고 마음을 굳게 다지니 다른 사람의 말이 들어갈 수가 없습니다. 전하께서 즉위한 이래로 절이 궁궐보다 더 높이 세워지고 절에서 늘 법회가 열리며 도전道殿(도교 사원)의 초제가 아무 때나 열리고 무당의 제사

---

17 『시경집전(詩經集傳)』에 "동자(童子)가 말하기를 '국가가 장차 도를 잃어 패망하게 되면 하늘이 먼저 재이를 내려 꾸짖는 뜻을 알리고, 스스로 반성할 줄 모르면 또 괴이한 일을 내어 경고하고 두렵게 하며, 그래도 변할 줄을 모르면 재앙으로 패망함에 이르게 되니, 이는 하늘이 임금을 사랑하여 그 난리를 그치게 하고자 함을 보여준다"(소아小雅「시월지교十月之交」)라고 한 데서 인용한 것이다.

가 번잡하게 많습니다. 이것을 전하께서는 선한 일이라고 하시지만 실은 선한 일이 아님을 알지 못하시고, 나라가 부유하게 된다고 하시지만 나라가 실은 수척해짐을 알지 못하시고, 백성이 장수한다고 하시지만 실은 백성이 궁핍해지는 줄을 알지 못하십니다. 비록 간언하는 사람이 있어도 모두 받아들이지 않으면서 스스로는 간언을 어긴다고 생각하지 않으시니, 이는 신이 말한 '선하다, 복이 된다, 수명을 연장한다'는 말이 머릿속에 먼저 들어가 있기 때문입니다.

옛날 양나라 무제武帝는 만승萬乘(천자)의 존귀함을 굽히고 세번이나 몸을 희사하여 절의 종이 되었고, 강남의 재력을 탕진해서 불탑을 크게 세웠는데, 이익이 된다고 생각하지 않았으면 구차하게 이런 일을 했겠습니까. 그러나 한 필부가 난을 일으키자 자신은 갇혀서 치욕을 당하고 자손을 보존하지 못해서 나라도 따라서 망했으니, 부처의 이른바 '선을 닦으면 복을 얻는다'는 것이 과연 어디에 있습니까? 그것은 오히려 다른 시대의 일입니다만, 현릉玄陵(공민왕)께서도 불교를 숭상하여 머리 깎은 사람에게 친히 제자로서의 예의를 지켰고, 궁중의 백고좌도량과 연복사의 문수회가 없는 해가 없었으며, 운암사雲菴寺[18]의 금벽金碧(단청)은 산골짜기를 밝게 비추고 영전影殿[19]의 용마루와 처마는 하늘로 치솟았습니다. 재정이 탕진되고 백성들의 힘이 고갈되어 원망과 비방이 함께 일어났는데도 모두 돌보지 않았으니 부처를 섬기는 것이 지극했다고 이를 만합니다. 그런데도 끝내 복을 얻지 못했으니 이것이 어찌 명백한 교훈이 아니겠습니까? 주나라 말기에 유신有莘 땅에 귀신이 내리자 태사太史 과過가 말하기를, '국가가 장차 흥하려 할 때는 사람에게서 듣고, 국가가 장차 망하려 할 때는 귀신에게서

---

18 운암사(雲菴寺): 공민왕 때 개경에 있던 절. 1365년(공민왕 14)에 노국대장공주가 죽자 공민왕이 정릉을 조성하면서 운암사를 원찰로 삼았다. 『고려사』 권114, 열전 이성서(李成瑞).

19 영전(影殿): 국왕이나 왕비의 초상화를 모신 전각을 말한다. 여기서는 공민왕비 노국대장공주의 영전을 가리킨다. 이 영전은 1373년(공민왕 22) 개경에 있는 왕륜사(王輪寺) 동남쪽에 지어졌는데, 공사 과정에서 백성을 많이 동원하여 원성이 크게 일었다.

듣는다'고 했는데, 주나라가 과연 망했습니다. 이것으로 말하더라도 부처나 귀신을 섬기는 것이 아무런 이익이 없고 해만 끼치는 일임을 알 수 있습니다. 엎드려 바라옵건대, 전하께서는 담당 관청에 명해서 사전祀典(공식적으로 행하는 제사에 대한 규정)에 실려 있는 것을 제외하고 중외의 나머지 난잡한 음사淫祀를 모두 금하십시오. 그렇게 하면 비용이 절약되고 낭비하는 일이 없게 될 것입니다.

전하께서 즉위하신 이래로 죄를 지었는데도 불문에 부친 사람도 있고 감옥에서 풀려난 사람도 있으니, 원통하고 억울함을 풀지 못한 사람이 없을 것 같지만, 사면이라는 것은 간악한 자에게는 다행스런 일이나 선량한 사람에게는 재앙이니, 자주 사면하는 것은 오히려 원통함과 억울함을 남기는 일입니다. 요즘 대간이 종묘와 사직을 위한 계책을 글로 올려 주장하다가 모두 쫓겨났으니, 신은 원통함과 억울함이 풀리지 않고 재능이 뛰어난 사람들이 쓰이지 못하는 것이 지금인가 두렵습니다. 참소하고 아첨하는 자들은 행동이 드러나지 않고 말하는 것이 은밀해서 알아차리기가 어렵습니다. 임금에게 잘못이 있으면 분명하게 간쟁하고 사람에게 죄가 있으면 그의 면전에서 꺾으며, 고고하게 세상과 부합하지 않고 씩씩하게 홀로 서서 다른 사람들이 말하는 것을 두려워하지 않는 사람이 올바른 선비입니다. 행동을 숨기고 다른 사람들이 알까 두려워하며 여러 사람이 있는 데서는 아무 말도 하지 않다가 임금과 독대해서는 교묘하게 헐뜯는 사람이 참소하고 아첨하는 자입니다. 전하께서 밖으로는 사대부를, 안으로는 환관들을 신의 말대로 관찰해보시면 참소하고 아첨하는 정황을 알게 될 것입니다.

사람이란 매우 어리석어도 모두 자신을 아낄 줄 아니, 처자식을 위한 계책에 이르러서는 누군들 그런 마음이 없겠습니까. 옛날 한나라 성제成帝 때 일식이 있었는데, 말하는 사람들이 모두 외척이 정권을 휘두를 조짐이라고 하자 성제가 의심스러워하며 장우張禹에게 물었습니다. 장우는 자기가 늙고 자손들이 미약하므로 외척들로부터 화를 당할까 두려워 그 까닭을 분명하게 말하지 않았고, 끝내 왕망王莽으로 하여금 한나라 왕실을 무너뜨리게 했습니다. 곡영谷永의 무리는 성제를 직접 공격하기는 거리끼는 바가 없는 듯이 했지만 왕씨가 권력을 휘두르는 것에 대해서는 두려워 피하고 간언하지 않아 한나라 왕실이 끝내 망하게 되었으니, 역시 처자식을 위한 계책으로 한나라 왕실에 미칠 겨를이 없었던 것입니다. 신이 비록 광망하지만 아직 풍병에는 이르지 않았는데 어찌 제 몸을 돌보지 않겠습니까. 신이 홀로 외로이 많은 원망을 듣고 있으니 이런 말을 하면 화가 닥칠 것을 모르지 않습니다만, 전하께서 숨기지 않고 물으시는데 신이 감히 바른말로 대답하지 않을 수 있겠습니까. 이것이 신이 차라리 화를 당해 자신을 돌보지 못하더라도 숨기지 않고 직언을 하는 까닭입니다. 엎드려 바라건대, 전하께서는 마음을 기울여 채택해주십시오. 그리하여 신이 몸을 잊고 공의를 따르는 뜻을 밝혀주신다면 만번 죽어도 여한이 없겠습니다.

—『고려사』 권119, 열전 정도전

도당에 올리는 글上都堂書[20]

재상의 자리는 모든 책임이 모이는 곳입니다. 그러므로 석개보石介甫가 말하기를, "(재상은) 위로는 음양을 조화롭게 하고 아래로는 백성을 편안

---

20 도당에 올리는 글: 1391년 5월에 정도전이 도당(都堂, 도평의사사)에 올린 글이다. 글의 내용으로 보아 앞의 「공양왕에게 올리는 상소문」과 거의 동시에 올린 것이다. 우왕과 창왕이 신돈의 자손이며 따라서 그들의 즉위는 찬탈이고 그것을 막지 못한 재상들을 처벌해야 한다는 내용이다. 구체적으로는 이색과 우현보를 지목하고 그들을 죽여야 한다고 주장한 것이다. 이 글에서는 그 두 사람을 처형해야 한다는 표현이 없지만, 같은 사실이 『고려사절요』에는 "정도전이 도당에 글을 올려 이색과 우현보를 처형할 것을 청했다"라고 되어 있다. 이성계 일파가 이색을 극형에 처해야 한다고 주장한 것은 1390년(공양왕 2) 2월부터였지만, 그때는 이색이 우왕과 창왕을 옹립했다는, 근거 없는 공격에 지나지 않았다. 하지만 정도전의 주장은 직접 옹립하지 않더라도 재상으로서 찬탈을 막지 못했으므로 처형해야 한다는 새

하게 하는 것이다. 벼슬과 형벌이 말미암는 바이며, 정령과 교화가 나오는 바이다"[21]라고 했습니다. 제가 생각하기에 재상의 임무는 이 네가지보다 중한 것이 없고, 특히 벼슬과 형벌은 더욱 막중합니다. 이른바 음양을 조화롭게 한다는 것은 아무 일을 하지 않아도 음양이 스스로 조화롭게 된다는 말이 아닙니다. 상을 주는 것이 공로에 합당하면 선한 일을 한 사람을 장려하게 되고, 형벌이 그 죄에 합당하면 악한 일을 한 사람을 징벌하게 됩니다. 가만히 보면 형벌 중에 왕위를 찬탈하는 것보다 큰 것이 없으니, 왕씨를 저해하고 (신우의) 아들 창을 왕위에 올리고, 신우를 맞아들여 왕씨를 끊으려 한 것은 찬탈 중에서도 가장 심한 것이며 난적亂賊의 우두머리입니다. 구차하게 천벌을 면하고 지금 이미 여러 해가 지났는데, 또 얼굴색을 꾸미고는 무리가 따르는 것을 성대하게 하고 중외에 들고나는 것을 조금도 거리낌 없이 하는데도 그 자식들이 요직에 포진하고 있어 누구도 감히 어쩌지 못하니, 지금 재상의 자리에 있으면서 벼슬과 형벌의 실권을 가진 사람은 그 책임을 면할 수 없습니다. 마땅히 죄상을 논하여 전하께 아뢰고 나라 사람들과 함께 태묘에 고하고 그 죄를 하나하나 들어 처벌해야 합니다. 그래야만 하늘에 계신 영령들이 위로받을 것이고 신민들의 분노가 풀릴 것이며 천지의 기강이 바로 설 것이고 재상의 책임이 메워질 것입니다.

만약에 "사람의 죄악은 내 알 바가 아니다. 살리거나 죽이고 폐지하거나 설치하는 권한은 임금이 맡은 바인데 재상이 어찌 관여하겠는가?"라고 한다면, 동호董狐(춘추시대 진晉나라의 사관)는 어찌해서 조순趙盾[22]이 임금을 시

　　로운 논리를 담고 있었다. 이 주장은 끝내 받아들여지지 않았지만, 이후 정도전이 재상의 책임에 대한 생각을 심화시키는 중요한 계기가 된 것으로 평가된다. 이 책에서는 『고려사』 열전에 실린 글을 저본으로 번역했다.

21　북송의 유학자인 석개(石介)가 지은 「원재(元載)를 재상으로 삼은 것을 논함」이라는 글에 나오는 말이다. 본문의 석개보(石介甫)는 석개의 잘못이다. 정도전은 이 문장을 『경제문감』의 '재상의 직(宰相之職)' 편에서도 인용했다.

22　조순(趙盾): 춘추시대 진나라의 재상. 왕이 자신을 죽이려 하자 망명했는데, 아직 국경을 넘지 않았을 때 아우 조천(趙穿)이 왕을 시해하자 돌아와 성공(成公)을 왕으로 세웠다. 이때

해한 난적을 토벌하지 않은 것으로 오명을 씌웠겠습니까? 춘추시대에 진나라의 조천趙穿이 임금을 시해하자 곧은 사관인 동호는 "조순이 임금을 시해했다"라고 썼습니다. 조순이 "임금을 시해한 사람은 내가 아니다"라고 하자, 동호가 말하기를 "그대는 정경正卿이면서 망명해서 국경을 넘지 않고 돌아와 역적을 치지 않았으니 임금을 시해한 자가 그대가 아니면 누구인가?"라고 했습니다. 공자가 말하기를, "동호는 훌륭한 사관이고 조순은 훌륭한 대부大夫이다. 법을 위하여 오명을 달게 받았다"라고 했습니다. 조순은 정경으로서 임금을 시해한 역적을 토벌하지 않은 것으로 임금을 시해했다는 오명을 받고도 사양하지 않았던 것입니다. 그렇게 한 뒤에라야 역적을 토벌할 의리가 분명해지고 역적의 무리가 천지 사이에서 용납될 곳이 없게 되니, 그러므로 "남의 임금이 되어 춘추의 의리를 알지 못하면 반드시 가장 악하다는 이름을 받게 되고, 남의 신하가 되어 춘추의 의리를 알지 못하면 반드시 찬탈하거나 시해하는 죄에 빠지게 된다"[23]라고 한 것은 이를 두고 한 말입니다. 제가 비록 재주가 없으나 재상의 뒷자리에서 국정에 참여하고 있으니 어찌 감히 훌륭한 사관의 의론을 스스로 두려워하지 않을 수 있겠습니까?

만약에 "이른바 죄인이라고 하는 사람들 중에 유종儒宗(유학의 으뜸인 사람)도 있고, 왕실과 연이어 혼인한 사람도 있어서 그 법을 논의하기 어려운 점이 있다"라고 한다면, 옛날 임연이 원종을 폐위하고 그 친동생인 왕창王淐을 옹립했을 때 먼저 그 모의를 결정하고 시중 이장용李藏用에게 보고하자 이장용은 어찌할 바를 모르고 단지 '예예'라고만 했을 뿐인데, 뒤에 원종이 복위하자 이장용은 수상의 지위에 있으면서 그 모의를 잠재우고 반란을 막지 못했다고 하여 서인庶人으로 폐해졌습니다. 지금 이색은 유종이 되었지만 이장용보다 무엇이 낫습니까? 사악한 음모를 앞장서 외쳐서 왕

조천을 처벌하지 않은 것을 두고 사신 동호가 "조순이 임금을 시해했다"라고 했다.

23 『사기』 「태사공자서(太史公自序)」에 나오는 말이다.

씨를 저해하고 아들 신창을 세운 것이, 이장용이 임연의 음모에 따르기만
한 것보다 무엇이 낫습니까? 호씨胡氏(호안국胡安國)가 말하기를, "옛날 문강
文姜(춘추시대 노나라 환공의 부인)은 노나라 환공桓公을 시해하는 데 관여했고,
애강哀姜(노 장공의 부인)은 두 임금(장공의 아들인 자반子班과 민공閔公)을 시해하
는 데 관여했는데, 성인聖人(공자)이 이것을 예에 따라 손위遜位(임금의 자리를
빼앗김)한 것으로 기록하고 떠나서 돌아오지 않은 것처럼 해서 완전히 끊어
버린 것은 사적인 은정은 가볍고 의리는 중함을 드러내기 위함이었다"[24]
라고 했습니다. 환공을 시해한 자는 양공襄公이고 두 임금을 시해한 자는
경보慶父이니 문강과 애강은 죄가 없다고 할지 모르나 성인은 두 부인이
(그 모의를) 함께 들었다는 이유로 완전히 끊어버리고 이처럼 통렬하게
질책한 것입니다. 임금을 계승한 사람이 부인의 소생이었어도 어머니와
아들의 사사로운 은혜로 군신의 대의를 폐하지 못했는데 하물며 그 아랫
사람이야 어떻겠습니까?

혹자는 말하기를, "이색의 말에 '우가 비록 신돈의 아들이라 하더라도
현릉玄陵(공민왕)께서 자기 아들이라고 하시고 강녕대군江寧大君에 봉했으
며, 또 천자의 고명誥命(책봉)을 받고 임금까지 되었다. 또 이미 신하가 되었
으면서 그를 내쫓는 것은 크게 옳지 않다'라고 했는데, 그 말 또한 옳지 않
으냐?"라고 합니다. 그러나 왕위는 태조의 왕위이고 사직도 태조의 사직
이니 현릉이 마음대로 할 수 없습니다. 옛날 연燕나라의 자쾌子噲가 연나
라를 자지子之에게 주었는데, 어떤 이가 "연나라를 토벌할 수 있습니까?"
라고 하자 맹자가 말하기를, "불가하다. 자쾌도 연나라를 남에게 줄 수 없
고, 자지도 연나라를 자쾌에게서 받을 수 없다"라고 했습니다.[25] 성현의 생

---

24 『춘추호씨전』에 나오는 말이다(권7, 장공 원년 3월).

25 어떤 이가 "연나라를 토벌할 수 있습니까?"라고 하자 맹자가 말하기를, "불가하다. (…) 연
나라를 자쾌에게서 받을 수 없다"라고 했습니다: 『맹자』 「공손추하」에 나오는 말이다. 『맹
자』에는 맹자의 대답이 "가하다"라고 되어 있고, 문맥상 그것이 옳다. 정도전이 잘못 인용한
것으로 보인다.

각에도 토지와 인민은 선왕으로부터 받은 것이니 현재의 임금이 마음대로 남에게 줄 수가 없다고 여겼던 것입니다. 또 주周나라 혜왕惠王이 사랑하는 아들로 세자를 바꾸자 제齊나라 환공이 제후들을 거느리고 왕세자를 수지首止에서 만나고는 그 자리를 바꾸지 못하게 했습니다.[26] 당시에도 적서의 구분은 분명했지만 그들이 혜왕의 아들임은 한가지였습니다. 또 천자의 존귀함으로도 사랑하는 아들에게 세자의 지위를 마음대로 주지 못했고, 제후가 낮다 하더라도 다른 제후들을 거느리고 위로 천자의 명에 항거한 것을 성인이 의롭게 여겼으니, 세자가 아버지의 명을 거역하고, 환공이 천자의 명에 항거했다는 말을 듣지 않은 것은 진실로 천하의 의리가 크기 때문입니다. 그러니 현릉께서 어찌 태조께서 물려주신 왕위와 인민을 역적 신돈의 아들에게 마음대로 준단 말입니까? 또 천자의 고명은 당시 권신이 현릉의 아들이라고 속여서 얻은 것입니다. 뒤에 천자께서 명하시기를, "고려의 왕위는 후사가 끊어져 비록 왕씨를 빌렸다고는 하지만 다른 성으로 왕을 삼은 것은 삼한이 대대로 지켜오던 좋은 계책이 아니다"라고 하셨습니다. 또 말씀하시기를, "현명하고 지혜로운 신하가 있으니 왕과 신하의 지위를 정하라"라고 하셨으니, 이는 이전의 명령이 잘못되었음을 천자도 알고 다시 밝히신 것인데 어찌 감히 고명을 가지고 핑계를 댄단 말입니까?

그 '신하가 되었다'는 말도 분명하게 밝혀야 합니다. 『자치통감강목資治通鑑綱目』에서 앞에서는 심이기審食其가 황제의 태부太傅가 된 것과 주발周勃과 진평陳平이 승상丞相이 된 것을 쓰고, 뒤에서는 한나라의 대신들이 (여후呂后의) 아들 홍弘을 죽이고 대왕代王 항恒을 맞이해서 황제에 즉위시킨 것을 썼는데, 거기서 황제라고 하고 승상이라고 한 것은 신하가 되었다

26 주(周)나라 혜왕(惠王)이 사랑하는 아들로 세자를 바꾸자 (…) 그 자리를 바꾸지 못하게 했습니다: 주나라 혜왕이 왕자 대(帶)를 총애하여 태자의 지위를 그에게 넘기려 했다. 혜왕이 죽자 대가 정(鄭)나라와 초(楚)나라의 지원을 받아 왕위에 오르려 했으나, 제(齊)나라 환공(桓公)이 제후들을 소집해서 세자 정(鄭)이 왕위를 잇게 했다.

는 말이 아니겠습니까? 그런데 대신이라고 하고 아들 홍을 죽였다고 한 것은 역적을 토벌했다는 말이 아니겠습니까? 이뿐만이 아닙니다. 무재인武才人(측천무후)이 황제를 칭한 지 오래되었을 때 적인걸狄仁傑이 장간지張柬之를 천거해서 재상으로 삼았는데 장간지는 무재인을 폐하고 중종中宗을 맞이해서 황제로 세웠습니다. 천거를 받아 재상이 된 것이 어찌 신하가 된 것이 아니겠습니까만 무재인을 폐한 것은 역적을 토벌한 것입니다. 백세를 내려오면서 주발과 진평이 유씨劉氏 황실을 안정시키고 장간지가 당나라를 회복한 공을 칭송하지, 여러 공들이 신하가 되어서 옛 임금을 폐위했다고 나무라는 말은 듣지 못했습니다. 이색과 우현보는 비록 인과 의가 부족하지만 모두 글을 읽어 옛일에 통달한 선비인데 어찌 이 말을 듣지 못했겠습니까? 미혹에 사로잡혀 깨닫지 못하고 사특한 주장을 부르짖어 사람들을 현혹했음을 여기서 볼 수 있습니다. 선왕의 법에 말을 만들어 사람들을 현혹하는 자는 베어버려야 마땅하다고 했는데, 하물며 감히 사특한 주장을 부르짖어 역적의 죄를 구제하려는 자이겠습니까?

혹은 말하기를, "신우를 맞이하려고 한 것은 마침 그 아들 창이 왕위에 있을 때였으니 비록 신우를 맞아오지 않았더라도 왕씨가 어찌 부흥할 수 있었겠는가? 신우를 맞아들여 왕씨를 끊어버리려 했다고 말하는 것은 그 죄를 억지로 더하려는 것이다"라고 합니다. 그 당시에 충신과 의로운 선비들이 천자의 명을 받들어 다른 성씨를 쫓아내고 왕씨를 회복시킬 것을 논의했는데, 가짜 신씨의 무리가 먼저 명나라 예부의 자문咨文을 얻어 천자의 명과 충신들의 논의가 있음을 알고 아들 창이 어리다고 말하며 그 아비를 세워 사사로움을 구하려 모의했으니, 이것이 신우를 맞아들여 왕씨를 끊어버리려고 모의한 것이 아니란 말입니까?

혹은 말하기를, "이색과 우현보는 항렬로 보아 선배가 되고 사문斯文(유교)의 고상함과 오래 알고 지낸 정이 있는데 그대가 이처럼 힘써 공격하는 것은 너무 각박하지 않은가?"라고 합니다. 옛날 소식蘇軾은 주문공朱文公

(주자)보다 선배가 되지만, 주문공은 소식이 감히 이단의 논리를 펴서 예악을 없애고 유교를 무너뜨렸다고 비난하는 데 조금도 가차가 없었습니다. 그러면서 말하기를, "감히 옛사람을 공격하고 비난하는 것이 아니다. 성탕成湯(상商나라를 세운 탕왕湯王)이 이르기를, '나는 상제上帝가 두려워 감히 바로잡지 않을 수 없다'[27]라고 했는데, 나 또한 상제가 두렵기 때문에 논하지 않을 수 없다"라고 했습니다. 소식의 죄는 이단의 논리를 내세워 예법을 없애는 데 그쳤을 뿐인데도, 주자의 어질고 관대함으로도 그를 공격하면서 성탕이 걸을 죽이면서 했던 말을 똑같이 하는 데 이르렀습니다. 하물며 다른 성씨와 한편이 되어 왕씨를 저지하는 자는 조종의 죄인이며 유교의 적괴賊魁(적의 우두머리)니 어찌 선배라는 이유로 그들을 봐주겠습니까? 하물며 저들의 말에, "무진년(1388, 우왕 14) 우왕을 폐위하고 창왕을 세울 당시 유학자들 사이에 다른 주장이 있었다"라고 하는데, 이른바 다른 주장이란 왕씨를 세우자는 것이었습니다. 또 (이색의 아들이) 여러 사람 앞에서 큰 소리로 말하기를, "여러 장수가 왕씨를 세우자고 논의했는데 우리 아버지가 그것을 저지했으니 우리 아버지의 공이 크다"라고 했는데, 이 말이 우와 창의 귀에 흘러 들어갈 정도로 심했습니다. 만일 신우와 신창이 뜻대로 했다면 유학자와 여러 장수가 과연 목숨을 보전할 수 있었겠습니까? 그들의 처세가 천박한 것이 과연 어떠합니까? 왕씨를 세우자는 것을 다른 주장이라고 하고 왕씨를 저지한 것을 자기 공이라고 했는데, 지금은 가짜 신씨를 왕위에 올린 것이 다른 주장이 되고 왕씨를 저지한 것이 중죄가 되는 것이 옳지 않습니까?

혹은 말하기를, "그대는 이미 글을 올려 사직했는데, 전하께 글을 바쳐서 죄인을 논하고 또 조정에도 알리니 너무 심하지 않은가?"라고 합니

---

27   나는 상제(上帝)가 두려워 감히 바로잡지 않을 수 없다: 『서경』상서(商書)「탕서(湯誓)」에 나오는 말이다. 탕(湯)이 하(夏)나라의 폭군 걸(桀)을 정벌하기에 앞서 사람들을 모아놓고 말하는 가운데 나온다.

다. 이 말이 맞는다면, 옛날 제나라의 진항陳恒이 임금을 시해하자 공자께서 목욕재계하고 조회에 나가 "진항이 임금을 시해했으니 그를 토벌하십시오"라고 하고, 또 삼자三子(노나라의 맹손씨孟孫氏, 숙손씨叔孫氏, 계손씨季孫氏)에게 알리기를 "진항이 임금을 시해했으니 그를 토벌하십시오"라고 했는데,[28] 임금을 시해한 사람이 제나라에 있었으니 노나라와는 아무런 관계가 없을 것 같고, 공자는 그때 이미 나이 들어 물러났으니 노나라의 정사와 아무런 관계가 없을 것 같고, 이미 임금에게 요청했으니 꼭 삼자에게 알릴 것도 없었을 것 같지만, 또한 성인의 커다란 도량으로도, 들어가서 임금에게 요청하고 나와서 삼자에게 알린 것은 반드시 그 죄인을 토벌하고야 말겠다는 것이었습니다. 진실로 시해한 역적은 사람마다 죽일 수 있어야 하니, 천하의 악한 것은 마찬가지입니다. 또한 노나라에 있으면서 제나라에 있는 역적을 용인하지 않았는데, 하물며 같은 나라에 있으면서 같은 나라의 역적을 용인하겠습니까? 예전의 대부였으면서도 이웃 나라의 정사를 용인하지 않았는데, 하물며 공신의 반열에 있으면서 왕실의 역적을 용인하겠습니까? 『춘추』에 "위衛나라 사람(人)이 주우州吁를 죽였다"[29]라고 했는데, 호씨胡氏가 말하기를 "사람(人)은 사람들(衆)이라는 말이다"라고 했습니다.[30] 주우를 죽일 때 석작石碏이 계획을 세우고 우재右宰인 추醜에게 맡겼는데, 글자를 고쳐 '사람(人)'이라고 한 것은 사람마다 모두 역적을 칠 마음이 있었고, 또한 사람들이 토벌할 수 있었기 때문에 '사람들(衆)'이라고 한 것입니다. 또 난신적자는 사람마다 토벌할 수 있는 것인데, 재상으로

---

28 옛날 제나라의 진항(陳恒)이 임금을 시해하자 (…) 라고 했는데:『논어』「헌문(憲問)」에 나오는 말이다.

29 『춘추좌전』에 나오는 말이다(은공隱公 4년 9월).

30 호씨(胡氏)가 말하기를 "사람(人)은 사람들(衆)'이라는 말이다"라고 했습니다: 이 말은 정자(程子)가 한 것이다(『정씨경설程氏經說』 권5, 은공 4년 9월). 호씨의 말이라고 한 것은 정도전의 착오이다. 원나라 왕원걸(王元杰)의 『춘추헌의(春秋獻議)』에는 호씨가 이 말을 한 것으로 되어 있는데, 정도전이 이 책을 인용한 것인지는 알 수 없다.

서 토벌해 죽이는 거사를 행하지 않아서야 되겠습니까? 하물며 석작은 주우 때문에 자기 아들 후厚도 함께 죽였습니다. 군자가 말하기를, "석작은 순신純臣(순수한 신하)이다. 대의멸친大義滅親(대의를 위해서 친족도 죽임)이란 이를 두고 한 말이다"라고 했으니,[31] 난신적자는 친소나 귀천을 막론하고 모두 죽여서 후사를 끊어야 합니다.

혹은 말하기를, "진항과 주우는 직접 시해한 자이다. 이색과 우현보는 일찍이 시해한 일이 없는데, 비교해서 같다고 하는 것은 또한 지나치지 않은가? 또 죄를 무고해서 잘못 덮어씌운 것인지 어찌 알겠는가?"라고 한다면, 바로 호씨(호안국胡安國)의 설명이 있지 않습니까? "임금을 시해하고 다른 임금을 세워도 종묘는 여전히 없어지지 않지만, 종묘를 옮기고 왕실의 성씨를 바꾸면 그 나라를 멸망시키는 것이니 어찌 시해보다 무겁지 않겠는가?"[32]라고 했습니다. 지금 다른 성씨와 일당이 되어 왕씨의 종묘사직을 없앤 것은 참으로 호씨가 말하는 '종묘를 옮기고 왕실의 성을 없애는 것'이니, 그 죄는 역시 시해하는 것에 못지않습니다. 또 옛날 대신들은 다른 사람이 죄를 고발하면 죄인의 옷을 입고 벌을 청했습니다. 한나라의 곽광霍光과 같은 사람은 무제武帝의 고명대신으로서 소제昭帝를 옹립하여 공덕이 지대했지만, 다른 사람이 글을 올려 그 죄를 고발하자 감히 궁궐에 들어가지 않고 밖에서 대죄했습니다. 이것으로 보아, 만일 죄를 고발하는 자가 있으면 마땅히 눈물을 흘리면서 (임금께) 간절히 청하고 몸소 담당 관청에 나아가 자신의 죄에 대해 밝힌 뒤에야 마음이 편안해지는 것입니다. 어찌 처자를 꾀어 글을 올리게 하고 자신은 병을 핑계로 밖에서 의원에게 가면서 (죄를) 분명하게 밝히는 데 참여하지 않습니까? 이것은 스스로 죄가

---

31 군자가 말하기를 (…) 라고 했으니: 『춘추좌전』에 나오는 말이다(은공 4년 9월).

32 임금을 시해하고 다른 임금을 세워도 (…) 어찌 시해보다 무겁지 않겠는가?: 『자치통감강목』에서 신룡(神龍) 원년(705) 정월에 태후를 상양궁(上陽宮)으로 옮기고 측천대성황제(則天大聖皇帝)라는 존호를 올린 기사에 달린 호안국의 해설이다.

있는 것을 알고 말을 왜곡해서 변명하기 어렵기 때문임이 분명합니다. 『춘추』의 난적을 토벌하는 법은 그 자취가 분명하게 드러나지 않아도 그 의도가 밝혀지면 처벌하는 것인데, 하물며 자취가 이미 이처럼 드러난 자들이야 어떻겠습니까?

옛날 고종이 무재인을 책봉해서 황후로 삼을 때 저수량褚遂良과 허경종許敬宗 모두 재상이었는데, 저수량은 불가하다고 힘써 말하다가 결국 형벌을 받아 죽었지만 허경종은 고종의 뜻에 순응해서 "이것은 폐하의 집안일일 뿐이니 재상이 알 바가 아닙니다"라고 했습니다. 고종이 허경종의 말을 써서 끝내 무후武后를 세웠고, 허경종은 종신토록 부귀를 누렸으며, 5왕[33]은 뜻을 모아 반정反正을 했다가 모두 처형당하고 한명도 살아남지 못했습니다. 지금 보면, 허경종의 계책은 성공했고 저수량과 5왕은 실패했지만 허경종이 누린 한때의 부귀는 갑자기 휘몰아치는 바람이 귀를 스치는 것 같이 사라져서 아무 자취가 없고 저수량과 5왕의 명성과 의로움은 사서에 찬란하게 빛나서 시대를 꿰뚫어 함께 남았습니다. 저는 비록 비천하고 졸렬하지만 허경종을 수치스럽게 여기고 저수량을 사모합니다. 전傳에 이르기를, "처음에 같이 모의했으니 끝에 같이 죽는다"[34]라고 했습니다. 저를 어리석고 졸렬하다고 버리지 않으셔서 반정을 의논하는 데 참여할 수 있었으니[35] 어찌 간악한 무리의 화를 두려워하여 묵묵히 말하지 않고 구차하게 면하려 하겠습니까? 엎드려 바라건대, 『춘추』의 난적을 치는 법을 본받

---

33 5왕: 앞의 주 16번과 같음.

34 『논어집주』「헌문(憲問)」에 나오는 정자(程子)의 말이다. 제나라 환공(桓公)이 동생 자규(子糾)를 죽였을 때 자규를 받들던 관중(管仲)이 따라 죽지 않고 오히려 환공을 도운 일을 가지고 자공(子貢)과 문답하는 가운데 공자가 관중의 행동을 옹호하는 대목에서 정자가 해설을 붙인 것이다. 원문은 "관중이 처음에 같이 모의했으니 끝에 같이 죽는 것도 괜찮고, 아우를 도와 나라를 다툰 것이 불의(不義)가 됨을 알고 스스로 죽음을 면하여 후일의 공을 도모하는 것 또한 괜찮다"이다. 정도전은 문맥과 관계없이 한 문장을 인용한 것이다.

35 반정을 의논하는 데 참여할 수 있었으니: 이성계가 창왕을 폐하고 공양왕을 옹립하는 데 참여한 것을 말한다.

으시고 공자와 석작의 마음을 마음으로 삼으신다면 종묘와 사직에 큰 행복이겠습니다.

—『고려사』 권119, 열전 정도전

경복궁 궁궐과 전각의 명칭[36]

경복궁景福宮

신이 생각하기에, 궁궐이란 임금이 정사를 보는 곳이고, 사방이 우러러보는 바이며, 신민이 모두 함께 만드는 것입니다. 그러므로 제도를 장엄하게 해서 존엄하게 보이게 하고 이름을 아름답게 지어서 보고 감동하게 해야 할 것입니다. 한나라·당나라 이래로 궁전의 호칭은 옛것을 따르기도 하고 새로 짓기도 했으나 그 존엄함을 보이고 감동을 일으키게 한 것은 그 뜻이 같았습니다.

전하께서 즉위한 지 3년이 되던 해에 한양에 도읍을 정하고 먼저 종묘를 세웠으며 다음으로 궁궐을 지었습니다. 이듬해 10월 을미일(5일)에 친히 곤룡포와 면류관을 갖추고 새 종묘에서 선왕先王·선후先后에게 제사를 지낸 다음 새 궁전에서 신하들에게 잔치를 열어주셨으니, 이는 신령의 은혜에 감사하고 앞으로 복을 받기 위한 것이었습니다. 술이 세 순배 돌자 신

---

36 경복궁 궁궐과 전각의 명칭: 1394년(태조 3) 10월 한양으로 천도한 뒤 새 궁궐이 완성되자 1395년 10월에 정도전이 왕명을 받아 궁궐과 궁궐 안 전각의 이름을 지어 올렸다. 궁궐 이름은 경복궁(景福宮)이라 하고, 강녕전(康寧殿), 연생전(延生殿), 경성전(慶成殿), 사정전(思政殿), 근정전(勤政殿) 등 전각의 이름을 지었으며, 그 밖에 융문루(隆文樓), 융무루(隆武樓), 근정문(勤政門), 정문(正門) 등 문루(門樓)의 이름을 정했다. 그리고 각각의 명칭에 대해 설명하는 글을 지어 바쳤는데, 『태조실록』(태조 4년 10월 7일)과 『삼봉집』에 실려 있다. 이 책에서는 『삼봉집』에 실린 글을 저본으로 번역했다.

도전에게 명하시기를, "지금 도읍을 정하여 종묘에서 제사 지내고, 새 궁궐이 낙성되어 여러 신하와 여기서 잔치를 열게 되었으니, 그대는 서둘러 궁궐과 전각의 이름을 지어 나라와 더불어 길이 빛나도록 하라"라고 하셨습니다.

신은 명을 받들어 삼가 머리를 조아려 절하고, 주아周雅(『시경』 대아大雅와 소아小雅)의, "이미 술로 취하고, 이미 은덕으로 배부르니, 군자가 만년토록 큰 복[景福]을 받으리라"[37]라는 구절을 읊으면서 새 궁궐의 이름을 경복景福이라고 짓기를 청했습니다. 전하께서는 자손들과 더불어 만년토록 태평한 왕업을 누리게 될 것이며, 사방의 신민들도 길이 보고 느끼는 바가 있을 것입니다. 그러나 『춘추』에서 백성의 부역을 무겁게 여기고 토목 공사를 삼갔으니, 임금 된 이가 헛되이 백성을 부려 자기만을 받들게 할 수 있겠습니까. 넓은 집에서 한가로이 있을 때는 한사寒士(가난한 선비)를 감쌀 것을 생각하고, 서늘한 전각에서는 맑은 그늘을 나누어줄 것을 생각해야 합니다. 그런 다음에야 만민의 받듦에 저버림이 없을 것입니다. 그래서 아울러 언급합니다.

강녕전康寧殿

신이 생각하기에, 홍범洪範의 아홉째인 오복五福 가운데 세번째가 강녕康寧입니다.[38] 임금이 마음을 바르게 하고 덕을 닦아 황극皇極(국가를 다스리는 도)를 세우면 오복을 누릴 수 있습니다. 강녕은 오복의 하나인데, 강녕만 거론해서 나머지 네개가 모두 포함되도록 했습니다. 그러나 마음을 바

---

37   『시경』 대아(大雅)「기취(既醉)」의 한 구절이다.

38   홍범(洪範)의 아홉째인 오복(五福) 가운데 세번째가 강녕(康寧)입니다: 홍범은 모두 아홉
     개의 범주로 이루어져 있으며, 이 가운데 아홉째가 오복이다. 오복은 수(壽, 오래 사는 것),
     부(富, 부유함), 강녕(康寧, 몸이 건강하고 마음이 편한 것), 유호덕(攸好德, 덕을 좋아하는
     것), 고종명(考終命, 천수를 누리고 편안하게 죽는 것)이다.

르게 하고 덕을 닦는다는 것이 여러 사람이 다 보는 데서는 억지로 그렇게 하게 되지만, 한가하게 혼자 있을 때는 쉽게 안일에 빠져 경계하는 뜻이 매번 게을러집니다. 그래서 마음이 바르게 되지 못하고 덕이 닦이지 못하는 바가 있어, 황극이 서지 못하고 오복이 이지러집니다. 옛날 위衛나라 무공 武公이 스스로 경계하는 시에 이르기를,[39]

네가 군자를 벗함을 보건대
네 얼굴을 화하게 하고 유순하게 하여
어떤 잘못이 있지 않은가 하는구나
네 집에 있음을 보건대
옥루屋漏(집에서 눈에 띄지 않는 곳)에서도 부끄러움이 없어야 한다

라고 했습니다. 무공이 경계하고 삼간 것이 이러했으므로 향년이 90을 넘겼으니, 그가 황극을 세우고 오복을 누렸음이 분명합니다. 그렇게 힘쓰는 것은 당연히 한가하게 혼자 있는 곳에서부터 시작해야 합니다. 원컨대 전하께서는 무공의 시를 본받아, 안일함을 경계하고 경외하는 마음을 보존하여 황극의 무궁한 복을 누리소서. 그러면 성스러운 자손들이 계승하고 또 계승해서 천만 대를 전할 것입니다. 이에 연침燕寢(왕이 평상시에 거처하는 전각)의 이름을 강녕이라고 지었습니다.

연생전延生殿·경성전慶成殿

천지는 만물에 대하여 봄으로 생겨나게〔生〕 하고 가을로 이루어지게〔成〕

---

39 옛날 위(衛)나라 무공(武公)이 스스로 경계하는 시에 이르기를: 이어지는 구절은 『시경』 대아(大雅) 「억(抑)」의 한 구절을 인용한 것이다. 무공은 춘추시대 위나라의 임금으로, 자신을 경계하기 위해 이 시를 지었다.

하며, 성인은 만민에 대하여 인仁으로써 생겨나게〔生〕하고 의義로써 제어합니다. 그러므로 성인이 하늘을 대신해서 만물을 다스림에 그 정령政令을 내리고 시행하는 것은 모두 천지의 운행을 본떴습니다. 동쪽의 작은 침전을 연생延生, 서쪽의 작은 침전을 경성慶成이라고 하여 전하께서 천지의 생겨남〔生〕과 이루어짐〔成〕을 본받아 정령을 밝히시는 것을 보이도록 했습니다.

사정전思政殿

천하의 이치는 생각을 하면 얻고 생각을 하지 않으면 잃는 것입니다. 임금이 혼자서 숭고한 지위에 있는데, 많은 사람 가운데는 지혜로운 사람, 어리석은 사람, 어진 사람, 못난 사람이 섞여 있고, 많은 일 가운데는 옳은 일, 그른 일, 이익이 되는 일, 해가 되는 일이 섞여 있으니, 임금된 사람이 깊이 생각하고 세밀하게 살피지 않으면 어떻게 일의 옳고 그름을 판단해서 처리하며, 어떻게 사람의 어질고 어리석음을 판단해서 쓰고 쓰지 않겠습니까? 옛날부터 임금 중에 누가 존경과 영예를 누리고자 하지 않고 위태함을 싫어하지 않았겠습니까만, 옳지 못한 사람을 가까이하고 좋지 못한 계책을 세워 끝내 패망에 이른 것은 생각을 하지 않았기 때문입니다. 『시경』에 "어찌 그대를 생각하지 않으리오만, 집이 너무 멀구나"[40]라고 한 것을 공자가 이르기를, "생각을 하지 않은 것이지, 어찌 먼 것이 있겠는가"[41]라고 했으며, 『서경』에 이르기를, "생각하는 것은 슬기로워야 하고, 생각이 슬기로우면 성인聖人이 된다"[42]라고 했으니, 생각이 사람에게 작용하는 것이 지극하다고 하겠습니다. 이 궁전에서는 매일 아침 여기서 일을 보므로 만

---

[40] 『시경』국풍(國風)「죽간(竹竿)」에 나오는 구절이다.

[41] 『논어』「자한(子罕)」에 나오는 말이다.

[42] 『서경』주서(周書)「홍범(洪範)」오사(五事)에 나오는 말이다.

가지 일이 집중되는데, 모두 전하께 아뢰어 조칙을 내리고 지휘하게 되니 더욱 생각하지 않으면 안 됩니다. 신은 사정전이라고 이름하고자 합니다.

근정전勤政殿·근정문勤政門

천하의 일은 부지런하면 다스려지고, 게으르면 무너지는 것이 필연의 이치입니다. 작은 일도 그러하거늘 하물며 정사의 큰일은 어떻겠습니까? 『서경』에 이르기를, "근심할 것이 없을 때 경계하여 법도를 잃지 말라"[43]라고 했고, 또 이르기를, "안일과 욕심으로 제후들을 가르치지 말고 삼가고 두려워하십시오. 하루 이틀에도 일의 작은 조짐은 만가지나 됩니다. 모든 관직을 비워두지 마십시오. 하늘의 일을 사람이 대신 하는 것입니다"[44]라고 했습니다. 이것이 순舜과 우禹가 부지런했던 까닭입니다.[45] 또 『서경』에 이르기를, "아침부터 해가 기울도록 밥 먹을 겨를도 없이 일하여 만백성을 잘살게 했습니다"[46]라고 했으니, 이것이 문왕의 부지런함이었습니다.

임금이 부지런하지 않을 수 없는 것이 이와 같지만, 편안하게 봉양 받는 것이 오래되면 교만하고 안일한 마음이 쉽게 생기게 됩니다. 또 아첨하는 사람들이 모시면서 말하기를, "천하와 나라의 일 때문에 내 정력을 소모하고 내 수명을 단축해서는 안 됩니다"라고 하고, 또 말하기를, "이미 존엄하고 높은 지위에 있는데 어찌 도리어 자기를 낮추고 노고를 해야만 합니까?"라고 합니다. 그리고는 혹은 여자와 음악으로, 혹은 사냥으로, 혹은 진

43　『서경』 우서 「대우모」에 나오는 말이다.

44　『서경』 우서 「고요모」에 나오는 말이다.

45　이것이 순(舜)과 우(禹)가 부지런했던 까닭입니다: 대우모는 순임금에게 우(禹)와 익(益)이 훈계한 것이고, 고요모는 우임금에게 고요가 훈계한 말이므로, 이 훈계로 말미암아 순과 우가 부지런했다고 한 것이다.

46　『서경』 주서(周書) 「무일(無逸)」에 나오는 말로, 주공(周公)이 성왕(成王)을 훈계하면서 문왕의 정치를 예로 든 것이다.

기한 물건으로, 혹은 토목 공사를 일으켜 아첨하고, 황음한 일이라면 말하지 않는 것이 없으니, 그러면 임금은 이것을 '나를 사랑한다'고 생각해서 나태함과 황음함에 빠지는 것을 스스로 알지 못하게 됩니다. 한나라와 당나라의 임금들이 삼대三代만 못한 까닭이 바로 이것입니다. 그렇다면 임금이 하루라도 부지런하지 않아서야 되겠습니까? 그러나 임금이 부지런해야 한다는 것만 알고 부지런해야 하는 이유를 알지 못하면 그 부지런함이 번잡하고 까다로운 데로 흘러 볼만하지 못할 것입니다. 선유先儒가 말하기를, "아침에는 정무를 보고, 낮에는 어진 이를 방문하고, 저녁에는 명령을 다듬고, 밤에는 몸을 편하게 한다"[47]라고 했는데, 이것이 임금의 부지런함입니다. 또 말하기를, "어진 이를 구하는 데 부지런하고, 어진 이를 쓰는 데 빨라야 한다"라고 했습니다. 신은 이것으로써 올리고자 합니다.

융문루隆文樓·융무루隆武樓

문文은 태평한 정치를 이루는 것이요 무武는 난리를 평정하는 것이니, 이 둘은 사람에게 양팔이 있는 것과 같아서 하나라도 없어서는 안 됩니다. 예악禮樂과 문물文物이 빛나서 볼만하고 군사와 무기가 정연하게 모두 갖추어져 있으며, 사람을 등용함에 이르러서는 문장과 도덕이 있는 선비와 과감하고 용감한 군인이 중외에 포열하고 있는 것은 모두 문을 높이는 것〔隆文〕과 무를 높이는 것〔隆武〕이 지극한 것입니다. 전하께서 문과 무를 아울러 써서 오래도록 태평한 정치가 이루어지는 것을 보게 되기를 바랍니다.

47　『춘추좌전』에 나오는 말이다(소공昭公 원년 추秋).

정문正門

　천자와 제후가 비록 그 지위는 다르지만 남면南面(북쪽에서 남쪽을 바라보고
앉음)하고 정치를 하는 것은 모두 정正에 근거한 것이니 그 이치는 하나입
니다. 고전을 살펴보면 천자의 문을 단문端門이라 하는데, 단端이라고 하는
것이 바로 정正입니다. 지금 오문午門(궁궐의 남쪽 문)을 가리켜 정문正門이라
고 했습니다. 임금의 명령과 가르침이 반드시 이 문을 통해 나가니, 살펴서
마땅한 뒤에 나가게 하면 헐뜯는 말이 행해지지 못하고 거짓이 의탁할 곳
이 없을 것이며, 임금께 아뢰고 청하는 것이 반드시 이 문을 통해 들어오
니, 살펴서 마땅한 뒤에 들어오게 하면 사악하고 편벽된 것이 들어올 수 없
고 공로의 실마리도 살필 수 있을 것입니다. 이 문을 닫아서 이상한 말을
하고 속임수를 쓰는 백성을 끊고, 이 문을 열어서 사방의 어진 이를 오게
하니, 이 모두가 정正의 큰 것입니다.

—『삼봉집』권4, 기記

정도전 연보

연도	정도전	국내외 주요 사건
1342년 (충혜왕 후3년)	• 출생. 충청도 단양의 외가에서 태어났다는 설과 경상도 영주의 친가에서 태어났다는 설이 있음.	• 1337년 프랑스와 영국의 백년전쟁 시작. • 1356년 5월, 공민왕의 반원(反元) 정치 성공. • 1359년 11월, 홍건적 1차 침입.
1360년 (공민왕 9년)	• 9월, 성균시(成均試)에 합격. 시관(試官)은 어사대부 이교(李嶠). (19세)	• 1361년 11월, 홍건적 2차 침입. 개경이 함락되고 공민왕은 복주(경상도 안동)로 피난.
1362년 (공민왕 11년)	• 10월, 문과에 급제. 시관은 우시중 홍언박(洪彦博)과 지도첨의사사 유숙(柳淑).	• 1월, 개경 수복.
1363년 (공민왕 12년)	• 봄 충주사록(忠州司錄)에 임명됨. (22세)	
1364년 (공민왕 13년)	• 여름 전교주부(典校注簿)에 임명됨.	• 1월, 원이 덕흥군을 고려국왕으로 세우고 고려를 침략해왔으나 최영과 이성계가 격퇴함.
1365년 (공민왕 14년)	• 통례문지후(通禮門祇侯)에 임명됨.	• 5월, 신돈, 국정에 참여.
1366년 (공민왕 15년)	• 1월, 부친 정운경 별세. 삼년상을 치르던 중 12월 모친상을 당해 영주에 머물며 시묘.	• 5월, 신돈, 전민변정도감(田民辨正都監) 판사로서 개혁정치 시작. • 1368년, 명 건국. 원의 수도인 대도(大都)를 점령함.
1369년 (공민왕 18년)	• 시묘를 마치고 삼봉의 옛집으로 돌아옴.	
1370년 (공민왕 19년)	• 여름 개경으로 올라와 성균박사(成均博士)에 임명됨. (29세)	• 5월, 명과 책봉-조공 관계 수립. • 티무르제국 성립.
1371년 (공민왕 20년)	• 태상박사(太常博士)에 임명됨. 신돈이 처형된 뒤 왕명으로 그 사실을 태묘에 아뢰는 절차를 의논함. • 예의정랑(禮儀正郎)에 임명되고 성균박사(成均博士)와 태상박사를 겸함.	• 7월, 신돈 처형.
1374년 (공민왕 23년)	• 9월, 우왕 즉위 후 성균사예(成均司藝) 예문응교(藝文應敎) 지제교(知製敎)에 임명됨.	• 8월, 최영, 탐라(제주)에서 원의 잔여세력이 일으킨 반란을 진압.

1374년 (공민왕 23년)		* 9월, 공민왕 시해. 우왕 즉위.
1375년 (우왕 1년)	* 전의부령(典儀副令)에 임명됨. * 5월, 원과 국교를 재개하는 데 반대하다가 나주 회진현 거평부곡으로 유배됨. (34세)	
1377년 (우왕 3년)	* 7월, 유배에서 풀려 고향으로 돌아옴.	* 10월, 최무선의 건의로 화통 도감(火㷁都監) 설치.
1380년 (우왕 6년)	* 남경 삼각산에 삼봉재(三峯齋)를 열고 학생들을 가르침. 유배에서는 풀렸으나 복직이 되지 않은 상태에서 영주, 제천, 남경, 김포, 부평 등지를 전전함.	* 8~9월, 이성계가 지리산에서 왜구 격퇴.
1383년 (우왕 9년)	* 7월, 함주(함흥)의 동북면원수부로 이성계를 찾아가 만남. (42세)	
1384년 (우왕 10년)	* 여름, 함주(함흥)의 동북면원수부에 가서 이성계를 다시 만남. * 전의부령(典儀副令)으로 복직됨. * 7월, 정몽주의 추천으로 하성절사(賀聖節使) 정몽주의 서장관이 되어 명나라 수도 남경(南京)에 파견됨.	
1385년 (우왕 11년)	* 4월, 남경에서 돌아온 직후 성균좨주(成均祭酒) 지제교(知製教)에 임명됨.	
1386년 (우왕 12년)	* 전교령(典校令)에 임명됨. (45세)	
1387년 (우왕 13년)	* 외직으로 나가 남양부사(南陽府使)로 부임함.	
1388년 (우왕 14년)	* 5월, 위화도 회군 후 이성계의 천거로 성균관대사성(成均館大司成)이 됨. * 밀직제학(密直提學)이 되어 재추의 반열에 오름. * 10월, 지공거(知貢擧)가 되어 동지공거 권근과 함께 과거를 주관함.	* 4월, 고려군대가 명의 요동을 공격하기 위해 출정함. * 5월, 이성계, 위화도에서 회군. * 6월, 우왕 폐위, 창왕 즉위. * 10월, 원 멸망.
1389년 (창왕 1년/ 공양왕 1년)	* 4월, 도평의사사에서 전제 개혁을 논의할 때 예문관제학(藝文館提學)으로 참석해서 사전(私田)을 혁파하자는 조준의 의견에 동조함. * 밀직부사(密直副使)로 승진함. * 11월, 창왕을 폐위하고 공양왕을 옹립하는 데 참여함.	* 11월, 창왕 폐위, 공양왕 즉위. * 12월, 우왕·창왕 죽임.

1389년 (창왕 1년/ 공양왕 1년)	• 11월, 삼사우사(三司右使)로 승진함. • 12월, 공양왕을 옹립한 공으로 공신에 책봉됨. 이 때 충의군(忠義君) 추충논도좌명공신(推忠論道佐 命功臣)에 책봉되고 전 100결, 노비 10구를 하 사받음.	
1390년 (공양왕 2년)	• 1월, 지경연사(知經筵事)가 됨. • 윤4월, 정당문학(政堂文學) 동판도평의사사사(同 判都評議使司事) 성균관겸대사성이 됨. • 6월, 하성절사가 되어 명에 파견됨. 윤이·이초가 이성계를 고발한 일에 대해 해명.	• 5월, 윤이·이초가 명에 가서 이성계가 명을 공격할 것이 라고 고발함.
1391년 (공양왕 3년)	• 1월, 우군총제사(右軍摠制使)가 됨. • 5월, 공양왕의 구언에 응해 상서함. • 5월, 도당에 글을 올려 이색과 우현보를 처형할 것을 주장함. • 9월, 반대파의 공격을 받아 평양부윤(平壤府尹)으 로 좌천되었다가 곧 봉화현으로 유배됨. • 10월, 직첩과 공신녹권을 회수당하고 나주로 이 배(移配)됨. • 12월, 봉화로 양이(量移)됨. (50세)	• 오스만투르크 술탄국, 콘스탄 티노폴리스 봉쇄.
1392년 (공양왕 4년/ 태조 1년)	• 4월, 대간이 정몽주의 사주를 받고 정도전을 주살 할 것을 요구함. • 6월, 유배에서 풀려 소환됨. • 7월, 이성계를 국왕으로 추대하는 데 참여함. • 7월, 조선 건국 후 개국공신에 책봉되고 문하시랑 찬성사(門下侍郎贊成事) 의흥친군위절제사(義興 親軍衛節制使)에 임명됨. • 7월, 태조의 즉위교서를 작성함. • 8월, 개국공신의 서열을 정할 때 배극렴, 조준, 김 사형에 이어 4위에 위치. • 10월, 조준, 정총, 박의중, 윤소종과 더불어 고려 사를 편찬하라는 명을 받음. • 10월, 명나라에 사은사(謝恩使)로 파견됨.	• 4월, 정몽주 피살. • 7월 17일, 이성계 즉위. 새 왕조 개창. • 11월, 일본 남북조시대 종결.
1393년 (태조 2년)	• 7월, 동북면도안무사(東北面都安撫使)에 임명되었 으나 실제 부임하지는 않음. • 9월, 판삼사사(判三司事)에 임명됨. • 10월, 관습도감(慣習都監) 판사로서「문덕(文德)」 「무공(武功)」「몽금척(夢金尺)」「수보록(受寶籙)」 등 태조를 찬양하는 악곡을 지어 올림. • 11월, 판삼사사로서 군사들에게 진도(陣圖)를 훈 련시킬 것을 주장하고 직접 시행함.	• 2월, '조선' 국호 결정.

1394년 (태조 3년)	• 2월, 판의흥삼군부사(判義興三軍府事)로서 군제를 개정함. • 3월, 경상·전라·양광 삼도 도총제사(都摠制使)가 됨. • 5월, 『조선경국전』을 지어 바침. • 9월, 한양에 가서 종묘, 사직, 궁궐, 시전 등의 위치를 정함. • 「신도가(新都歌)」를 지어 바침.	• 9월, 한양 천도.
1395년 (태조 4년)	• 1월, 『고려국사(高麗國史)』를 지어 바침. • 6월, 『경제문감』을 지어 바침. • 윤9월, 도성조축도감(都城造築都監)의 판사가 되어 한양도성의 터를 정함. • 10월, 왕명으로 새 궁궐과 전각의 이름을 지음.	• 10월, 경복궁과 종묘 준공.
1396년 (태조 5년)	• 3월, 좌정승 조준과 함께 과거고시관(科擧考試官)이 됨. • 6월, 표전(表箋) 문제로 명에서 소환함. • 7월, 명에 가지 않는 대신 판삼사사직에서 물러나 봉화백에 봉해짐. (55세)	• 1월, 한양도성 완공.
1397년 (태조 6년)	• 4월, 명에서 처벌할 것을 요구했으나 태조가 거부함. • 6월, 판의흥삼군부사의 자격으로 『오진도(五陣圖)』와 『수수도(蒐狩圖)』를 지어 바침. • 7월, 『경제문감별집』을 완성함. • 12월, 동북면도선무순찰사(東北面都宣撫巡察使)가 되어 공주(孔州, 함경도 경원)에 부임함.	• 북유럽 3국 칼마르동맹 체결.
1398년 (태조 7년)	• 4월, 성균관제조(成均館提調)에 임명됨. • 5월, 『불씨잡변(佛氏雜辨)』을 완성함. • 8월 26일, 죽임을 당함.	• 8월, 제1차 왕자의 난 • 9월, 태조, 왕위에서 물러남.

찾아보기

창비 한국사상선 1

정도전
백성을 위한 나라 만들기

초판 1쇄 발행 / 2024년 7월 15일

지은이 / 정도전
편저자 / 이익주
펴낸이 / 염종선
책임편집 / 박주용 박대우
조판 / 박아경 박지현
펴낸곳 / (주)창비
등록 / 1986년 8월 5일 제85호
주소 / 10881 경기도 파주시 회동길 184
전화 / 031-955-3333
팩시밀리 / 영업 031-955-3399 편집 031-955-3400
홈페이지 / www.changbi.com
전자우편 / human@changbi.com

ⓒ 이익주 2024
ISBN 978-89-364-8030-1 94150